Dieser Band gehört zu einem auf 16 Bände angelegten Abriß der deutschen Literatur vom Mittelalter bis zur Gegenwart, dessen Charakteristikum auf dem Wechselspiel von Text, Darstellung und Kommentar beruht.

Die Reihe ist als Einführung vor allem für Schüler und Studenten konzipiert. Sie dient selbstverständlich auch allen anderen Interessierten als Kompendium zum Lernen, als Arbeitsbuch für einen ersten Überblick über literarische Epochen.

Das leitende Prinzip ist rasche Orientierung, Übersicht und Vermittlung der literaturgeschichtlichen Entwicklung durch Aufgliederung in Epochen und Gattungen. Die sich hieraus ergebende Problematik wird in der Einleitung angesprochen, die auch die Grundlinien jedes Bandes gibt. Jedem Kapitel steht eine kurze Einführung als Überblick über den Themen- oder Gattungsbereich voran. Die signifikanten Textbeispiele und ihre interpretatorische Aufschlüsselung werden ergänzt durch bio-bibliographische Daten, durch eine weiterführende Leseliste, ausgewählte Forschungsliteratur und eine synoptische Tabelle, die die Literatur zu den wichtigsten Ereignissen aus Politik, Wirtschaft, Kunst und Wissenschaft in Beziehung setzt.

Die deutsche Literatur

Ein Abriß in Text und Darstellung

Herausgegeben von
Otto F. Best und Hans-Jürgen Schmitt

Band 8

Philipp Reclam jun. Stuttgart

Romantik I

Herausgegeben von
Hans-Jürgen Schmitt

Philipp Reclam jun. Stuttgart

Allgemeine Angaben zu Leben und Werk der Autoren finden sich an den im Inhaltsverzeichnis mit einem Sternchen versehenen Stellen. Für einige Autoren werden diese Daten erst im Band »Romantik II« gegeben.
Die synoptische Zeittafel zur Epoche ist am Ende von »Romantik II« eingerückt.

Universal-Bibliothek Nr. 9629[4]
Alle Rechte vorbehalten
© 1974 Philipp Reclam jun. GmbH & Co., Stuttgart
Durchgesehene und bibliographisch ergänzte Ausgabe 1978
Gesamtherstellung: Reclam, Ditzingen. Printed in Germany 1989
RECLAM und UNIVERSAL-BIBLIOTHEK sind eingetragene
Warenzeichen der Philipp Reclam jun. GmbH & Co., Stuttgart
ISBN 3-15-009629-4

Inhalt

Einleitung

Die komplexe Leistung der Generation um 1800, die man als »Romantiker« etikettiert hat, obwohl sie sich selbst nie so genannt haben, wird heute mehr in der Einheit ihrer Gegensätze begriffen als in der Verabsolutierung einzelner Phänomene. Zu fragen ist darum nach Reaktion *und* Fortschritt, nach Idealismus *und* Realismus, nach subjektivem *und* objektivem Geist. Neben Novalis' enzyklopädischen Studien aller Lebensbereiche stehen die Entdeckungen der Abgründe der Seele, die innere Zerrissenheit des künstlerischen Individuums, der Versuch zur Synthese und im mythischen Raum der Bruch mit der Realität.

Will man die romantische Bewegung näher bestimmen, so ist zunächst zu sagen, »Romantik« hat es längst vor der sogenannten »romantischen Schule« gegeben, wenn man darunter eine Gegenwehr gegen den durch die Aufklärung einsetzenden Rationalismus verstehen will. Johann Georg Hamanns Schrift *Kreuzzüge des Philologen* von 1762 ist gegen die naturveredelnde Dichtung der Aufklärung gerichtet und inauguriert die Poesie als »Muttersprache des Menschengeschlechts«; hier beginnt die Abkehr von den Rezeptionsformen des Griechentums und damit von der Antike. Herders Aufbruchstimmung ist ebenfalls Vorbote der Romantik; er entdeckt die Sprache des Herzens, die zunächst den jungen Goethe entscheidend beeinflußt. An Klopstocks Oden wird von Herder die Gewalt des Gefühls in den Vordergrund gestellt, sie werden nur noch akzeptiert, soweit sie »ganz Gefühl« sind.

Mit Herder und Hamann wird die Vorherrschaft der Antike aufgegeben und ein Regenerationsprozeß eingeleitet, in dessen Verlauf das Mittelalter entdeckungswürdig wird und schließlich als strahlendes Bild erscheint. Hier findet die Romantik ihre Symbole des Unerreichbaren im Gegensatz

zu den klar umrissenen Formen von Winckelmanns Antike. Im Mittelalter wird jetzt die *eigene*, in der Antike nur die ferngerückte Vergangenheit gesehen. Die Sturm-und-Drang-Problematik wird im neuen Bewußtsein weitergeführt, Goethe zunächst durch die Brüder Schlegel und Novalis akzeptiert. In der romantischen Umsetzung des Erziehungsromans wird jedoch der Künstlerroman *Wilhelm Meister* schließlich widerlegt. Was die Frühromantik ferner von der klassischen Epoche abhebt, sind Ästhetik und Literaturkritik im Umkreis der Zeitschrift *Athenäum*. In der Dichtung selbst werden die Grenzen immer wieder verwischt. So gibt es in der Hymnendichtung und in der philosophischen Lyrik Gemeinsamkeiten zwischen Schillers Ideengedichten und Hölderlins und Novalis' Hymnendichtung. Es gibt Beziehungen zwischen Goethes und Novalis' Kunstmärchen. Und Goethes späte *Divan*-Lyrik ist nicht ohne dessen Rezeption der *Wunderhorn*-Lieder und ohne die Kenntnis der romantischen Weisen zu sehen. Es besteht zudem von seiten der Romantiker zeitweise eine enge Verbindung zur Weimarer Klassik, was natürlich noch keineswegs Übereinstimmung bedeutet, aber einen Ideen- und Gedankenaustausch.

Um weiterhin darzutun, daß die deutsche Romantik keine in sich abgegrenzte, vereinzelte Bewegung oder Epoche war, ist auch von der englischen und französischen Romantik zu sprechen. In deren Hinwendung zu seelischen und geistigen Quellen als Erneuerung für Dichtung herrscht eine wesentliche Übereinstimmung mit der deutschen Romantik, obschon hier jeweils andere historische und gesellschaftliche Bedingungen vorlagen. Während Frankreich sich mit den nachnapoleonischen Formen auseinanderzusetzen hat, reagiert die englische Romantik auf die Technisierung und Politisierung des gesamten Lebens; sie beginnt etwa um die gleiche Zeit wie die deutsche, ohne daß direkt sich auswirkende Beziehungen nachweisbar sind. Dennoch bestehen Ähnlichkeiten und Verwandtschaften (vgl. René Wellek): Wordsworth' (1770–1850) und Coleridges (1772–1834) Naturauf-

fassung zeigt eine Beziehung zu der von Schelling. Eine gemeinsame Ausgangsbasis dafür ergibt sich aus Neuplatonismus, Böhmes Mystik und dem Pietismus. Der englische Schauerroman spielt bei Coleridge, Shelly und Scott eine Rolle wie auch bei Tieck, Brentano und E. T. A. Hoffmann. In Frankreich beginnt die Romantik – und deren Aufnahme von Deutschland her – mit Madame de Staëls Buch *De l'Allemagne* um 1810. E. T. A. Hoffmann hat auf Victor Hugo (1802–85) gewirkt, dessen Vorrede zum Drama *Cromwell* sich eingehend mit dem Grotesken beschäftigt. Chateaubriands *Atala* und *René* sind antirationalistische, sentimental schmerzliche Dichtungen, während sich in Amerika das romantische Lebensgefühl bei Cooper, Hawthorne und Melville schon in sozialpolitischen, humanitären Formen konkretisiert.

Die deutsche romantische Bewegung mit ihrem Schwerpunkt zwischen 1798 und 1826 (in ihrer Weiterführung und in ihren Ausläufern bis 1835) wird als geistesgeschichtlich letzte Stufe des deutschen Idealismus angesehen. Das Romantische an dieser Bewegung ist zunächst vorwiegend die Auffassung, Realität hauptsächlich im Medium der Kunst zu reflektieren und darzustellen. »Romantisch« enthielt und meinte vor allem ein ästhetisches Bekenntnis, eine ästhetische Einstellung zum Leben selbst. Obschon man sich – wie noch zu zeigen sein wird – zu Freundeskreisen und Gruppen zusammengeschlossen hatte, blieben die Äußerungen individualistisch-literarisch, und wo ein politischer Gemeingeist sich andeutete, war dies in späterer Zeit ein Rückfall hinter die frühromantischen Prämissen. Friedrich Schlegel spricht angesichts der politischen Umwälzungen nach der Französischen Revolution vom fehlenden Zentrum als Halt für den Menschen (für die Alten sei es einmal die Mythologie gewesen), und in positiver Hinwendung auf die Gegenwart meint er: »Mich deucht, wer das Zeitalter, das heißt jenen großen Prozeß allgemeiner Verjüngung, jene Prinzipien der ewigen Revolution verstünde, dem müßte es gelingen können, die Pole der

Menschheit zu ergreifen und das Tun der ersten Menschen,
wie den Charakter der Goldnen Zeit, die noch kommen
wird, zu erkennen und zu wissen. Dann würde das Ge-
schwätz aufhören, und der Mensch inne werden, was er ist,
und würde die Erde verstehn und die Sonne. Dieses ist, was
ich mit der neuen Mythologie meine« (F. Schlegel, *Kritische
Schriften*, S. 503. Vgl. auch Kap. VI, 1).

Ein Europa, das sich also einem goldenen Zeitalter nähert?
Wilhelm Emrich (S. 242) sieht von daher die »Romantik«
positiv zu ihrer Zeit stehen, während Hans Robert Jauß
(S. 179) sagt: »Gleichviel, ob sie ihr geschichtliches Idealbild
in der verklärenden Distanz des christlichen Mittelalters zu
finden glaubte oder ob sie den Gipfel der modernen Bildung
von der Zukunft mit Friedrich Schlegels ästhetischer Revo-
lution erwartete – das Ungenügen an der eigenen, unvoll-
endeten Gegenwart ist der gemeinsame Nenner der konser-
vativen wie der progressiven Romantiker.«

Um diesen Aspekt richtig zu verstehen, muß bedacht wer-
den, daß nach dem Tod Friedrichs des Großen (1786) und
Josephs II. (1790) und der Auflösung des Systems von Tilsit
Deutschland und das Reich innen und außen einen politi-
schen Niedergang ohnegleichen hinnehmen mußten, nicht
nur bedingt durch die Auswirkungen der Französischen Re-
volution und Napoleons Herrschaft. Aber zugleich ereignete
sich ein kultureller Höhenflug, von dem der französische
Historiker Hippolyte Taine (1828–93) sagte: »Von 1780 bis
1830 hat Deutschland alle Ideen unseres Zeitalters hervor-
gebracht.« Die Deutschen ohne politische Einheit entwickel-
ten zunächst durch eine Minderheit im Sturm und Drang
und dann in der Klassik das Bewußtsein von einem indivi-
duellen Weltbürgertum. Goethe: »Ich bin Weltbewohner,
Bin Weimaraner« (*Zahme Xenien* V). Für den einzelnen
war dies eine brauchbare Formel; denn da kollektiv nicht
entschieden werden konnte, sollte die politisch-gesellschaft-
liche Emanzipation auch vom einzelnen getragen werden.
Für die sogenannten »Romantiker« bedeutete unter den

chaotischen politischen Verhältnissen Fichtes *Wissenschafts-lehre* (1794), die ganz entschieden das Ich in den Mittel-punkt des Denkens stellte, eine problematische Einfluß-nahme auf Theorie und Praxis. Die Wissenschaftslehre macht Kants »transzendentalen Idealismus« (die Lehre, wie eine klare Trennung von Dingen an sich und Dingen, die nur als Erscheinungen faßbar werden, möglich ist) zum sub-jektiven Idealismus. Fichte bietet ein System an, in dem das Ich der Realität überlegen ist. Dieser neue Subjektivismus, in dem nun das Ich alle Realität in sich erfaßt, und, wie Friedrich Schlegel sagt, mit Unendlichkeit erfüllt, wird zur großen Suggestion und Verführung der Frühromantik, wird, wie August Wilhelm Schlegel formuliert, zum Zauberstab der Dichter, die damit die Materie mit Geist, den Geist mit Materie erfüllen können. Enthusiasmus, die innere Befeue-rung des Geistes und Gemüts, erscheint als jenes Element, das Wirklichkeit in der Verwandlung erkennen will, nicht aber die praktisch gesellschaftliche Partizipation. Mit En-thusiasmus blicken Wackenroder und Tieck in der Rolle des kunstliebenden Klosterbruders, gegen die klassische Kunst gewandt, auf die Kunst von Mittelalter und Renaissance. Und später, als die napoleonischen Kriege zu einer national-patriotischen Verengung führten, wurde Enthusiasmus für Staat und Vaterland zum Trumpfwort.

Die Brüder Schlegel und Novalis äußerten sich allerdings eher skeptisch als zustimmend zu Wackenroders kunstfrom-mer Begeisterung. Denn die theoretischen Äußerungen der Frühromantik lassen keinen Zweifel daran aufkommen, daß Vernunft, Verstand oder Enthusiasmus als absolut gesetzt zu denken wären. Friedrich Schlegel schrieb in Wielands *Teutschem Merkur* im Mai 1795: »Unsere Mängel selbst sind unsere Hoffnungen: denn sie entspringen eben der Herr-schaft des Verstandes, dessen langsame Vervollkommnung gar keine Schranken kennt.« So sind die Denkmethoden von Friedrich Schlegel und Novalis, wie sie sich vorzüglich in ihren Fragmenten niederschlagen, von schärfstem Witz und

Verstand, von Ironie und produktiver Einbildungskraft. Das Zusammenspiel dieser Kräfte bestimmt erst den »freischwebenden Geist«, der es z. B. bei Friedrich Schlegel erschwert zu unterscheiden, »wo mit seiner Negation der Wirklichkeit die besondere Welt seiner Zeit gemeint ist und wo er die Realität überhaupt als das schlechthin Begrenzte und Endliche meint. Beides geht ineinander über.«[1] Folgendes läßt sich aber verallgemeinernd für die Frühromantik insgesamt feststellen:

1. Die Auseinandersetzung mit der Zeit geschieht nicht erkenntnistheoretisch[2], sondern über das Reflexionsmedium der Kunst (Walter Benjamin). Wenn Friedrich Schlegel den neuen Realismus in der Wiedergeburt des gesamten Daseins aus dem Geist der Poesie erklärt und fordert, so geht es zugleich um die Darstellung der Idee der Kunst.

2. Das Ungenügen an der eigenen Zeit drückt sich nur *indirekt* in einer erneuten Auseinandersetzung mit den Errungenschaften der Aufklärung aus. Die eigentlich neue Zeit, auf die zu hoffen ist, wird im Mittelalter gesehen, genauer in dessen christlich-katholischer Einheit.

F. W. Schellings Hauptschrift *Ideen zu einer Philosophie der Natur* (1797), in der er das geistige Wesen der Natur hervorhebt bzw. die Beseelung des gesamten Universums, leitet ein neues Naturverständnis ein. Auf die naturwissenschaftlichen Erkenntnisse der Chemie und Physik antwortet Henrich Steffens mit *Beiträgen zu einer inneren Naturgeschichte der Erde* (1801), er wendet Schellings romantische Sehweise auf Mineralogie und Geologie an. Auf Alexander von Hum-

1. Wolfdietrich Rasch, in: Friedrich Schlegel, Kritische Schriften, München [2]1964, Nachwort, S. 691.
2. Käte Hamburger hat zwar in »Novalis und die Mathematik« (in: Romantikforschungen, Buchreihe der Deutschen Vierteljahrsschrift für Literaturwissenschaft und Geistesgeschichte, Bd. 16, Halle a. d. Saale 1929, S. 113–184) den erkenntniskritischen Rang der Novalis-Studien nachgewiesen, man darf sich aber vielleicht nicht wie W. Emrich in »Romantik und modernes Bewußtsein« (W. E., Geist und Widergeist, Frankfurt a. M. 1965) zu ausschließlich auf Novalis beziehen.

boldts Reise- und Naturbericht *Ansichten von der Natur*
(1807) folgen Gotthilf Heinrich Schuberts *Ansichten von der
Nachtseite der Naturwissenschaften* (1808), die Schritte zu-
rück ins Innere der Natur gelten der Suche nach einer sagen-
haften Urzeit.[3] Entdeckungen, wie die des Mesmerismus,
haben plötzlich für die Literatur in einem Augenblick Be-
deutung, wo Johann Wilhelm Ritter die ultravioletten
Strahlen entdeckt.

Die Romantiker zeigten ein reges Interesse an fremdsprachi-
ger Dichtung, was sich in zahlreichen Übersetzungen doku-
mentiert: Shakespeare (von A. W. Schlegel mit 17 Dramen
begonnen, von Tieck mit seiner Tochter Dorothea und Wolf
Graf Baudissin beendet), Calderon (A. W. Schlegel), Cer-
vantes' *Don Quijote* (Tieck), Plato (Schleiermacher), die
Edda (W. Grimm).

Man gewinnt, wie sich inzwischen gezeigt hat, ein genaueres
und entsprechenderes Bild von der Romantik, wenn man sie
nicht von gewissen Gruppierungen her versteht. Die fol-
gende Textauswahl ist auch nicht danach angelegt; dennoch
gehen wir zur besseren Übersicht auf die in der deutschen
Literatur nahezu einmaligen Gruppen kurz ein. Es fanden
sich zusammen Brüderpaare wie Friedrich und August Wil-
helm Schlegel, Jakob und Wilhelm Grimm, die Geschwister
Clemens Brentano und Bettina, die Achim von Arnim hei-
ratete, es gab die Freundschaftsbeziehungen zwischen Wil-
helm Heinrich Wackenroder und Ludwig Tieck, zwischen
Novalis und Tieck, Friedrich Schlegel und Friedrich Schleier-
macher, den Brüdern Grimm und Achim von Arnim.

In der Großstadt Berlin erschienen 1797 von Wackenroder
und Tieck die *Herzensergießungen eines kunstliebenden
Klosterbruders* als die ersten Zeugnisse der neuen Genera-
tion. Als Wackenroder stirbt (1798), wird Jena durch die
Brüder Schlegel und ihre Frauen, durch Tieck, Novalis,

3. Vgl. W. Emrich, Begriff und Symbolik der ›Urgeschichte‹ in der ro-
mantischen Dichtung, in: W. E., Protest und Verheißung, Frankfurt a. M.
1960, S. 25–47.

Schelling, Schleiermacher und Henrich Steffens zum Zentrum der Frühromantik. In Berlin erscheint 1798 bis 1800 die Zeitschrift *Athenäum*, in der die wichtigsten theoretischen Auseinandersetzungen der Frühromantik geführt werden. Nach dem *Athenäum*, das von beiden Schlegel herausgegeben wird und zu deren Mitarbeitern u. a. Novalis und Schleiermacher zählen, gibt Friedrich Schlegel, der sich nun in Paris aufhält, die Zeitschrift *Europa* heraus (1803–05 verlegt in Frankfurt a. M.), die vorwiegend Beiträge der Brüder und Dorothea Schlegel enthielt. Der Jena-Berliner Kreis bleibt bestimmt durch seine literaturtheoretischen Auseinandersetzungen sowie durch die naturwissenschaftlich-philosophischen Interessen (durch Novalis, Schelling, Schleiermacher, Steffens). Die geistige Grundposition, aus der diese Bewegung entsteht, ist wesentlich durch Kant und Fichte bestimmt.

Seit 1805 treffen sich in Heidelberg Clemens Brentano, Joseph von Eichendorff, Joseph Görres und Achim von Arnim (der die *Zeitung für Einsiedler* gründet, 1808 dann als Buch unter dem Titel *Tröst einsamkeit* erschienen, Mitarbeiter: die Brüder Schlegel, Tieck, Fouqué, die Brüder Grimm, Uhland, Kerner, Philipp Otto Runge). Statt der literarisch-intellektuell geführten Auseinandersetzung und der philosophisch-naturwissenschaftlichen Forschungen geschieht eine Wendung mehr zum Naiven und Einfachen, man entdeckt Volkslieder, Sagen und Märchen. In der allmählichen Abkehr von Frankreich wendet man sich dem eigenen Volk, Staat und Geist zu, entdeckt die großen Denkmäler der Vergangenheit im Mittelalter. Mit der Herrschaft Napoleons wird auch die Tendenz einer nationalen Romantik stärker erkennbar.

Als sich 1810 in Berlin die »Christlich-deutsche Tischgesellschaft« gründet, wird diese Stadt wichtigstes Zentrum der Spätromantik. Arnim, Brentano, Eichendorff, Fouqué, Chamisso und Kleist nehmen unübersehbar eine nationalpatriotische Haltung ein. Kleists Zeitschrift *Berliner Abendblätter* (1810/11) ist eine politisch-literarische Tageszeitung, die sich

patriotische Mitarbeiter verpflichtet; zu den bereits Genannten gehören ferner noch Adam Müller und Wilhelm Grimm.

Diese einzelnen Gruppierungen markieren aber nur Schwerpunkte, ohne zu umschreiben, was unter »Romantik« oder den »Romantikern« zu verstehen ist. Wollte man sich etwa auf sie beschränken, würden E. T. A. Hoffmann, Kleist, der Tieck und die Bettina der späteren Zeit nicht berücksichtigt werden können. Man muß vielmehr von den weiteren Zusammenhängen aus die romantische Bewegung zu verstehen versuchen.

Bis heute ist noch nicht differenziert genug erforscht worden, was Hans Mayer in seinem Aufsatz *Fragen der Romantikforschung* angeschnitten hat: wie es sich mit dem Zusammenhang von Romantik und Restauration verhält, wie zum Teil die gleichen weitsichtigen Theoretiker und Dichter hier eine Synthese anstreben, indem sie in der Phase des nationalen Volksgeists die eigene Gegenwart zugunsten einer glänzenden Vergangenheit aufgeben, um sich ihr schließlich wieder – diesmal aber ganz patriotisch – zuzuwenden in der späteren romantischen Entwicklung zwischen 1800 und 1806. Hans Mayer hat recht, wenn er sagt, diese Problematik ist »untrennbar mit den geschichtlichen Vorgängen der revolutionären Ära verbunden«. Mayer liefert allerdings noch nicht die konkreten Beweise, wenn er andererseits feststellt, die Romantiker seien »überaus hellsichtige Betrachter der Zeitverhältnisse gewesen«. Mit Einschränkung gilt das für die Frühromantiker nur dort, wo sie in ihrem Angriff auf kulturelle Zeiterscheinungen Zeit und Gesellschaft insgesamt treffen wollten (als ein Paradebeispiel ist hier zu nennen A. W. Schlegels Aufsatz *Allgemeine Übersicht des gegenwärtigen Zustandes der deutschen Literatur*). Aber dann müßte man auch sehen, wie F. Schlegel sich am Wiener Hof in den Bann der Metternich-Politik begibt und Adam Müller von dort die preußischen Reformen bekämpft. Und man müßte ferner die Konversionen zum Katholizismus von

F. Schlegel und Brentano in ihre reaktionäre Wendung ein-
beziehen.

Weder eine pauschale Verdammung noch eine einseitige
Würdigung der künstlerischen Leistung deckt die Problema-
tik jener romantischen Bewegung auf. Will man sie nicht
eben bloß als »literarische Besonderheit« (H. Mayer, S. 267),
sondern als künstlerisch-politisches Gesamtphänomen sehen,
gilt es an den Texten sorgfältiger zu fragen, wo emanzipa-
torischer Fortschritt und regressive Tendenz zu erkennen
sind, wo sich in der Entdeckung des christlich-germanischen
Mittelalters Regenerationsbestrebungen andeuten oder etwa
die Entdeckung von Märchen und Mythen die aufgeklärte
Welt wieder verfinstern (Fritz Strich, S. 11). Eichendorff,
der selbst bereits zum Kritiker seiner Epoche wurde, hatte
mit dem Blick auf die »Romantik« als ein Gesamtphänomen
schon richtig gesehen, wenn er sagt: »Aber die Romantik
war keine bloß literarische Erscheinung, sie unternahm viel-
mehr eine innere Regeneration des Gesamtlebens, wie sie
Novalis angekündigt hat; und was man später die roman-
tische Schule nannte, war eben nur ein literarisch abgeson-
derter Zweig des schon kränkelnden Baumes. Ihre ursprüng-
lichen Intentionen, alles Irdische auf ein Höheres, das Dies-
seits auf ein größeres Jenseits zu beziehen, mußten daher
insbesondere auch das ganze Gebiet der Kunst gleich-
mäßig umfassen und durchdringen« (Eichendorff, Bd. 4,
S. 1069 f.).

Die vorliegende Textsammlung »Romantik I« versucht mit
ihrer thematischen Systematisierung durch die Einteilung
Universalpoesie, Kunst und Natur, Ironie – Begriff und
Methode, Nationaler Volksgeist, Zeit und Gesellschaft,
»Poetik« und Kritik die Haupttendenzen, soweit es die edi-
torische Beschränkung zuläßt, in den Fragmenten, program-
matischen Vorreden, Manifesten und Schriften so zu erfas-
sen, daß die »manifesten Widersprüche« (H. Mayer) bzw.
die »scheinbaren Gegensätze« (W. Emrich) als Wesensmerk-
mal der Epoche deutlich hervortreten. Das geistige, welt-

anschauliche und ästhetische Fundament der Schriften soll
Vorbereitung und Verständnisgrundlage für »Romantik II«
bilden, wo dann zu zeigen sein wird, wie und ob die zentra-
len Themen in einer stärker dichterischen Umsetzung ausge-
tragen werden (wesentlich in der Romanlehre bzw. im Ro-
man selbst), wie also die romantische Dichtung die Konflikte
zu lösen trachtet.

Die bei umfangreichen Reihen-Konzeptionen jeweils beding-
ten zeitlichen Abstände zwischen Niederschrift des Manu-
skripts (1971) und Erscheinungstermin des fertigen Bandes
rechtfertigen einen Hinweis auch speziell auf diesen Umstand.

I. Universalpoesie

»Es gibt keinen wahren Realismus als den der Poesie«, ein
zentraler Gedanke Friedrich Schlegels, der immer wieder in
der Zeitschrift »Athenäum« auftaucht. Die Poesie wird als
Universalpoesie verstanden, die alle Formen (Gattungen)
reflektiert. Im Blickpunkt dieser frühromantischen Über-
legungen bleibt bei den Brüdern Schlegel und Novalis die
Vorstellung von einem Gesamtkunstwerk, einem inneren
Zusammenhang aller Künste, auch der Philosophie und der
Naturwissenschaft (besonders der Physik). Dieser Ganz-
heitsdrang bringt neue produktive Tendenzen hervor, die
angesichts der Verfallserscheinungen der Zeit (vgl. A. W.
Schlegel, »Kritik an der Aufklärung«: »Irreligiosität«, »sitt-
liche Schlaffheit«, »prosaische Erstorbenheit«, »Empiris-
mus«) den Umschwung und eine Regeneration des gesamten
Daseins durch neue Religion, neue Poesie und Philosophie
mit Enthusiasmus ankündigen. So verteidigt Friedrich
Schleiermacher eine romantische Theologie, die im Sinne
Friedrich Schlegels aufs Unendliche zielt. Novalis und Bren-
tano erklären sich für eine Romantisierung der Welt, um
wieder ihren »ursprünglichen Sinn« zu erkennen. Gotthilf
Heinrich Schubert artikuliert nachdrücklich ebenfalls die
Forderung der Brüder Schlegel, wenn er sich für eine ver-
ändernde Sicht der Physik ausspricht: denn der Grund neuer
Wahrnehmung komme aus der Mythologie. Seine »Ansichten
von der Nachtseite der Naturwissenschaft« sind das Gegen-
stück zu den physikalischen Entdeckungen der Zeit.

FRIEDRICH SCHLEGEL

Geb. 10. März 1772 in Hannover, gest. 12. Januar 1829 in Dresden.
Jüngerer Bruder von August Wilhelm Schlegel. Nach abgebrochener kauf-

männischer Ausbildung Studium der Rechtswissenschaft in Göttingen, 1791–94 Philosophie, Altphilologie, Kunstgeschichte in Leipzig. 1794 in Dresden. Plan zu einer Geschichte des klassischen Altertums. 1796 Übersiedlung nach Jena, wo A. W. Schlegel lebte, der im gleichen Jahr Caroline Böhmer geheiratet hatte. Literarische Kontroverse mit Schiller wegen Kritik an dessen Gedichten. Freundschaftliche Verbindung mit Fichte in Jena. Zusammentreffen mit Goethe, Herder, Wieland, Novalis. 1802 bis 1804 Sanskritstudien in Paris, Vorlesungen, ab 1807 in Köln. 1808 konvertiert. 1809 als Hofsekretär in Wien und im Hauptquartier des Erzherzogs Karl. 1810 Vorlesungen über die neuere Geschichte. Teilnahme am Wiener Kongreß. 1815 zum Legationsrat ernannt und der österreichischen Gesandtschaft am Deutschen Bundestag in Frankfurt a. M. zugeteilt. 1827 Vorlesungen über die Philosophie des Lebens in Wien, ab Dezember 1828 Philosophie der Geschichte in Dresden. Seit 1804 verheiratet mit Dorothea Veit (1763–1839), der Tochter des Philosophen Moses Mendelssohn, die Erzählungen schrieb, ein Romanfragment *Florentin* und Mme. de Staëls *Corinna* übersetzte.

Werke: *Über das Studium der griechischen Poesie* (1797); *Geschichte der Poesie der Griechen und Römer* (1798); *Lucinde* R. (1799); *Vorlesungen über die neuere Geschichte* (1811); *Geschichte der alten und neuen Literatur* (1815); *Philosophie der Geschichte* (1829); neben dem mit August Wilhelm Schlegel hrsg. *Athenäum* (1798–1800) weitere Zeitschriften: *Europa* (1803–05); *Deutsches Museum* (1812/13); *Concordia* (1820–23).

Progressive Universalpoesie

Das 116. »Athenäum«-Fragment enthält ein Hauptprogramm der Frühromantik. 1. Der Begriff der Universalpoesie schließt alle Gattungen der Literatur ein und vermischt sie. Er meint die Romantik als Gesamtkunst; dazu gehören auch Philosophie, Rhetorik, Kritik. 2. Die progressive Universalpoesie bemächtigt sich immer weiterer Bereiche des Lebens, das ganze Leben selbst wird zur Dichtung. 3. Nur die Wiedergeburt des gesamten Daseins aus dem Geist der Poesie kann ein Bild des Zeitalters hervorbringen; damit ist die Richtung der frühromantischen Auseinandersetzungen angezeigt: sie finden auf kunstästhetischem Felde statt.

Die romantische Poesie ist eine progressive Universalpoesie. Ihre Bestimmung ist nicht bloß, alle getrennten Gattungen

Friedrich Schlegel. Kreidezeichnung von Philipp Veit, 1811 (Frank-furter Goethe-Museum)

der Poesie wieder zu vereinigen und die Poesie mit der Philosophie und Rhetorik in Berührung zu setzen. Sie will und soll auch Poesie und Prosa, Genialität und Kritik, Kunstpoesie und Naturpoesie bald mischen, bald verschmelzen, die Poesie lebendig und gesellig und das Leben und die Gesellschaft poetisch machen, den Witz poetisieren und die Formen der Kunst mit gediegnem Bildungsstoff jeder Art anfüllen und sättigen und durch die Schwingungen des Humors beseelen. Sie umfaßt alles, was nur poetisch ist, vom größten wieder mehrere Systeme in sich enthaltenden Systeme der Kunst bis zu dem Seufzer, dem Kuß, den das dichtende Kind aushaucht in kunstlosen Gesang. Sie kann sich so in das Dargestellte verlieren, daß man glauben möchte, poetische Individuen jeder Art zu charakterisieren, sei ihr Eins und Alles; und doch gibt es noch keine Form, die so dazu gemacht wäre, den Geist des Autors vollständig auszudrücken: so daß manche Künstler, die nur auch einen Roman schreiben wollten, von ungefähr sich selbst dargestellt haben. Nur sie kann gleich dem Epos ein Spiegel der ganzen umgebenden Welt, ein Bild des Zeitalters werden. Und doch kann auch sie am meisten zwischen dem Dargestellten und dem Darstellenden, frei von allem realen und idealen Interesse, auf den Flügeln der poetischen Reflexion in der Mitte schweben, diese Reflexion immer wieder potenzieren und wie in einer endlosen Reihe von Spiegeln vervielfachen. Sie ist der höchsten und der allseitigsten Bildung fähig; nicht bloß von innen heraus, sondern auch von außen hinein; indem sie jedem, was ein Ganzes in ihren Produkten sein soll, alle Teile ähnlich organisiert, wodurch ihr die Aussicht auf eine grenzenlos wachsende Klassizität eröffnet wird. Die romantische Poesie ist unter den Künsten, was der Witz der Philosophie, und die Gesellschaft, Umgang, Freundschaft und Liebe im Leben ist. Andre Dichtarten sind fertig und können nun vollständig zergliedert werden. Die romantische Dichtart ist noch im Werden; ja das ist ihr eigentliches Wesen, daß sie ewig nur werden, nie vollendet sein kann. Sie

kann durch keine Theorie erschöpft werden, und nur eine divinatorische Kritik dürfte es wagen, ihr Ideal charakterisieren zu wollen. Sie allein ist unendlich, wie sie allein frei ist und das als ihr erstes Gesetz anerkennt, daß die Willkür des Dichters kein Gesetz über sich leide. Die romantische Dichtart ist die einzige, die mehr als Art und gleichsam die Dichtkunst selbst ist: denn in einem gewissen Sinn ist oder soll alle Poesie romantisch sein.

AUGUST WILHELM SCHLEGEL

Geb. 5. September 1767 in Hannover, gest. 12. Mai 1845 in Bonn. Älterer Bruder von Friedrich Schlegel. Studierte Theologie und Philosophie in Göttingen. Durch Freundschaft mit Gottfried August Bürger literarisch-philosophische Arbeit intensiviert. 1795 in Jena als Kritiker tätig; seit 1798 Professor. 1801 Privatgelehrter in Berlin, seit 1804 Reisebegleiter der Madame de Staël. 1808 Vorlesungen in Wien. 1813–16 Geh. Sekretär des Kronprinzen Bernadotte von Schweden. Ab 1818 Professor für Kunst- und Literaturgeschichte in Bonn. Seit 1796 verheiratet mit Caroline Böhmer, geb. Michaelis (1763–1809), die an mehreren Arbeiten ihres Mannes beteiligt war, auch an dessen erster Shakespeare-Übersetzung. Sie stand im gesellschaftlichen Mittelpunkt des Jenaer Freundeskreises. 1803 trennte sie sich von A. W. Schlegel und heiratete Schelling.

Werke: *Athenäum* (hrsg. zus. mit Friedrich Schlegel, 1798–1800); *Charakteristiken und Kritiken* (1801); *Über dramatische Kunst und Literatur* (1809); *Kritische Schriften* (1828); Übersetzungen: Shakespeare (17 Dramen 1797–1810), Calderon (1803).

Kritik an der Aufklärung

A. W. Schlegels fünfte und sechste Vorlesungsstunde (im Rahmen seiner Vorlesungen über schöne Literatur und Kunst, Berlin 1801–04) verdammen nicht grundsätzlich die Errungenschaften der Aufklärung, sondern verurteilen ihre Auswüchse, die vor allem im Popularisierungseffekt ihrer Ideale liegen: Befangenheit im Endlichen, Unterordnung unter das ökonomische Prinzip der geistigen Grundsätze,

Verzicht auf Phantasie zugunsten der Vernunft, vollkommene Begreiflichkeit der Religion, die Begriffe Toleranz und Humanität nur als Deckmantel für Indifferenz. Statt dessen fordert Schlegel Produktivkraft der Idee im menschlichen Gemüt (sie verdiene allein den Namen des Lichts), Geheimnisse und Mysterien der Religion zu lassen, den Traum als Kraft der Poesie, die schaffende Phantasie.
Wie in Novalis' Aufsatz »Die Christenheit oder Europa« (vgl. Kap. V) wird der eigenen Zeit das Mittelalter und seine Einheit durch die Kirche entgegengehalten und heftige Kritik an der Reformation geübt, die die Spaltung der Welt herbeigeführt hat. Andererseits wendet sich Schlegel gegen die Vernichtung alles Gegenwärtigen und bekennt sich zu den großen Geistern der Vorzeit. Er sieht das »Keimen eines neuen Werdens« wie sein Bruder Friedrich als organischen Prozeß. Was »wahrhaft reel« ist, wird sich aus der Gegenwart mit dem Zukünftigen vereinen. Das Negative wird Neues hervorbringen oder den Anstoß dazu geben.
Franz Hemsterhuis (1721–90), der einen mystisch-dichterischen Neuplatonismus vertrat, wird als der große Prophet des Spekulativen gerühmt, die Dichter müßten nur den transzendentalen Idealismus als Zauberstab zu gebrauchen wissen, um das Geistige zu verkörpern und das Materielle zu vergeistigen. »Umschwung«, »Regeneration«, »Enthusiasmus«, »Universalität« sind die neuen Begriffe, die die Veränderung andeuten sollen.

Alles übrige, dessen sich unser Zeitalter in Ansichten und Gesinnungen berühmt, läßt sich unter den von ihm selbst konstituierten Begriff der *Aufklärung* zusammenfassen, worauf sich letztlich Toleranz, Denkfreiheit, Publizität, Humanität, und was dergleichen mehr ist, reduziert. Diesem müssen wir also noch eine ganz kurze Prüfung widmen.
Bei einer näheren Betrachtung sieht man sogleich, daß zur Aufklärung nicht bloß eine gewisse Denkart über diesen und jenen Gegenstand hinreicht, sondern, daß sie Maximen hat

und Gesichtspunkte aufstellt, welche sich über alles erstrek-
ken, und die sämtlichen Angelegenheiten des Lebens, wie die
Verhältnisse der menschlichen Natur unter sich befassen sol-
len. Vorurteil, Wahn und Irrtum hierüber unternimmt sie zu
vernichten, und richtige Begriffe zu verbreiten. Sie gibt sich
also auch mit den geselligen Verhältnissen ab, man hört von
aufgeklärten Regierungen sprechen, und die gepriesene auf-
geklärte Erziehung ist keine andere als die eben geschilderte
und auf ihren wahren Wert herabgesetzte. Ferner unterwirft
sie auch die Wissenschaften ihrer Botmäßigkeit: es gibt nicht
nur eine aufgeklärte Theologie (denn den Aberglauben zu
vertilgen ist ihre ganz spezielle Provinz), sondern eine auf-
geklärte Ansicht der Geschichte, ferner eine aufgeklärte Phy-
sik, welche den Unternehmungen der Alchemie, der Astro-
logie; überhaupt allen magischen Vorspiegelungen sich wi-
dersetzt; ja, so Gott will, auch eine aufgeklärte Mathematik,
welche die Leute abhalten soll, sich nicht auf die Quadratur
des Zirkels und die Erfindung eines perpetuum mobile zu
legen. Wie sie mittelbar wieder auf Poesie und Kunst, und
Kritik derselben einfließt, werde ich in der Folge schildern.
Wenn die Aufklärung also wirklich leistet, was sie ver-
spricht, so wäre es unstreitig eine herrliche Bequemlichkeit,
etwas zu haben, womit man alle möglichen Dinge beleuchten
könnte, und sicher wäre immer das rechte an ihnen zu sehen.
Auch haben sich die Aufklärer nicht übel bedacht, da sie die
Benennung ihres Geschäfts vom Lichte entlehnten, dieser
fast anbetenswürdigen Seele der Natur, dem schönsten
Symbol der göttlichen Allgegenwart und Allwissenheit. Es
fragt sich aber, ob es die reine Freude am Licht oder ohne
Bild das unbedingte Interesse für Wahrheit ist, was sie zu so
eifrigen Predigern der Aufklärung macht, oder ob sie das
Licht nur deswegen schätzen, weil man dabei bequemlich
sehen und allerlei notwendige Verrichtungen vornehmen
kann. Es scheint wohl das letzte, denn unbedingte Liebe zur
Wahrheit erzeugt unfehlbar Philosophie: denn wenn man
mit gründlichem Ernst die menschlichen Dinge erwägt, so

wird man durch die Wahrnehmung von der Unzuverlässig-
keit so vieler Annahmen, die im gemeinen Leben als ausge-
macht gelten, immer weiter zurück und hinaufwärts zu den
letzten Gründen des menschlichen Wissens geführt werden,
welches der Anfang der Philosophie ist. Die Aufklärung
will nun zwar eine Art von Popularphilosophie vorstellen,
aber keineswegs wissenschaftlich und abstrakt, oder richtiger
ausgedrückt (denn das letzte Wort schreibt sich wohl haupt-
sächlich von der analytischen Philosophie her) spekulativ
sein, weil sie darüber die allgemeine Verständlichkeit ein-
büßen würde, die sie von ihren Lehren verlangt und rühmt.
Ferner empfiehlt sie freilich das Forschen und Zweifeln,
aber nur bis auf einen gewissen Grad, über welchen hinaus
sie es wieder als eine Torheit und Verirrung des Geistes an-
sieht, welcher zu steuern sie eben eingesetzt worden sei. End-
lich geht der uninteressierte Wahrheitsforscher seinen Weg
fort, unbekümmert bei welchen Resultaten er endlich anlan-
gen wird; ihm ist, mit Aufopferung aller persönlichen Nei-
gungen die Wahrheit immer lieb und recht, wie sie sich ihm
auch bei besserer Erkenntnis bestimmen möge. Die Aufklä-
rung bezeugt hingegen eine zärtliche Besorgnis um das, was
sie zum Wohl der Menschheit rechnet; sie bestellt gern die
Resultate der Untersuchung im voraus, damit ja nichts Zer-
störendes und Gefährliches, nichts Allzukühnes oder dem
Mißbrauch Unterworfenes zum Vorschein komme.

Da sie folglich überall auf halbem Wege stehen bleibt, die
Wahrheit an sich aber durchaus nur zu einem unbedingten
Streben anregen kann, so muß es wohl etwas anderes sein,
was sie von der Wahrheit will, mit einem Worte Brauchbar-
keit und Anwendbarkeit. Hier zeigt sich nun schon die ganze
verkehrte Denkart, das an sich Gute (wovon das Wahre ein
Teil, eine Seite ist) dem Nützlichen unterzuordnen. Nützlich
ist dasjenige, was auf Beförderung des körperlichen Wohls
abzielt, und diesen Bestrebungen haben wir schon weiter
oben ihren Rang angewiesen. Wer nun das Nützliche als das
Oberste setzt, der muß einsehen, daß es damit zuletzt auf

sinnlichen Genuß hinausläuft, und bei einiger Klarheit und Konsequenz sich zu dem krassesten Epikuräismus, zur Vergötterung des Vergnügens bekennen. Dies wollen die Aufgeklärten aber wieder nicht, sondern sie sind zu der vollendeten Absurdität gelangt, ein *Nützliches an sich* zu konstituieren, welches nicht das bloß Angenehme sein soll, und auch nicht das Gute an sich ist, wofür sie es jedoch ausgeben möchten. Somit haben sie alle Dinge auf den Kopf gestellt, indem sie die Vernunft den Sinnen dienstbar machen, die Sinne hinwiederum sollen nach ihrer Absicht nicht sinnlich, sondern vernünftig sein. Man möchte sagen, solche Leute äßen und tränken nicht aus natürlichem Appetit oder zum Wohlgeschmack, sondern weil sie es für etwas Nützliches halten.

Wie ich nun durch das Bisherige deutlich genug gemacht zu haben glaube, daß es das ökonomische Prinzip ist, welches die Aufklärer leitet, so ist es auch die nur zu irdischen Verrichtungen taugliche Fähigkeit des Geistes, der in lauter Endlichkeiten befangene Verstand, den sie dabei ins Werk gesetzt, und sich damit an die höchsten Aufgaben der Vernunft gewagt haben. Ein beschränkter endlicher Zweck läßt sich ganz durchschauen, und so soll ihnen auch das menschliche Dasein und die Welt rein wie ein Rechenexempel aufgehen. Sie verfolgen dabei als Unaufgeklärtheit die ursprüngliche Irrationalität, die ihnen überall im Wege ist, denn sie wissen und ahnen es nicht, daß jede Erscheinung das Quadrat oder der Kubus einer nur durch Annäherung zu findenden, nie rein in Zahlen auszudrückenden Wurzel ist. Bei dieser Unphilosophie liegt eine ungeheure Anmaßung in ihrem Unternehmen. Der Text aller Predigten über die Aufklärung ist in der Tat eine lächerliche Parodie auf die Worte der Schöpfungsgeschichte, welche lautet: Cajus oder Sempronius, oder dieses und jenes hohe Landeskollegium, oder die *Allgemeine Deutsche Bibliothek* sprach: es werde Licht, und es ward Licht; und nach der üblichen Abteilungsart von Predigten wird dann gehandelt, erstlich wie es bisher finster gewesen

und zweitens, wie es nunmehr hell werden soll. Ihr wollet erleuchten? Gut, das Licht ist eine Gabe des Himmels: wo sind die Proben eurer himmlischen Sendung? Das Licht ist vermöge seiner Natur zuvörderst selbst hell und dann erleuchtet es die übrigen Dinge. Ebenso verhält es sich mit dem, was im menschlichen Gemüt einzig den Namen des Lichtes verdienen kann: die Ideen, welche in der inneren Anschauung unmittelbare Überzeugung ihrer Notwendigkeit und ewigen Gültigkeit mit sich führen, und demnächst auch die äußerlichen Erscheinungen in ihr wahres Verhältnis untereinander und gegen jene setzen. Die Menschen, welche solche geistige Intuition mit ungewöhnlicher Energie und Klarheit in sich hatten, sind von Zeit zu Zeit die wahren Erleuchter und Aufklärer der Welt gewesen; aber solch ein inneres Licht verwerft ihr als Schwärmerei und Wahnsinn. Ihr bekennt damit, daß ihr das eurige erst äußerlich anzünden müßt, und sonach wird es in Kerzen und Lampen bestehen, die wohl bei häuslichen Geschäften dienen mögen, die ihr aber keineswegs unter freien Himmel hinaustragen solltet, wie ihr doch tut. Denn entweder es ist Tag, so verschwindet der Schein eures Lämpchens ganz und gar und wird lächerlich; oder es ist Nacht, so leuchten die Gestirne genugsam, und den Ungewittern und Stürmen, welche diese verdunkeln, werden auch eure schwachen sterblichen Lichterchen nicht widerstehen. Auch unser Gemüt teilt sich wie die äußere Welt zwischen Licht und Dunkel, und der Wechsel von Tag und Nacht ist ein sehr treffendes Bild unseres geistigen Daseins. [Mephistopheles im Faust: Glaub unser einem, dieses Ganze.] Der Sonnenschein ist die Vernunft als Sittlichkeit auf das tätige Leben angewandt, wo wir an die Bedingungen der Wirklichkeit gebunden sind. Die Nacht aber umhüllt diese mit einem wohltätigen Schleier und eröffnet uns dagegen durch die Gestirne die Aussicht in die Räume der Möglichkeit; sie ist die Zeit der Träume. Einige Dichter haben den gestirnten Himmel so vorgestellt, als ob die Sonne nach Endigung ihrer Laufbahn in alle jene un-

zähligen leuchtenden Funken zerstöbe: dies ist ein vortreff-
liches Bild für das Verhältnis der Vernunft und Fantasie:
in den verlorensten Ahnungen dieser ist noch Vernunft;
beide sind gleich schaffend und allmächtig, und ob sie sich
wohl unendlich entgegengesetzt scheinen, indem die Ver-
nunft unbedingt auf Einheit dringt, die Fantasie in grenzen-
loser Mannigfaltigkeit ihr Spiel treibt, sind sie doch die ge-
meinschaftliche Grundkraft unseres Wesens. Was schon in
den alten Kosmogonien gelehrt ward, daß die Nacht die
Mutter aller Dinge sei, dies erneuert sich in dem Leben eines
jeden Menschen: aus dem ursprünglichen Chaos gestaltet
sich ihm durch Liebe und Haß, durch Sympathie und Anti-
pathie die Welt. Eben auf dem Dunkel, worin sich die Wur-
zel unseres Daseins verliert, auf dem unauslöslichen Geheim-
nis beruht der Zauber des Lebens, dies ist die Seele aller
Poesie. Die Aufklärung nun, welche gar keine Ehrerbietung
vor dem Dunkel hat, ist folglich die entschiedenste Gegnerin
jener und tut ihr allen möglichen Abbruch. Man beobachte
einmal die Art, wie Kinder die Sprache erlernen, wie sie da
in guter Zuversicht sich ins Unverständliche hinein begeben;
wenn sie auf Verständlichkeit warten wollten, so würden sie
niemals anfangen zu sprechen. Man kann aber bemerken,
daß die Worte ganz magisch auf sie wirken, wie Formeln,
mit denen man etwas herbei- und wegbannen kann, daher
die uneigentlichsten und fremdesten Redensarten, welche sie
unmöglich in ihre Bestandteile auflösen können, ihnen un-
mittelbar einleuchten und beruhigende Kraft mit sich führen.
Deswegen kommt auch nichts darauf an, daß sie die Meta-
pher eher erfahren als den eigentlichen Ausdruck, das Zu-
sammengesetzte und Abgeleitete eher als das Einfache und
Ursprüngliche, und dabei alles fragmentarisch und chaotisch.
Ja, wenn es möglich wäre, ihnen die Sprache durch einen
methodischen Unterricht beizubringen, nach den Klassen der
Wörter, der Ableitung und Zusammensetzung, ferner nach
den Formen der Biegung und den Regeln der Verknüpfung,
endlich nach der Übertragung vom Eigentlichen aufs Bild-

liche, so würde ihnen die Sprache lebenslang nur ein äußerliches Werkzeug bleiben, eine Ziffernsammlung, aus a+b, x, und anderen solchen algebraischen Zeichen bestehend. Daß sie uns etwas wahrhaft Innerliches ist, wodurch wir unser Gemüt offenbaren, und auch in anderen gleiche Wirkungen hervorzurufen hoffen, verdanken wir bloß jener anfänglichen Einprägung gleichsam durch eine Reihe von Machtsprüchen. Die kindliche Ansicht der Sprache, die sich so ganz an den Laut hängt, ist der poetischen am nächsten, wie schon der Gebrauch des Silbenmaßes in der Poesie beweist. – Die erwachsenen Menschen, selbst die ausgezeichnetsten Geister unter ihnen sind im Verhältnis zum Universum immer noch solchen Kindern zu vergleichen: die Natur spricht ihnen als Mutter und Amme ihre ewigen Gesetze in der Bildlichkeit der Erscheinungen vor, die sie dann unvollkommen nachlallen, mit verworrenem Verständnis, aber entschiedenem Gefühl. Wie eine methodische Erlernung die Sprache entzaubern würde, so ein Unterricht über das Leben und die Welt, wie ihn die Aufklärer schon von der Pädagogik an bezwekken, notwendig beides, wenn nicht die mächtigere Natur ihre Bemühungen vereitelte. Es ist gar leicht, etwas Vorurteil und Aberglauben zu schelten; mehr aber hat es auf sich, solche Meinungen in ihrem Zusammenhange zu begreifen, und ihre notwendige Gründung in Anlagen der menschlichen Natur und auf gewissen Stufen der Entwicklung einzusehen. Diese Meinungen haben sich oft selbst mißverstanden, da sie sich auf angebliche einzelne Erfahrungen beriefen: allein dem Philosophen kommt es zu, sie besser zu verstehen, ihre wahren Quellen zu finden, und die in ihnen zuweilen sehr grob materialisierte Idee zu erkennen. So liegt den Vorstellungen von Zauberei, sympathetischen Wirkungen u. dgl. allerdings die höhere Ansicht der Natur, die ich in der vorigen Stunde bezeichnete, zum Grunde; und die Behauptungen von Anfechtungen böser Geister, von Bündnissen mit ihnen, beziehen sich auf den Kampf des guten und bösen Prinzips, der unleugbar vor uns daliegt, der eine

Bedingung der endlichen Existenz zu sein scheint, und in der Frage über den Ursprung des Übels, deren Auflösung auf so mannigfaltige Art versucht worden, von je und je anerkannt ist. Nicht einmal die beharrliche Übereinstimmung aller Völker und Zeiten konnte die Aufklärer stutzig machen. Und mit welchen Waffen zogen sie gegen eine so bedeutende merkwürdige Stimme zu Felde? Mit denen der Philosophie etwa? Wie hätten sie gesollt, da ihnen diese selbst etwas Überschwengliches und Verdächtiges war? Nachdem die letzten großen spekulativen Köpfe, ein Descartes, Mallebranche, Leibniz und Spinoza, vom Schauplatz abgetreten, blieb mit Lockes philosophischem Protestantismus gegen die sogenannten angeborenen Ideen, welcher zu zeigen unternahm, wie durch die sinnlichen Eindrücke allmählich alles auf die leere Tafel, eigentlich auf das leere Nichts, des Geistes eingezeichnet wurde, als caput mortuum der Philosophie bloß die empirische Psychologie über; eine Wissenschaft, die mit Verkennung des Gesetzmäßigen im menschlichen Gemüt, durch Beobachtung, wie es dann und wann in diesen und jenen Zuständen darin zugeht, seiner Natur auf die Spur zu kommen gedachte. Mit dieser glaubten sich die Aufgeklärten dann berechtigt, alle Erscheinungen, die über die Grenze der Empfänglichkeit ihres Sinnes hinauslagen, als Krankheitssymptome zu betrachten, und freigebig mit den Namen Schwärmerei und Wahnsinn bei der Hand zu sein. Sie verkannten durchaus die Rechte der Fantasie und hätten, wo möglich, die Menschen gern ganz von ihr geheilt. – Diese scheint z. B. in Träumen, wo sie von allem Zwange entbunden spielt, manche ihrer Geheimnisse zu verraten. Daher ist der Traum ein sehr poetisches Element, und die Poesie, wohl eingedenk, daß sie selbst nur ein schöner Traum sei, hegt und liebt ihn. Die ältesten Völker haben ihr Gefühl davon sinnlich ausgesprochen, indem sie manche Träume für Vorbedeutungen der Zukunft oder für Unterredungen mit Verstorbenen oder für göttliche Eingebungen hielten. Die Psychologie weiß alles zu erklären, wohlgemerkt, da wir

physiologisch gar nicht im reinen sind, was denn der Schlaf eigentlich sei; die Träume entstehen aus den Vorstellungen, die uns gerade am Tage lebhaft beschäftigt haben, nebst körperlichen Anregungen; die Vorstellungen entstehen durch Vibrationen, oder was weiß ich, der Gehirnfibern, auf diese wirkt der Umlauf des Bluts, auf diesen die Verdauung, und so kommt alles aus dem Magen her. Dies ist die prosaische Ansicht der Träumer; schon die homerischen Griechen waren so klug, bedeutsame und bloß zufällige zu unterscheiden, diese ließen sie aus der elfenbeinernen, jene aus der hörnernen Pforte fliegen. Wem aber mit obigem alles erklärt ist, wem nicht in seinem Leben Träume vorgekommen sind, die aufs wenigste gesagt, von einer höchst wunderbaren bizarren Freitätigkeit der Fantasie zeugen, der wird gewiß nicht von übermäßiger Poesie beschwert.

Aber die Aufklärung hat doch den Menschen durch Befreiung von den Ängstigungen des Aberglaubens eine große Wohltat erzeigt? Ich sehe nicht, daß diese so arg waren, vielmehr finde ich jeder Furcht eine Zuversicht entgegengesetzt, die ihr das Gleichgewicht hielt, und von jener erst ihren Wert bekam. Gab es traurige Ahnungen der Zukunft, so gab es auch wieder glückliche Vorbedeutungen; gab es eine schwarze Zauberei, so hatte man dagegen heilsame Beschwörungen; gegen Gespenster halfen Gebete und Sprüche; und kamen Anfechtungen von bösen Geistern, so sandte der Himmel seine Engel zum Beistande. Von der Furcht überhaupt aber (ich meine hier nicht die Furcht vor etwas Bestimmtem, gegen die ein tapferer Mut stählen kann, sondern die fantastische Furcht, das Grauen vor dem Unbekannten) den Menschen zu befreien, wie er denn auch die Gegenstände derselben nennen mag, dies wird der Aufklärung niemals gelingen, denn diese Furcht gehört mit zu den ursprünglichen Bestandteilen unseres Daseins, wie sich leicht nachweisen läßt.

Natürlich hat sich die Aufklärung auch in die Moral gemischt und darin großes Unheil angerichtet. Nach ihrer öko-

nomischen Richtung gab sie alle Tugenden, die sich nicht der Brauchbarkeit für irdische Angelegenheiten fügen wollten, für Überspannung und Schwärmerei aus. Ohne irgendeine Ausnahme für besondere Naturen gelten zu lassen, sollten alle gleichermaßen in das Joch gewisser bürgerlicher Pflichten gespannt werden, in das Gewerbs- und Amts- und dann das Familienleben, und zwar nicht aus Patriotismus und Liebe, sondern um den Acker des Staates wie Zugvieh zu pflügen und die Bevölkerung zu befördern. Da die echte sittliche Schätzung durchaus auf die Reinheit der Motive geht und nicht auf den Erfolg, so fragten sie vielmehr immer: was kommt dabei heraus? Die Ausübung der Tugenden sollte als nützlich auf alle Weise befördert werden, würde sie auch durch fremde Motive unterstützt, und so erfanden die Aufklärer die saubere Glückseligkeitslehre, nach welcher sie den Menschen einredeten, die Moral heische nichts von ihnen als ihren wahren Vorteil, und durch Erfüllung der Pflichten werde auch ihr irdisches Wohl unfehlbar beraten: eine Erwägung, die, wenn sie ins Spiel kommt, derselben allen Wert nimmt. – Die Ehre, diese uns wenigstens in Überresten angestammte große Idee aus dem Mittelalter, an dessen glänzenden Hervorbringungen im Leben wie in der Poesie sie den entschiedensten Anteil hatte, indem sie die ritterliche Tapferkeit und Liebe bildete, ist von den Aufklärern, besonders schnöde, als eine abgeschmackte Chimäre, behandelt worden, natürlich wegen der Unnützlichkeit, und weil hier das mit dem eigenen Vorteil auf keine Weise passen will. Die Ehre ist gleichsam eine romantische Sittlichkeit; hierin liegt es schon, warum die Alten sie in diesem Sinne nicht kannten, was ich auch daraus einzusehen glaube, daß bei den Alten Religion und Moral mehr getrennt war, da nun das Christentum das gesamte Tun des Menschen in Anspruch nahm, so rettete sich das Gefühl von der Selbständigkeit des sittlichen Strebens dahin, und erfand neben der religiösen Moral eine noch von ihr unabhängige weltliche. Die ritterlichen Grundsätze der Ehre werden also auch so

lange nicht wegfallen können, als das Christentum einen so bedeutenden Einfluß auf unsere Sittenlehre hat, als es bisher ungeachtet seines Verfalls noch immer ausgeübt. Aber so nach den Quellen zu fragen, findet der Aufklärer überflüssig, sondern schreitet mit seinem ökonomischen Verstande gleich zur Verurteilung.

Die aufgeklärte Theologie besteht zuvörderst in der Förderung vollkommener Begreiflichkeit der Religion, also in der Verwerfung aller Geheimnisse und Mysterien; wo sie sich in einer geoffenbarten Religion finden, die man zum Scheine noch will gelten lassen, werden sie wegerklärt. Das Unvernünftige in dem Bestreben, alles auf Verständlichkeit zurückzuführen, tritt hier im vollsten Maße ein, denn der Mensch, der ganz aus Widersprüchen zusammengewebt ist, kann sich nicht mit seiner Betrachtung in das Unsichtbare und Ewige vertiefen, ohne sich in einen Abgrund der Geheimnisse zu stürzen. Ferner wird in dieser Theologie die Fantasie als das Organ der Religion, und die Notwendigkeit, dem Unendlichen eine sinnbildliche, so viel möglich individualisierende Darstellung zu geben, verkannt. Da es sich nun in allen Religionen ereignet, daß der innere Gottesdienst über den äußeren Zeremonien, die als Zeichen desselben ursprünglich eingesetzt waren, gänzlich verlorengeht, daß die Hülle für das Wesen genommen wird, so hat die Aufklärung in ihrer Polemik hiergegen gewissermaßen Recht. Wer heißt sie aber die Idee, welche einem Gottesdienste zum Grunde liegt, nicht besser fassen als seine grobsinnlichen Bekenner? Um ihren Namen zu verdienen, sollte sie vielmehr das gleichsam versteinerte und entseelte Symbol wieder zu beseelen wissen. Aber sie will eine pur vernünftige Religion, ohne Mythologie, ohne Bilder und Zeichen, und ohne Gebräuche. Man sieht leicht ein, daß dies tödlich für die Poesie ist, welche einzig auf dieser Seite ihre Berührungspunkte mit der Religion hat. So wird auch gegen den Anthropomorphismus geeifert, und die Bibel, die von einem Ende bis zum anderen Gott unter menschlichen Bildern darstellt, kommt

dabei freilich schlecht weg. Sobald der Mensch sich aber in eine persönliche Beziehung mit der Gottheit setzt, so kann er gar nicht aus dieser Vorstellungsart heraus, und es wird im Hintergrunde seines Gemüts, bewußter- oder unbewußterweise, eine menschliche Bildung schweben. Was liegt denn auch hierin so unwürdiges und verkleinerndes? Allerdings, wenn wir den Körper bloß irdisch betrachten, als ein Werkzeug sinnlicher Bedürfnisse und Genüsse. Mit geistigeren Blicken angesehen ist er eine Allegorie auf das Weltgebäude, ein Spiegel und Abbild des Universums, was die Astrologen so schön durch das magische Wort Mikrokosmus bezeichnet haben; betrachtet man nun die Natur hinwiederum als den Leib Gottes, so bekommt der Anthropomorphismus eine ganz andere Gestalt, und eine Bedeutung, die weit über den Horizont der gewöhnlichen Aufklärung hinausgeht. – Endlich gehört zur aufgeklärten Theologie, bei einer Religion, die ein historisches Fundament hat wie die christliche, die aufgeklärte Ansicht der Geschichte, d. h. die Annahme, daß ehemalige Geschlechter in nichts von dem unsrigen verschieden gewesen sein können, alles wird also nach dem engen Zirkel heutiger Erfahrungen gemodelt, und wenn es da nicht hineinpaßt, verspottet oder wegerklärt. Als den Stifter dieser Ansicht kann man hauptsächlich Voltaire nennen, dem unsere neueren Exegeten mehr folgen, als sie selbst wissen.

Mit der *Toleranz*, die als Zubehör der Aufklärung betrachtet zu werden pflegt, verhält sich's ungefähr ebenso. Als politische Maxime betrachtet, daß nämlich Glieder verschiedener Religionsparteien in einem Staate ungestört ihren Gottesdienst ausüben dürfen, kann sie sehr empfehlenswert sein, außer, wo Staat und Kirche durch höhere Verknüpfung wieder eins werden, ist aber insofern keineswegs eine Erfindung der neuesten Zeiten. [Kaiser Friedrich II. Toleranz gegen Sarazenen – Toleranz der Türken.] Als Gesinnung hingegen fragt sich, ob sie nicht bloß verkleideter Indifferentismus ist; denn unmöglich kann es einem gleichgültig sein, ob Menschen, für die er sich interessiert, über die wich-

tigsten Angelegenheiten mit ihm gleich denken. Dazu, das gültige und gute hierin auch in einer von der unsrigen sehr verschiedenen Form und Denkart zu erkennen, gehört philosophische Universalität des Geistes; alsdann wird es aber auch nicht mehr bloße Duldung sein, sondern wahre Schätzung. Überhaupt liegt in dem Worte Toleranz, so bescheiden und friedlich es klingt, eine große Anmaßung. Laßt uns doch erst fragen, inwiefern die anderen, verschieden gesinnten, uns dulden und ertragen mögen. So viel ist ausgemacht, daß von Toleranz noch gar nicht die Rede sein sollte, wo man sich das Recht anmaßt, irgendeine religiöse Ansicht mit dem Namen Schwärmerei, d. h. nur schonender ausgedrückt, Verrücktheit zu belegen. Die so gepriesene Toleranz unserer Zeiten darf aber nicht auf die mindeste Probe gesetzt werden, etwa daß jemand ernst mit dem Christentum macht, oder religiösen Glauben an sonst etwas, den Toleranten wunderbar Scheinendes, hegt, so kommt sie in ihrer wahren Gestalt zum Vorschein, und verrät die ihr eigentlich zugrunde liegende Maxime: Alles soll toleriert werden außer die Religion.

Auf gleiche Weise verdient die *Humanität* in politischer Bedeutung (wo man z. B. gelindere Strafgesetze darunter versteht, und dgl.) ein bedingtes Lob, als eine dem Geist der Zeiten angemessene Einrichtung, indem bei geringerer Energie des ganzen Geschlechts Gesinnungen und Taten des Grimmes und der Wildheit weniger zu besorgen stehen, und man also auch weniger davon abzuschrecken braucht. Doch kann manches in dieser Art, z. B. die gänzliche Abschaffung oder zu große Einschränkung der Todesstrafen sehr bestritten werden. Überhaupt darf nur eine Gärung in irgendeine große Masse kommen, so bricht das grausame Prinzip im Menschen mit Macht wieder los, und zeigt, daß es mit der gerühmten Sanftheit unserer Sitten nicht weit her ist. Schon in jedem etwas anhaltenden Kriege verwildern die Menschen, und daher das unendlich Hohe des ritterlichen Geistes, welcher die Brutalität hierbei gar nicht aufkommen ließ.

[Humanität als Leutseligkeit der Großen gegen die Geringen schon eine Rittertugend, courtoisie.] – In geselliger Hinsicht ist Humanität oft nicht minder als die Toleranz bloßer Indifferentismus, eine zu gefällige Behandlung des Schlechten und Nichtswürdigen aus Mangel an Ernst und aus eigener Schlaffheit.

Die *Denkfreiheit*, die ebenfalls eine Erfindung unserer Zeiten sein soll, ist notwendige Bedingung der Aufklärung, und die Aufklärer wissen sie daher nicht genugsam zu preisen. Nun heißt es zwar nach dem alten Sprichwort: Gedanken sind zollfrei; man sollte also meinen, Denkfreiheit wäre zu allen Zeiten in der Welt gewesen, wenn man sich nur mit seinen Gedanken fein still gehalten hätte. Sie wollen aber noch die Freiheit dazu haben, ein langes und breites darüber zu schwatzen und zu schreiben und zu drucken. Dies fällt denn mit der sogenannten *Publizität* zusammen, d. h. der Erlaubnis und Freiheit, die Verhandlungen bei politischen Geschäften durch den Druck öffentlich zu machen; einer vielgepriesenen Erfindung, die aber aufs höchste nur Ersetzung eines Mangels sein würde, indem ja in alten Staaten die Geschäfte gleich weit öffentlicher, vor den Augen aller verhandelt wurden. – Von der Schreib- und Druckfreiheit kann man aber doch nicht sagen, daß sie eigentlich vorhanden sei, wo sie den Schriftstellern bloß durch den guten Willen der gerade jetzt Regierenden gegönnt wird, wenn sie nicht durch konstitutionelle Gesetze gesichert ist, welches sich wohl nur von wenigen Ländern Europas rühmen läßt. Insofern fand sie im Mittelalter mehr statt, wo man wegen der Trennung von Staat und Kirche und des häufigen Zwiespalts zwischen ihnen bei dem einen oder dem anderen Schutz finden konnte; es finden sich daher auch die auffallendsten Beispiele kühner Schreibfreiheit im Dante, Petrarca, Boccaz, den Minnesängern usw. Seit der Reformation sind in den protestantischen Staaten die religiösen Angelegenheiten von den weltlichen Fürsten abhängig geworden, in den katholischen hat der Argwohn strenge Zensur,

Bücherverbote und dergleichen hervorgebracht. – So wie die Sachen jetzt stehen, kann freilich die Einschränkung der Druckfreiheit sehr verderblich werden, an sich betrachtet, läßt sich über die Grenzen derselben wohl sehr streiten, und es könnte vielleicht empfohlen werden, manche Untersuchungen in einer fremden gelehrten Sprache zu schreiben, eine alte Sitte, welche der Vorwitz und dann auch die Ungelehrtheit der neueren Zeit abgebracht hat.

Daß ich den Geist des Zeitalters in Wissenschaften und sonst richtig als eine ungebührliche Herrschaft des Verstandes im Verhältnis zur Vernunft und Fantasie charakterisiert habe, erhellt auch aus den Begebenheiten selbst, welche auf die heutige Gestalt und Bildung Europas am entschiedensten gewirkt haben. Es sind außer der Reformation, von welcher die Aufklärung herstammt, ja, die schon die Aufklärung im Keime selbst war, lauter Erfindungen, welche darauf abzweckten, dem Menschen durch bequemere Werkzeuge eine größere Herrschaft über die äußerlichen Dinge zu verschaffen, wodurch also der bloß mit ihnen beschäftigte Verstand natürlich zur eminentesten Kraft erhoben ward: die Erfindung des Schießpulvers, die Entdeckung von Amerika und Wiederfindung von Indien, welche wiederum nur durch Vervollkommnung der Schiffahrt vermittelst des Kompasses möglich ward, und die Erfindung der Buchdruckerei. Wie die neuere Physik ihre meisten Entdeckungen den vollkommneren Werkzeugen verdankt, ist schon angeführt worden. Jene Begebenheiten nun, wie bewundernswürdig sie in Hinsicht auf ihre Urheber sein mögen: die Reformation wegen ihrer heroischen Wahrheitsliebe, die übrigen wegen des aufgewandten Scharfsinnes, so scheinen sie mir doch sämtlich sehr verderblich auf Europa gewirkt zu haben. Die Reformation zuvörderst hat wider Mißbräuche geeifert, deren Abstellung in der Gesamtheit der Kirche (das bedeutet ja Katholizismus) vielleicht allmählicher, später aber universeller und dauernder zustande gekommen wäre. Übrigens gleichen die Reformatoren schon darin den neueren Theolo-

gen, gegen die sie übrigens Heroen und Kolosse waren, daß sie, Gegner aller Mystik, gleichsam um den Wunderglauben markteten, wie wohlfeil sie etwa damit abkommen möchten; daß sie die Notwendigkeit und Bedeutung einer sinnbildlichen Entfaltung der Religion in Gebräuchen und Mythologie verkannten, und endlich daß sie sehr unhistorisch zu Werke gingen, indem sie die ganze Geschichte des Christentums von beinah anderthalbtausend Jahren, nur etwa die ersten Generationen abgerechnet, mit einem Streiche vernichteten. Die protestantisch gewordenen Länder erlitten durch sie anfangs einen großen Rückschritt in eine barbarische Kontroverszeit; die nachherigen Fortschritte in den Wissenschaften waren mehr indirekte Wirkung. In den katholisch gebliebenen Ländern erfolgte ebenfalls eine Hemmung und Stillstand der schon so blühenden Bildung, indem die um ihre Existenz kämpfende Kirche illiberal und argwöhnisch ward. Zuvor war sie die milde Mutter der Künste gewesen: in der Musik hat uns der Kirchengesang vielleicht die einzigen echten Überreste griechischer Musik bewahrt; die Malerei verdankt ihr alles: Gegenstände, Begeisterung und großen Wetteifer; die Skulptur und Architektur nicht zu erwähnen. Noch hat die Malerei in keinem protestantischen Lande zu einigem Flor gelangen können (Holland etwa ausgenommen: was bedeutet dies aber gegen die großen italienischen Gemälde aus dem 16. Jahrhundert?), und es läßt sich leicht nachweisen, daß dies von der religiösen Verfassung herrührt. Europa, bestimmt, nur eine einzige große Nation auszumachen, wozu auch die Anlage im Mittelalter da war, spaltete sich in sich: das wissenschaftliche Streben zog sich nach Norden, die Kunst und Poesie blieb im Süden; und da ohne die Reformation Rom verdientermaßen der Mittelpunkt der Welt geblieben wäre, und die ganze europäische Bildung italienische Farbe und Gestaltung angenommen hätte, so gaben jetzt Frankreich und England den Ton an, und unnatürlich verbreitete sich von daher aus der Westwelt vieles auch über Deutschland, den eigentlichen

Orient von Europa. Deutschland, als die Mutter der Refor-
mation, hat auch an sich selbst die schlimmsten Wirkungen
von ihr erfahren: in zwei Nationen, die nördliche und süd-
liche geschieden, die ohne Zuneigung und Harmonie vonein-
ander nicht wissen und sich hinderlich fallen, statt gemein-
schaftlich herrliche Erscheinungen des Geistes hervorzurufen,
hier durch Mißbrauch der religiösen Freiheit erschlafft, dort
durch geistlichen Despotismus gedrückt und dumpf gewor-
den, und noch ist keine Aussicht zur Vereinigung da.
Deutschland spielt die übelste Rolle in der Geschichte und ist
in Gefahr seine Selbständigkeit ganz einzubüßen.
Die Entdeckung der fremden Weltteile hat zwar bei den
Nationen, von denen sie herrührte, den Portugiesen und
Spaniern, eine große heroische Periode hervorgebracht und
sie auf eine Zeitlang zu Mittelpunkten europäischer Bildung
gemacht. Im ganzen aber hat sie den Luxus unermeßlich
gesteigert und dadurch die Herrschaft der handelnden Na-
tionen über die nicht handelnden, und wiederum in jenen
durch die Fabrikindustrie den Despotismus des Geldes, die
Abhängigkeit der Armen von den Reichen aufs stärkste
fixiert. Die Erfindung des Schießpulvers hat den ritterlichen
Geist zerstört, wie schon Ariost so schön klagt, und sonst
eine Menge politischen Unsegen über Europa gebracht. Die
Buchdruckerei endlich hat den ungeheuersten Mißbrauch der
Schrift möglich gemacht und veranlaßt. [Fausts Bündnis mit
dem Teufel.] Der einzige wesentliche Dienst, den sie der
Welt geleistet haben mag, war wohl gleich zu Anfang die
Verbreitung der klassischen Autoren: denn es scheint, daß
die Geister durch Keime aus dem Altertum befruchtet wer-
den mußten, um sich mit neuer Energie in Kunst und Wis-
senschaft zu regen; schon vor Erfindung der Buchdrucker-
kunst war dies mehr oder weniger bei den großen Dichtern
der Fall gewesen. Nachdem sie dies bewirkt, hätte sie nur
wieder untergehen mögen, wenigstens wären dann die mon-
strösen Erscheinungen der modernen Literatur, wie ich sie in
den ersten Stunden geschildert, nicht zum Vorschein gekom-

men. Das sieht freilich jeder leicht ein, daß es bequemer ist, ein Buch sogleich in 500 Exemplaren zu drucken, als es ebenso oft abzuschreiben. Allein es fragt sich, zu welchem Zwecke die Schriften denn so sehr vervielfältigt werden müssen? Sind es Gesetze, Verordnungen, andere zum allgemeinen Wohl gereichende Bekanntmachungen, so wird eine einzige öffentlich ausgestellte Tafel dasselbe verrichten. Sind es Erfahrungen, Beobachtungen, die wirklich ein Fach von Kenntnissen bereichern, so wird es genug sein, sie in einer oder ein paar Bibliotheken handschriftlich niederzulegen. Der gründliche Gelehrte muß ja doch große Bibliotheken zu Rate ziehen und kann sich nicht alles selbst verschaffen. Was sollen die sich endlos wiederholenden Lehrbücher? In allen Kenntnissen, die nicht bloße Nomenklatur sind, muß doch praktische Anleitung das Beste tun, wie z. B. in der Medizin. Ja, auch in der Philosophie hielten die Griechen den mündlichen Unterricht für weit vorzüglicher, und ihre besten Schriften in diesem Fach sind Nachbildungen der Kunstwerke der freien Mitteilung. — Was nun Poesie insbesondere betrifft, so hat die Bequemlichkeit der toten Buchstabenmitteilung für den Zauber des lebendigen Vortrags die Empfänglichkeit um ein großes vermindert. Bei den Griechen lebte die dramatische Poesie auf dem Theater, die lyrische im Gesange, die epische im Munde der Rhapsoden; und auch als die Poesie gelehrter behandelt zu werden anfing, fand der Dichter durch eine öffentliche Vorlesung das Mittel, sich glänzend bekannt zu machen. [Antimachus[1], Herodot.] Im Mittelalter lebte die Poesie wieder im Gesange und der Deklamation der Troubadours und Conteurs, noch Ariost hat auf diese Art seine Gesänge ursprünglich zur Vorlesung bestimmt. In den südlichen Ländern, wo man weniger liest, hat das mündliche öffentliche Erzählen bis jetzt seinen Reiz behalten. — Solch eine Mitteilung erregt ganz andere Span-

1. *griech. Dichter aus Kolophon (um 400 v. Chr.), gelehrte Dichtung mit den Werken* »Thebais« *(Epos),* »Lyde« *(Elegienzyklus), Vorbild der Alexandriner.*

nung und Teilnahme als das einsame ungesellige Lesen. Aber auch den Zauber der Schrift selbst hat die Buchdruckerei großenteils aufgehoben. Bei der Schwierigkeit, sich Bücher zu verschaffen, war ein einziges schon ein kostbares Besitztum, das von Geschlecht zu Geschlecht forterbte: es war eine romantische Armut. [Sitte die Bücher an Ketten zu legen.] Jetzt sind die Menschen durch die Leichtigkeit des Besitzes gegen das Vortrefflichste so gleichgültig geworden, daß sie meistens gar nicht mehr mit Andacht, sondern bloß zu gedankenloser Zerstreuung lesen. War die Begierde nach einem Buche damals so hoch gestiegen, daß man es gar nicht mehr entbehren konnte, so mochte man sich's durch eine eigene Abschrift verschaffen, und Fürsten mochten deshalb Botschaften zu einander schicken. [Kaiser Maximilian.] Wir sehen, daß die Druckerei, die besonders bestimmt schien, merkwürdige Denkmäler der Vorzeit vor dem Untergange zu sichern, dies, außer in der früheren Epoche, gar selten geleistet hat, daß die merkwürdigsten Handschriften aus dem Mittelalter bis jetzt ungedruckt daliegen, und wenn sie einmal gedruckt wurden, so geschah es nicht durch die Industrie der Buchhändler, sondern durch freigebige Unterstützung der Fürsten (wie bei Muratori[2], Leibniz usw.). – Mit der unnützen Leserei dagegen hat die unnütze Schreiberei in gleichem Maße zugenommen. Ehedem konnte sie kein Gewerbe sein, man zeichnete seine Gedanken zuvörderst zu seiner eigenen Befriedigung auf, und dies ist die rechte Art Schriftsteller zu sein; bei der Schwierigkeit, die Geistesprodukte allgemein bekannt zu machen, drang nur das Vortrefflichste durch (dieses aber in einem Grade, wie vielleicht nachher nicht mehr; z. B. zur Lesung und Erklärung von Dantes *Göttlicher Komödie* wurde in Florenz eine eigene Professur errichtet, eine Ehre, die, so viel ich weiß, keinem anderen neueren Dichter widerfahren ist) und die Welt

2. *Ludovico Antonio Muratori (1672–1750), ital. Gelehrter, mit Leibniz in Briefwechsel. 1688 im geistlichen Stand, 1695 Konservator der Ambrosianischen Bibliothek in Mailand.*

wurde nicht mit den unzähligen Ausgeburten unreifer Geister heimgesucht. – Man wird mir einwenden, daß ich ja selbst so vieles, vielleicht Unnützes drucken lasse, und ich möchte mit einer Redensart antworten, deren sich die Engländer vom Tabaksrauchen bedienen, wenn man in einer engen Stube mit vielen Tabaksrauchern, nur dadurch, daß man es mittut, den üblen Dunst von sich abwehren kann (to smoke in one's own defence): I print in my own defence. – Übrigens aber, wenn es möglich wäre, daß durch gemeinschaftliche Übereinkunft der Gebrauch der Buchdruckerei aufgehoben würde, so wäre ich es gern zufrieden, es blieben mir noch andere Arten der Gedankenmitteilung übrig, wie z. B. die, welche ich jetzt eben ausübe und die mir weit vorzüglicher dünkt. – Alles bisherige ist übrigens keineswegs so zu verstehen, als ob nicht jetzt, da das Bedürfnis gedruckter Bücher habituell geworden, die Abschaffung das größte Unheil verursachen würde, ja, selbst ein furchtbares Mittel in der Hand des Despotismus werden könnte, sondern es ist von einer ursprünglich anderen Wendung die Rede, welche die neuere Kultur ohne diese Erfindung hätte nehmen können.

Der unvermeidliche Einfluß von allem bisher Geschilderten auf die Poesie ist leicht einzusehen. Die ausschließende Richtung aufs Nützlichste muß ihr, konsequent durchgeführt, eigentlich ganz den Abschied geben; und die wahre Gesinnung der Aufgeklärtheit darüber läuft auf die Frage des Mathematikers hinaus: was denn durch das Gedicht bewiesen werde? Die Quellen aller Fiktion versiegten, indem man die Mythologie unter die Rubrik des Aberglaubens verwies, und aus der Natur die Symbolik verschwand. [*Hamlet. Macbeth.* Voltaire.] Es tat sich eine gleichsam protestierende Kritik auf, welche das wahrhaft Positive in der Poesie und Kunst, was sie nicht ganz wegleugnen konnte, das Genie, beinah als das feindselige Prinzip betrachtete, und es dem Negativen, dem sogenannten Geschmack unterworfen wissen wollte.

Eine nichtige und bloß eingebildete Entgegensetzung: in
ihrer echten Bedeutung sind diese Dinge unzertrennlich eins.
So ist auch die Sage von einer zügellosen Fantasie aufge-
kommen, die, wo man sie mit einigem Scheine zu finden
glaubte, nichts weiter ist als ein ungeordnetes Gedächtnis;
den gänzlich Fantasielosen ist freilich alle Fantasie exzen-
trisch und zügellos. Die schaffende Fantasie ist zugleich un-
bedingt frei und gesetzmäßig, in ihr kann daher keine Zü-
gellosigkeit stattfinden. Man muß nur wissen, daß die Fan-
tasie, wodurch uns erst die Welt entsteht, und die, wodurch
Kunstwerke gebildet werden, dieselbe Kraft ist, nur in ver-
schiedenen Wirkungsarten. Jene Kritik dringt aber auf lau-
ter bloß negative Tugenden: Vermeidung des Anstößigen,
Unschicklichen usw., und so besteht denn auch ihr Ideal des
poetischen Stils darin, daß man in Versen sage, was man
nicht auch in Prosa (der bürgerlichen gemeinnützigen
Sprache) sagen dürfte, wie sich ja überhaupt alles Über-
schwengliche im Menschen der Nutzbarkeit fügen soll.
Dieser Kritik der Korrektheit ist nun die unsrige diametral
entgegengesetzt, und deswegen war es nötig, ihre Maximen
tiefer aus den Gründen und dem allgemeinen Geiste des
Zeitalters zu entwickeln. Ich glaube, daß man in der Kunst,
wie unbedingt verwerfen, so auch unbedingt anerkennen
muß. Wo man einmal das Göttliche gefunden, gebe man sich
mit einer Art von Andacht hin, um sich ganz davon durch-
dringen zu lassen; erst durch vorgängige Anbetung der gro-
ßen Meister erwirbt man sich das Recht, sie nachher etwa zu
tadeln. Weit entfernt, von der Weisheit des Zeitalters mit
einer Art von Mitleid auf die Werke der Vorzeit herunter-
zuschauen, auf ihre Roheit, die in ihnen herrschenden aber-
gläubischen Vorstellungen trete ich mit der innigsten Ehr-
erbietung vor sie hin, fest überzeugt, daß jedes Zeitalter in
Rücksicht auf Poesie und Kunst vorzüglicher sei als das
unsrige.
Die einzige Frage, welche uns nach dieser Schilderung des
gegenwärtigen Zustandes der europäischen Bildung in allen

ihren Zweigen zu beantworten übrigbleibt, betrifft die Aussicht in die Zukunft. Ist dieser Zustand hoffnungslos fixiert? Ist sogar noch ein tieferes Herabsinken zu befürchten? Oder zeigen sich Spuren und Andeutungen einer Rückkehr zum besseren? Für die Hoffnung spricht schon die allgemeine Betrachtung der menschlichen Natur, daß alles Wesentliche und an sich Gültige in ihr eigentlich unvergänglich und ewig ist; daß, was die Grundlage unseres Daseins ausmacht, Sittlichkeit und Religion, Poesie und Philosophie, wie es keinen zufälligen Ursprung in der Zeit gehabt, so auch niemals untergehen kann. Nur schlummern können die höheren Anlagen des Menschen, herabgezogen werden durch das Gewicht des Irdischen und Materiellen, umbaut und in ihrer Wirksamkeit gehemmt durch die Verfassung der Gesellschaft, so daß gegen die Gewalt der allgemeinen Sitte und Gewöhnung die Kraft des einzelnen sich vergeblich auflehnt, und wie in einem reißenden Strome bloß einen kleinen in geringer Entfernung schon unmerkbar werdenden Wirbel verursacht. Es ließe sich wohl historisch zeigen, daß seit der Epoche, von welcher ich den Anfang des gegenwärtigen Zeitalters herleite, die Opposition gegen das negative Prinzip niemals ganz geschlafen hat; nur regt sie sich in der neuesten Zeit in Deutschland entschiedener und kräftiger. Da wir nun in der menschlichen Bildungsgeschichte überhaupt das Naturgesetz einer wechselnden Flut und Ebbe, oder, wie es Hemsterhuis ausdrückt, Sonnennähe und Sonnenferne, schon in mehreren Erfahrungen bestätigt wahrnehmen können: so sehe ich nicht, was in der Hoffnung auf Erneuerung, auf einen großen Umschwung in den Richtungen des geistigen Strebens, an sich so widersinniges sein soll. Regeneration heißt der vermittelnde Begriff, zwischen der Vergänglichkeit des einzelnen und der Unsterblichkeit des allgemeinen, welches sich zu jenem wie die Seele zum Leibe verhält. Der Genius des Menschengeschlechts ist ewig und nur einer, er bildet sich nur von Zeit zu Zeit eine neue Gestalt an, wenn die vorige veraltet: sein Symbol ist der aus seiner eigenen

Asche auflebende Phönix. Laßt uns doch unseren Blick über die enge Gegenwart erheben, laßt uns bedenken, wie das, was den gewöhnlichen Menschen ganz absorbiert, seine Umgebung, der Kreis seiner Lebenserfahrungen, bald nur ein Punkt in der Geschichte sein wird; wie tausend mit so lautem Geräusch betriebene Bestrebungen keine Spur hinterlassen, andere der Nachwelt klein und unbedeutend erscheinen werden; laßt uns einen Standpunkt erschwingen, von wo aus wir dies Ganze, was ich eben als das letzte Zeitalter geschildert, vielleicht gar nicht als etwas für sich bestehendes, sondern als einen Übergang, eine Vorbereitung, eben als jenen Verbrennungsprozeß erblicken. Für die wahrhaft historische Betrachtung gehen Menschenalter und Jahrhunderte zusammen in ein einziges Aufatmen des Menschengeschlechts, ein einziges Pulsieren der Lebenskräfte.

Mehrere meiner Freunde, und ich selbst haben den Anfang einer neuen Zeit auf mancherlei Art, in Gedichten und in Prosa, im Ernst und im Scherz verkündigt, und gewisse ehrenfeste Männer, die von keiner anderen Zeit einen Begriff haben, als der, welche die Turmglocken anschlagen und die Nachtwächter ausrufen, haben uns aus diesen frohen Hoffnungen ein großes Verbrechen gemacht. Ein bejahrter Mann besonders, der das Unglück hat, wenn er seine Sprachwerkzeuge einmal in Bewegung gesetzt hat, aus bloßer Kraftlosigkeit sie nicht wieder zum Stillstand zu bringen und so zum Schweigen gelangen zu können, ist dadurch ganz aus der Fassung gebracht worden, und schreibt immerfort dagegen, so wie Münchhausen noch drei Tage nach der Schlacht sich den Arm mußte halten lassen, weil die Bewegung des Hauens konvulsivisch fortdauerte. – Das entsetzliche, gar nicht aufhörende Geschrei dawider von allen Seiten scheint doch zu verraten, daß die Gegner unsere Behauptungen nicht für so ungereimt halten als sie vorgeben, daß sie doch vielleicht heimlich fürchten, im ruhigen Besitz der Richtigkeit durch jene verhaßten Anmutungen gestört zu werden. Sie sind auch darüber entrüstet, daß **man manche**

Autoren, die sie bisher mehr auf Autorität und aus Gewöhnung als aus wahrem Triebe verehrt haben, nicht mehr will gelten lassen, daß man es geradeheraus sagt, sie seien nur mittelmäßige Poeten und schlechte Philosophen oder Kritiker; sie glauben sich zugleich mit herabgesetzt. Auch hier scheint dasselbe Motiv dem heftigen Empören dagegen zum Grunde zu liegen. Ein auf gültige Ansprüche gegründeter Ruf muß aus der schärfsten Prüfung bewährt hervorgehen; wenn schon ein paar hingeworfene Einfälle einer großen Schriftsteller-Reputation einen Stoß geben (so wie bei Shakespeare das bloße Sausen von Pyrrhus' Schwert den kraftlosen Altvater Priamus zu Boden stürzt), wie würde es dann erst bei einer ernsthaften und erschöpfenden Untersuchung aussehen? Sie verabscheuen aufs äußerste die Maxime, daß bei literarischem Ansehen keine Verjährung statthaben soll, die Rücksichtslosigkeit der öffentlichen Äußerungen, endlich das unbedingte Anerkennen und Verwerfen, da sie aus eigener Halbheit auch die fremde in Schutz nehmen.

So töricht sind diejenigen nicht, denen man die Ehre erweist, sie vorzugsweise die Partei in der Literatur zu nennen (denn in der großen Masse der Gemeinheit muß sich natürlicherweise das Gute suchen und uneigennützig zusammenhalten), daß sie sich einbilden sollten, einige philosophische und poetische Werke würden unmittelbar auf die gegenwärtige äußere Verfassung der menschlichen Angelegenheiten wirken; auf Märkten und Straßen werden die stillen Mysterien eines strebenden Gemüts nicht gefeiert. Wir wissen zu gut, daß die meisten Menschen über die durch die bürgerliche Ordnung zum Lernen bestimmte Periode einmal hinaus sich so beschränkt fixieren, daß sie, weit entfernt ein universelles Interesse zu haben, und fähig zu sein, etwas Großes, das allen ihren bisherigen Gewöhnungen widerspricht, mit gesammelter Kraft sich anzueignen, vielmehr nur wie Uhren für die täglichen Verrichtungen maschinenmäßig aufgewunden werden. Ja, auch bei der empfänglicheren Jugend, die von

Natur dem Neuen geneigt ist, wird oft nur ein oberfläch-
licher Enthusiasmus entzündet, der wie ein Strohfeuer ab-
lodert: indem sie das Höchste ohne alle Anstrengung gleich
aus der nächsten Hand zu überkommen gedenken, entstehen
Bewunderer und Nachahmer, die weit schlimmer sind als die
Gegner, weil diese das, was man beabsichtigt, nicht so arg
verkennen können, als es jene zur Fratze entstellen. – Wir
schmeicheln uns also keineswegs einer schon erfolgten allge-
meinen Anerkennung; wir behaupten nur, es seien Keime
eines neuen Werdens ausgestreut: unter welchen Zeitbedin-
gungen sie sich fruchtbar erweisen werden, läßt sich nicht im
voraus bestimmen. Auch wenn man ganz allein bliebe, und
gar nicht auf einen sich erweiternden Bund gemeinschaftlich
strebender Geister rechnen dürfte, so wäre man darum nicht
weniger berechtigt zu sagen, es fange eine neue Zeit an, so
bald man es in sich fühlt. Denn aus dem höheren Gesichts-
punkte angesehen, ist die Zeit eine Hervorbringung des
freien Menschen, und es hängt von ihm ab, was er für sich in
den Schoß der Vergangenheit versenken und was er als
Gegenwart festhalten will, um seine Zukunft daraus zu ent-
wickeln. Das muß doch jeder selbst wissen, ob wirklich neue
Quellen des Daseins in ihm aufgegangen sind. – Es ist aber
mit diesem Beginnen einer anderen Zeit so wenig eine Ver-
nichtung alles Ehemaligen gemeint (wie uns fälschlich vor-
geworfen wird), daß wir vielmehr ausdrücklich bekennen,
durch die großen Geister der Vorzeit auf den Weg gebracht
worden zu sein. Die Anbeter des gegenwärtigen Zeitalters
sind es vielmehr, welche das wahre Alte verachten, indem
ihnen das Letztvorhergegangene viel größer und verwun-
dernswürdiger vorkommt. So kann einem, der auf einer
platten Ebene steht, durch einen Sandhügel die ganze weite
Aussicht verdeckt werden; aber der Wind weht diesen Sand-
hügel weg, und dann kommen erst die blauen Berge als die
wahre Grenze des Horizonts zum Vorschein.
Ich sehe dem Einwurf entgegen, die von mir dargelegte An-
sicht sei ein empörtes und undankbares Kind des Zeitalters,

dessen Bildung meine Gedanken in Farbe und Gestalt doch an sich tragen; und ich bestreite daher das Zeitalter mit seinen eigenen Waffen. Allein das wird gar nicht von mir behauptet, daß man gar nichts von ihm annehmen solle, ebensowenig als es mir einfällt, das Streben, welches seinen Geist ausmacht, für eine bloß zufällige Abirrung auszugeben und nicht einzusehen, daß notwendigerweise in der Bildungsgeschichte auch diese Richtung vorkommen, und so weit als möglich verfolgt werden mußte. Was wahrhaft reell darin ist, kann und wird nicht untergehen; und wer sich dessen nicht Meister gemacht hat, wer nicht mit dem Zeitalter auf seinem eigenen Gebiet in allem gleichen Schritt halten kann, der soll von der neuen Zeit noch gar nicht mitsprechen. In der absoluten Schätzung bleibt dem ungeachtet das Negative, was es ist; wenn schon für mich, so wie zwei Verneinungen in der Sprache wieder bejahen, indem ich das Negative als negativ setze, wieder ein Positives daraus wird. Wie chemische Verwandtschaft durch Entgegensetzung bedingt ist, wie der negative Pol eines Magneten den positiven eines anderen anzieht, so ruft auch ein Extrem sein entgegengesetztes hervor; und Übersättigung mit Irreligiosität kann Religion erwecken, sittliche Schlaffheit neuen Enthusiasmus, und prosaische Erstorbenheit neue Poesie, sowie ein Empirismus, der alles menschliche Wissen zu einem Aggregat ohne Unterordnung und Zusammenhang macht, zur Philosophie zurückführt. Im Laufe der Zeiten verändert sich immerfort alles, was gewesen ist, kommt so nicht wieder: das Alte kann also nicht ohne weiteres hergestellt werden, sondern soll etwas Neues entstehen, so wird es notwendig ein Produkt heutiger Bildung mit ehemaliger befruchtet sein. Das ganze Spiel unserer geistigen Kräfte beruht auf dem beständigen Wechsel nach außen gerichteter und auf sich zurückgewandter Tätigkeit; ebenso scheint auch der gesamte Geist in wechselnder Kontraktion und Expansion begriffen zu sein. Wer weiß, alles, was ich als die letzte Periode geschildert habe, ist nur als eine einzige große Reflexion des Menschenge-

schlechts über sich selbst anzusehen und mußte deswegen
notwendig ein negatives Ansehen gewinnen. Soviel ist ge-
wiß, daß in der Form der neuesten Philosophie ein gestei-
gertes Bewußtsein, ein Grad des Selbstverständnisses aus-
gedrückt ist, wie es sich zuvor noch nie in philosophischen
Unternehmungen offenbart hat. So muß auch der heutige
Dichter über das Wesen seiner Kunst mehr im klaren sein,
als es ehemalige große Dichter konnten, die wir daher besser
begreifen müssen, als sie sich selbst; eine höhere Reflexion
muß sich in seinen Werken wieder in Unbewußtsein unter-
tauchen. Deswegen ist jetzt Universalität das einzige Mittel,
wieder etwas Großes zu erschwingen. Ein Dichter muß nicht
nur die umfassendsten Studien antiker und moderner Poesie
gemacht haben, er muß in gewissem Grade auch Philosoph,
Physiker und Historiker sein. Kein Wunder, daß dabei seine
eigenen Werke oft nur wie einzelne Versuche aussehen, da
eine gewisse Einseitigkeit der Virtuosität so günstig ist. Doch
wird nur erst einzelnes im rechten Sinne vollendet ausge-
bildet, so wird sich fertige Meisterschaft auch schon mit der
Zeit wieder einstellen.

Was ich zu den Regungen des wieder auflebenden Geistes
rechnen zu müssen glaube, ist zum Teil nicht sogar neu: nur
hatte es sich, isoliert unter dem Haufen der Mißverständ-
nisse, scheinbar verloren, und scheint erst jetzt wieder ver-
einigt auf einen Brennpunkt zu wirken. Vor mehr als vierzig
Jahren stand *Winckelmann* auf: er öffnete mit heiliger Be-
geisterung den Tempel antiker Kunst und weihte sich selbst
zum Priester der alten Götter. Er hat zunächst zwar nur
von den bildenden Künsten gesprochen, aber aus wenigen
Andeutungen sieht man, daß er durch das Medium derselben
auch die Poesie der Alten sehr gut erkannt hatte; und seine
Betrachtungsart der Denkmäler des Altertums in jenen bleibt
ein vollendetes Vorbild für jede Darstellung des klassischen
Geistes von anderen Seiten. Er hatte die Kühnheit, die ge-
samte neuere Kunst, ein paar ihrer ältesten großen Meister
ausgenommen, geradehin zu verwerfen; ja, er tat den Wer-

ken dieser sogar Unrecht, indem er sie nur als Annäherungen an das Antike betrachtete, nicht als eigentümliche Schöpfungen in einer gegenüberliegenden Sphäre: eine für ihn, der ganz Grieche war, notwendige Einseitigkeit. In der Philosophie fehlt es ihm an Schule, doch zog ihn sein Instinkt zu dem größten Stile der Spekulation hin, der aus dem Altertum auf uns gekommen, und wo er philosophiert, da platonisiert er auch. Von seinen großen Einsichten zeugt übrigens seine Geringschätzung der damaligen Philosophie der Engländer und Franzosen, besonders ihrer Kunstkritik, die freilich wie die Stimme eines Propheten in der Wüste verhallte.

Noch früher war *Lessing* aufgetreten, aber seine bedeutendste Periode fällt mehr gegen das Ende seines Lebens. Es versteht sich, daß ich ihn hier nicht als Dichter anführe: dies war er gar nicht, wie er selbst eingestanden hat; für einen Kunstrichter hielt er sich eher, aber auch hierzu fehlte es ihm an Empfänglichkeit für viele Seiten der Poesie, und an vollständiger historischer Kenntnis. Er ist vielmehr ein auffallendes Beispiel geworden, daß der bloß berechnende Verstand weder die Poesie auszuüben noch sie zu ergründen hinreicht. Hier kann es ihm also nur angerechnet werden, daß er sich niemals durch Autorität und eingeführten Kunstschlendrian blenden ließ. Aber ein Denker war er, der in alle Fächer des menschlichen Wissens revolutionäre Anregungen brachte. Ein unsterbliches Muster hat er in sich aufgestellt von uninteressierter, unbestechlicher, unermüdeter Wahrheitsforschung und von dem edlen Zorn und Haß gegen das Schlechte, Nichtige und Verkehrte. Auch in der Theologie bewies er großen Ernst und verursachte eben deswegen allgemeinen Skandal. (Seine Prophezeiung. Friedrichs Gedicht darüber.) »Er blieb zwar nur die Skizze eines vortrefflichen Philosophen«, aber seine Vorliebe für Spinoza, den schon der scharfsinnige Bayle[3], so ganz mißkannt hatte,

3. *Pierre Bayle (1647–1706), einer der einflußreichsten philosophisch-theologischen Schriftsteller Frankreichs, Verfasser des »Dictionnaire historique et critique«, Rotterdam 1697.*

beweist, was er unter anderen Umständen hätte leisten kön-
nen.

Auch *Hemsterhuis* (zwar ein Holländer, der Französisch
geschrieben, aber wohl nur von Deutschen recht geschätzt
worden ist), der so vertraut mit der Kultur der Enzyklopä-
disten, dennoch die Rechte der Spekulation, der Sittlichkeit,
der Kunst und der Religion gegen sie in Schutz zu nehmen
wagte und sich an die Formen des Altertums anschloß, muß
als ein Vorbote der wiedererwachenden Philosophie, gleich-
sam ein Prophet des transzendentalen Idealismus betrachtet
werden.

Dieser, in seiner ersten Gestalt, als Kritizismus von Kant
aufgestellt, belebte zwar zuerst wieder philosophische Ideen
(die ganz abhanden gekommen waren, und die sich so frucht-
bar bewiesen, daß er, fast ohne Kenntnis von Kunst und
Poesie, in seiner Kritik der Urteilskraft dennoch *die* Region
des Geistes glücklich traf, wo diese Erzeugnisse zu Hause
wären, und ihre Unabhängigkeit von fremdartigen Ge-
setzgebungen behauptete) aber mehr mit einer negativen
Tendenz, und da das Ganze des Systems nur künstlich zu-
sammengekittet, nicht organisch aus einem Mittelpunkt ent-
standen war, mußte es in den Köpfen der Schüler bald in For-
malismus ausarten. Konsequenter, mit größerer Schärfe und
in lebendigerer Einheit durchgeführt, ist der transzendentale
Idealismus jetzt in seiner strebendsten Entwicklung. Dem
Dichter, der ihn zu brauchen versteht, ist dadurch der Zau-
berstab in die Hand gegeben, mit Leichtigkeit den Geist zu
verkörpern und das Materielle zu vergeistigen, da die Poesie
ja eben zwischen der sinnlichen und intellektuellen Welt sich
schwebend erhalten muß.

In der Physik hat sich ebenfalls neue Lebensregung gezeigt.
Ohne hier ausmachen zu wollen, ob eine objektive Wissen-
schaft der Natur möglich ist, oder ob dem Menschen nur
abgerissene Seherblicke in ihre geheimnisvolle Werkstätte ge-
gönnt sind, kann es doch nicht zweifelhaft sein, daß die
Rückkehr zum Naturganzen nach Vervollkommnung der

empirischen Kenntnisse auch für die Poesie fruchtbar werden wird. Die neuen Wahrnehmungen und Ahnungen dürften in der Mythologie Herberge suchen, diese neu allegorisieren und beseelen.

Was die Poesie betrifft, so habe ich schon öfter geäußert, daß ich das meiste, was die Deutschen in der letzten Periode verehrt haben, für durchaus null halte. Ich sehe wenigstens nicht, wie sich auf die Wielandische mattherzige Schlaffheit und manierierte Nachahmerei sollte weiter fortbauen, oder was sich aus der Dürftigkeit eines Ramler, Kleist, aus der faden Süßlichkeit eines Geßner, oder um Neuere zu nennen, aus der pretiösen geistlosen Künstelei eines Matthisson sollte entwickeln lassen. Im Klopstock, ungeachtet er die Mißverständnisse und die Affektion so ins Große getrieben wie schwerlich vor ihm ein anderer Dichter, ist vielleicht dennoch etwas, was nicht ganz untergehen kann; er muß wenigstens im grammatischen Teile der Poesie, wiewohl auch hier seine Erfindungen von Mißverständnissen getrübt waren, gewissermaßen als ein Stifter betrachtet werden. So Bürger, der ein Beispiel abgibt, wie wohltätig oft eine einzige poetische Anschauung aus einem fremden Zeitalter wirken kann: denn nur durch seine Bekanntschaft mit den altenglischen Balladen erhob er sich dazu, Töne echter Volkspoesie anzugeben, da er sonst vermutlich bei kalter Schulpoesie stehen geblieben wäre. *Goethe* bleibt aber doch der Wiederhersteller der Poesie in Deutschland. Seine früheren Schriften sind zwar weniger Kunstwerke als Protestationen gegen die konventionelle Theorie, Verteidigungen der Natur gegen die Eingriffe der Verkünstelung. Er war selbst in Mißverständnissen befangen und hat auch andere irregeleitet, wie er selbst gesteht. Es scheint, er mußte durch diese Verkennung der Kunst hindurch, um bei vollendeter Reife zu ihrer reinsten Ansicht hindurchzudringen. Wenn viele seiner Sachen nur als Bruchstücke und Studien dastehen, so hat er dagegen in anderen gediegenen Werken teils die Formen des Altertums im milden Widerschein seines Geistes gespiegelt, teils das romanti-

sche Element wieder aufgefunden und Werke von uner-
gründlicher Absichtlichkeit damit durchdrungen. Es steht zu
hoffen, daß mit ihm endlich eine Schule der Poesie anheben
wird, das heißt nicht, eine Folge von Dichtern, die ihn blind-
lings anbeten oder ihn auch nur für das höchste Muster hal-
ten; sondern die mit ähnlichen Maximen im Studium und
der Ausübung der Kunst, auf der von ihm eröffneten Bahn
ohne Nachahmung selbständig und erweiternd fortschrei-
ten.

Wie gesagt, vieles von dem Angeführten war schon lange
vorhanden, aber ohne Wirkung. Winckelmann hat man viel
eitles Geschwätz über Ideale und Griechheit nachgelallt, statt
von ihm zu tieferer Erforschung des Altertums befeuert zu
werden. Lessing haben sich die Seichten ganz eigens zu ihrem
Vorsteher gewählt, und in seinen Schriften Bannsprüche
gegen echte Poesie und Philosophie zu finden geglaubt,
außerdem daß er auf das dramatische Fach sehr retardierend
gewirkt hat. Goethe hat die seltsamsten Verzerrungen der
Genialität veranlaßt, und hat zum Helden der Sentimenta-
len werden müssen, ja viele sehen ihn noch jetzt so an.

Was seit Goethe in der Poesie geschehen, ist zum Teil noch
zu neu, um es historisch beurteilen zu können, teils steht es
mir persönlich zu nahe. Diejenigen, welche noch nicht an eine
Verjüngung der Poesie glauben, will ich nur erinnern, daß
aus einem kleinen Samenkorn in kurzer Zeit eine ganze
Pflanzung erwachsen, daß durch einen Funken ein Wald in
Brand gesetzt werden kann; oder auch, daß bei einer zurück-
tretenden Überschwemmung zuerst nur einzelne Spitzen her-
vorkommen, bald aber große Strecken mit einem Male wie-
der festes Land werden.

NOVALIS

Die Welt muß romantisiert werden

*Novalis' Forderung, die Welt zu romantisieren, ist ebenfalls
wie bei Friedrich Schlegel als Verwandlung des ganzen Welt-
und Lebensgefühls zu verstehen, als Durchdringung und
Vermischung sämtlicher Kunstformen und Wissenschaften.
Dabei wird »der ursprüngliche Sinn« kraft der Reflexion
des Ich erreicht. Die Reflexion setzt das Absolute und kon-
stituiert es, wie Walter Benjamin sagt, »als Reflexions-
medium«.*

Die Welt muß romantisiert werden. So findet man den
ur[sprünglichen] Sinn wieder. Romantisieren ist nichts als
eine qualit[ative] Potenzierung. Das niedre Selbst wird mit
einem bessern Selbst in dieser Operation identifiziert. So
wie wir selbst eine solche qualit[ative] Potenzenreihe sind.
Diese Operation ist noch ganz unbekannt. Indem ich dem
Gemeinen einen hohen Sinn, dem Gewöhnlichen ein geheim-
nisvolles Ansehn, dem Bekannten die Würde des Unbekann-
ten, dem Endlichen einen unendlichen Schein gebe, so ro-
mantisiere ich es – Umgekehrt ist die Operation für das
Höhere, Unbekannte, Mystische, Unendliche – dies wird
durch diese Verknüpfung logarithmisiert – es bekommt
einen geläufigen Ausdruck. Romantische Philosophie. Lingua
romana. Wechselerhöhung und Erniedrigung.

CLEMENS BRENTANO

Gespräch über das Romantische

*Das Gespräch wird im 8. Kapitel von Brentanos frühem
Roman »Godwi oder Das steinerne Bild der Mutter« (er-*

schienen 1801) durch das Lied eines jungen Mädchens aus-
gelöst. Hier, wie in anderen Romanen der Frühromantik
(z. B. in Tiecks »Franz Sternbalds Wanderungen«, vgl.
Kap. II), werden romantische Ansichten und Programme in
der Form von Gesprächen auf die Romanfiguren verteilt.
Godwi und der Erzähler versuchen gegen den Dichterling
Haber eine Definition des Romantischen am Beispiel der
Form- bzw. Gestaltvorstellung. 1. Das Romantische ist ein
Perspektivismus, ist also je vom Blick des Betrachters ab-
hängig und ist nur die unsichtbare Begrenzung einer Idee
(anschauliches Beispiel die Seifenblase). 2. Zur romantischen
Gestalt gehört Kolorit. 3. Der Übersetzer hat nicht den blo-
ßen Gegenstand, sondern ein Kunstwerk zu übersetzen.
4. Als Warnung an Übersetzer und Dichter vom Schlage
eines Haber: man muß sich erst selbst übersetzen, d. h. vom
romantischen Geist durchdrungen sein, bevor man überset-
zen kann.

Wir waren alle durch Flamettens Lied bewegt. Godwi allein
äußerte nichts Bestimmtes. Es schien mir überhaupt, als habe
er ein ganz eigenes Instrument im Busen, und seine Rührung
sei sich stets gleich. Er hat sein Leben einer schönen Erinne-
rung hingegeben, und was ihn rührt, schlägt diese an, den-
noch hat er ein gesundes originelles Urteil. Diese Originali-
tät aber besteht aus einem einzigen großen Eindruck in sei-
nem Inneren, von dem er immer seinem Urteil einen Klang
mitgibt und es so stempelt. Unsere Äußerungen über das
Lied Flamettens führten uns zu einem allgemeinen Ge-
spräche über das Romantische, und ich sagte:
»Alles, was zwischen unserm Auge und einem entfernten zu
Sehenden als Mittler steht, uns den entfernten Gegenstand
nähert, ihm aber zugleich etwas von dem Seinigen mitgibt,
ist romantisch.«
»Was liegt denn zwischen Ossian und seinen Darstellun-
gen?« sagte Haber.
»Wenn wir mehr wüßten«, erwiderte ich, »als daß eine

Harfe dazwischenliegt, und diese Harfe zwischen einem gro-
ßen Herzen und seiner Schwermut, so wüßten wir des Sän-
gers Geschichte und die Geschichte seines Themas.«
Godwi setzte hinzu: »Das Romantische ist also ein Perspec-
tiv oder vielmehr die Farbe des Glases und die Bestimmung
des Gegenstandes durch die Form des Glases.«
»So ist nach Ihnen also das Romantische gestaltlos«, sagte
Haber, »ich meinte eher, es habe mehr Gestalt als das An-
tike, so, daß seine Gestalt allein schon, auch ohne Inhalt,
heftig eindringt.«
»Ich weiß nicht«, fuhr ich fort, »was Sie unter Gestalt ver-
stehen. Das Ungestaltete hat freilich oft mehr Gestalt, als
das Gestaltete vertragen kann; und um dieses Mehr hervor-
zubringen, dürften wir also der Venus nur ein Paar Höcker
anbringen, um sie romantisch zu machen. Gestalt aber nenne
ich die richtige Begrenzung eines Gedachten.«
»Ich möchte daher sagen«, setzte Godwi hinzu, »die Gestalt
selbst dürfe keine Gestalt haben, sondern sei nur das be-
stimmte Aufhören eines aus einem Punkte nach allen Seiten
gleichmäßig hervordringenden Gedankens. Er sei nun ein
Gedachtes in Stein, Ton, Farbe, Wort oder Gedanken.«
»Es fällt mir ein Beispiel ein«, versetzte ich, »verzeihen Sie,
daß es die so sehr gewöhnliche Allegorie auf die Eitelkeit
der Welt ist. Nehmen Sie eine Seifenblase an, denken Sie,
der innere Raum derselben sei ihr Gedanke, so ist ihre Aus-
dehnung dann die Gestalt. Nun aber hat eine Seifenblase
ein Moment in ihrer Ausdehnung, in der ihre Erscheinung
und die Ansicht derselben in vollkommner Harmonie stehen,
ihre Form verhält sich dann zu dem Stoffe, zu ihrem innern
Durchmesser nach allen Seiten und zu dem Lichte so, daß sie
einen schönen Blick von sich giebt. Alle Farben der Um-
gebung in ihr schimmern, und sie selbst steht nun auf dem
letzten Punkte ihrer Vollendung. Nun reißt sie sich von
dem Strohhalme los, und schwebt durch die Luft. Sie war
das, was ich unter der Gestalt verstehe, eine Begrenzung,
welche nur die Idee festhält, und von sich selbst nichts

spricht. Alles andere ist Ungestalt, entweder zu viel, oder zu wenig.«

Hier versetzte Haber: »Also ist Tassos Befreites Jerusalem eine Ungestalt« –

»Lieber Haber«, sagte ich, »Sie werden mich ärgern, wenn Sie mir nicht sagen, daß Sie mich entweder nicht verstehen, oder mich nicht ärgern wollen.«

»Ärgern Sie sich nicht«, erwiderte er, »denn ich tue weder das eine, noch will ich das andere, aber mit Ihrer Ungestalt des Romantischen bin ich nicht zufrieden, und setzte Ihnen grade den Tasso entgegen, da ich ihn kenne, und leider nur zu sehr empfinde, wie scharf und bestimmt seine Gestalt ist. Das fühle ich nur zu sehr, da ich damit umgehe, ihn einstens zu übersetzen.«

»Daß Sie es zu sehr fühlen, ist ein Beweis für mich«, sagte ich; »die reine Gestalt fühlt man nicht zu sehr; und nehmen Sie sich in acht, daß Sie es auch den Leser Ihrer Übersetzung nicht zu sehr fühlen lassen, denn nach meiner Meinung ist jedes reine, schöne Kunstwerk, das seinen Gegenstand bloß darstellt, leichter zu übersetzen als ein romantisches, welches seinen Gegenstand nicht allein bezeichnet, sondern seiner Bezeichnung selbst noch ein Kolorit giebt, denn dem Übersetzer des Romantischen wird die Gestalt der Darstellung selbst ein Kunstwerk, das er übersetzen soll. Nehmen Sie zum Beispiel eben den Tasso; mit was hat der neue rhythmische Übersetzer zu ringen? Entweder muß er die Religiosität, den Ernst und die Glut des Tasso selbst besitzen, und dann bitten wir ihn herzlich, lieber selbst zu erfinden; hat er dieses alles aber nicht, oder ist er gar mit Leib und Seele ein Protestant, so muß er sich erst ins Katholische übersetzen, und so muß er sich auch wieder geschichtlich in Tassos Gemüt und Sprache übersetzen, er muß entsetzlich viel übersetzen, ehe er an die eigentliche Übersetzung selbst kömmt, denn die romantischen Dichter haben mehr als bloße Darstellung, sie haben sich selbst noch stark.«

»Bei den reinen Dichtern ist dies der Fall wohl nicht«, sagte

Haber, »da sie doch noch etwas weiter von uns entfernt
sind.«

»Nein«, erwiderte ich, »obschon sie etwas weiter von uns
entfernt sind, und grade deswegen nicht, weil diese große
Ferne jedes Medium zwischen ihnen und uns aufhebt, wel-
ches sie uns unrein reflektieren könnte. Die Bedingnis ihres
Übersetzers ist bloße Wissenschaftlichkeit in der Sprache
und dem Gegenstande, er darf bloß die Sprache übersetzen,
so muß sich seine Übersetzung zu dem Original immer ver-
halten, wie der Gipsabdruck zu dem Marmor. Wir sind alle
gleichweit von ihnen entfernt, und werden alle dasselbe in
ihnen lesen, weil sie nur darstellen, ihre Darstellung selbst
aber keine Farbe hat, weil sie Gestalt sind.«

Godwi sagte scherzend: »Nun also, lieber Haber, fangen
Sie nur vorher an, sich zu übersetzen, schwerere Kontraktio-
nen wollen wir Ihnen erläutern helfen, und tiefe Stellen,
sollten welche vorkommen, müssen Sie erst in Konfessionen
ergießen, um sie ans Licht bringen zu dürfen. Denn, übersetz-
zen Sie sich nicht zuerst, so möchte, für alle die Religiosität,
den Ernst und die Glut Tassos, liebenswürdiger Atheismus,
süße Prosa und jene in den Musenalmanachen so häufige
ästhetische Glut, Äther-Glut, Rosen-Glut oder Johannis-
würmchen-Glut hervorkommen.«

»Die Reime allein schon«, fuhr ich fort, »sind in unserer
Sprache nur als Gereimtes wiederzugeben, und ja, sehen Sie,
eben diese Reime schon sind eine solche Gestalt der Gestalt,
und wie wollen Sie das alles hervorbringen? Der italiänische
Reim ist der Ton, aus dem das Ganze gespielt wird. Wird
Ihr Reim denselben Ton haben? Ich glaube nicht, daß Sie
ein solcher Musiker sind, der aus allen Tonarten und Schlüs-
seln auf ein andres Instrument übersetzen kann, ohne daß
das Lied hie und da stillsteht und sich zu verwundern
scheint, oder seiner innern Munterkeit nach aus Neugierde
mitgeht und sich selbst in dem luftigen ästhetischen Rock,
der hier zu eng und dort zu weit, überhaupt seinem Charak-
ter nicht angemessen, so ein Rock auf den Kauf ist, wie einen

Geniestreich ansieht oder, wird es blind, wie ein vortreff-
licher Adler, dem man eine Papiertute über den Kopf ge-
zogen hat, dumm in einer Ecke sitzt.«

Godwi lachte und sagte: »Eine Frage für ein Rezeptbuch –
Wie übersetzt man einen italiänischen Adler ins Deutsche? –
Antwort – Recipe eine Papiertute, ziehe sie ihm über den
Kopf, so ist er aus dem Wilden ins Zahme übersetzt, wird
dich nicht beißen; ja er ist der nämliche Adler, und zwar
recht treu übersetzt.«

»Recht getreu«, sagte ich, »denn er sitzt nun unter den deut-
schen Hühnern recht geduldig und getreu, wie ein Haus-
tier.«

»Jede Sprache«, fuhr ich fort, »gleicht einem eigentümlichen
Instrumente, nur jene können sich übersetzen, die sich am
ähnlichsten sind; aber eine Musik ist die Musik selbst und
keine Komposition aus des Spielers Gemüt und seines In-
strumentes Art. Sie erschafft sich da, wo das Instrument,
der Tonmeister und die Musik in gleicher Vortrefflichkeit
sich berühren. Viele Übersetzungen, besonders die aus dem
Italiänischen, werden immer Töne der Harmonika oder bla-
sender Instrumente sein, welche man auf klimpernde oder
schmetternde übersetzt. Man versuche es einmal mit dem
Petrarch; wenn mehr herauskömmt als ein gereimtes Flori-
legium, an dem man die Botanik seiner Poesie studieren
kann, wenn mehr herauskömmt als eine officinelle Überset-
zung, wenn nicht jedes Sonett ein Rezept an ein Wörterbuch
wird, wo man des Reimes wegen immer die Surrogate statt
der Sache nehmen muß, statt Zitronensäure Weinstein, statt
Zucker Runkelrüben, so will ich den Entschluß aufgeben,
sollte ich je lieben, eine Reihe deutscher Sonette zu machen,
die keiner ins Italiänische übersetzen wird.«

»Den Dante halten Sie denn wohl für ganz unübersetzlich«,
sagte Haber.

»Grade einen solchen weniger«, fuhr ich fort, »ebenso wie
den Shakespeare. Diese beiden Dichter stehen ebenso über
ihrer Sprache wie über ihrer Zeit. Sie haben mehr Leiden-

schaft als Worte, und mehr Worte als Töne. Sie stehen riesenhaft in ihren Sprachen da, und ihre Sprache kann sie nicht fesseln, da ihrem Geiste kaum die Sprache überhaupt genügt, und man kann sie wohl wieder in einen anderen wackeren Boden versetzen. Es kann gedeihen, nur muß es ein Simson getan haben. Transportierte Eichen bleiben sie immer, an denen man die kleinen Wurzeln wegschneiden muß, um sie in eine neue Grube zu setzen. Die meisten anderen italiänischen Sänger aber haben ganz eigentümliche Manieren, die in der Natur ihres Instrumentes liegen, es sind Tonspiele, wie bei Shakespeare Wortspiele; Tonspiele können nicht übersetzt werden, wohl aber Wortspiele.«
»Wie sind wir auf die Übersetzungen gekommen?« sagte Godwi. – »Durch das romantische Lied Flamettens«, sagte ich. »Das Romantische selbst ist eine Übersetzung« –
In diesem Augenblick erhellte sich der dunkle Saal, es ergoß sich ein milder grüner Schein von dem Wasserbecken, das ich beschrieben habe.
»Sehen Sie, wie romantisch, ganz nach Ihrer Definition. Das grüne Glas ist das Medium der Sonne.«

NOVALIS

Ferne Philosophie klingt wie Poesie

Über die Stufen der Natur geschieht (unbewußt) ein allmählicher Vorstoß zur Bewußtheit, um die Grenzen der Natur zu erkennen; dabei erwacht die Ich-Sehnsucht nach der Ferne, nach Unbekanntem, Geheimnisvollem, gerade weil das Ich sich begrenzt fühlt. Die »urpoetische Natur« ist Entwurf der Philosophie der Ferne, sie wird erst zur eigentlichen Poesie. Hierin steckt ein Schuß Polemik gegen die allernächste Zweckgerichtetheit der Aufklärung.

Philosophie. Das Unbekannte, Geheimnisvolle ist das *Resultat* und der *Anfang* von allem. (Wir kennen nur eigentlich, was sich selbst kennt.) Folgerungen daraus. Was sich nicht begreifen läßt, ist im unvollkommnen Zustande (Natur) – es soll allmählich begreiflich gemacht werden. Der Begriff oder die Erkenntnis ist die Prosa – das Indifferente. Auf beiden Seiten ist Plus und Minus. Die Erkenntnis ist ein Mittel, um wieder zur *Nichterkenntnis* zu gelangen. (Vide Instinkt.) Die Natur ist unbegreiflich per se. Ruhe und gebildete Unbegreiflichkeit. Die Philosophie ist die Prosa. Ihre Konsonanten. Ferne Philosophie klingt wie Poesie – weil jeder Ruf in die Ferne Vokal wird. Auf beiden Seiten oder um sie her liegt Plus- und Minus-Poesie. So wird alles in der Entfernung *Poesie – Poem.* Actio in distans. Ferne Berge, ferne Menschen, ferne Begebenheiten usw. alles wird romantisch, quod idem est – daher ergibt sich unsre urpoetische Natur. Poesie der Nacht und Dämmerung.

Das Nützliche ist per se prosaisch. Jeder bestimmte Zweck ist ein *konsonierter* – gehemmter Zweck überhaupt. *Ferne Zwecke.*

FRIEDRICH SCHLEGEL

Alle Philosophie ist Idealismus

Schlegels antithetische Auflösung von Idealismus und Realismus, Poesie und Philosophie findet ihre höhere Einheit in einem Religionsbegriff, der eine Erneuerung der Religion in einem neuen Menschen voraussetzt. (Eine Antwort darauf bietet sich bei Schleiermacher.)

Alle Philosophie ist Idealismus, und es gibt keinen wahren Realismus als den der Poesie. Aber Poesie und Philosophie sind nur Extreme. Sagt man nun: einige sind schlechte Idea-

listen, andre entschieden Realisten, so ist das eine sehr wahre Bemerkung. Anders ausgedrückt heißt es: es gibt noch keine durchaus gebildeten Menschen, es gibt noch keine Religion.

FRIEDRICH SCHLEIERMACHER

Geb. 21. November 1768 in Breslau, gest. 12. Februar 1834 in Berlin. Erziehung in der Schule der Brüdergemeinde in Niesky (Oberlausitz). Studierte Theologie in Halle a. d. Saale. 1794 Hilfsprediger in Landsberg a. d. Warthe. Seit 1809 Prediger an der Dreifaltigkeitskirche und seit 1810 Professor in Berlin. Enge Freundschaft mit Friedrich Schlegel in Berlin durch den Kreis der »Mittwochsgesellschaft«, zu dem u. a. Henriette Herz, Dorothea Veit (geborene Mendelssohn und später Frau von F. Schlegel) gehörten. Wollte nach dem *Lucinde*-Skandal mit seiner Schrift *Vertraute Briefe über Schlegels Lucinde* 1800 den Mißverständnissen entgegentreten.

Werke: *Über die Religion* (1799); *Monologen* (1800); *Gelegentliche Gedanken über Universitäten in deutschem Sinn* (1808).

Religion: Sinn und Geschmack fürs Unendliche

Schleiermachers Hauptschrift »Über die Religion. Reden an die Gebildeten unter ihren Verächtern« erschien 1799, hatte nachhaltige Wirkung, denn die Frühromantik sah in der Religion eine Voraussetzung und Grundlage für Kunst überhaupt. Die Schrift versucht Idealismus und Christentum wieder zusammenzubringen, indem Schleiermacher die Religion gegen Moral und Metaphysik abgrenzt. Religion wird verstanden als Entwicklung von Sinn und Geschmack fürs Unendliche und tritt so als wesentliches Element neben die Praxis (= Kunst) und die Spekulation (= Wissenschaft). Gefühl und Vorstellung »vom unendlichen Ganzen« der Religion, oder Endlichkeit in ihren Grenzen, ist wie bei Friedrich Schlegel ewig progressiv.

Alle heilige Schriften sind wie die bescheidenen Bücher, welche vor einiger Zeit in unserem bescheidenen Vaterlande

gebräuchlich waren, die unter einem dürftigen Titel wichtige Dinge abhandelten. Sie kündigen freilich nur Metaphysik und Moral an und gehen gern am Ende in das zurück, was sie angekündigt haben, aber Euch wird zugemutet, diese Schale zu spalten. So liegt auch der Diamant in einer schlechten Masse gänzlich verschlossen, aber wahrlich nicht, um verborgen zu bleiben, sondern um desto sicherer gefunden zu werden. Proselyten zu machen aus den Ungläubigen, das liegt sehr tief im Charakter der Religion; wer die seinige mitteilt, kann gar keinen andern Zweck haben, und so ist es in der Tat kaum ein frommer Betrug, sondern eine schickliche Methode, bei dem anzufangen und um das besorgt zu scheinen, wofür der Sinn schon da ist, damit gelegentlich und unbemerkt sich das einschleiche, wofür er erst aufgeregt werden soll. Es ist, da alle Mitteilung der Religion nicht anders als rhetorisch sein kann, eine schlaue Gewinnung der Hörenden, sie in so guter Gesellschaft einzuführen. Aber dieses Hülfsmittel hat seinen Zweck nicht nur erreicht, sondern überholt, indem selbst Euch unter dieser Hülle ihr eigentliches Wesen verborgen geblieben ist. Darum ist es Zeit, die Sache einmal beim andern Ende zu ergreifen und mit dem schneidenden Gegensatz anzuheben, in welchen sich die Religion gegen Moral und Metaphysik befindet. Das war es, was ich wollte. Ihr habt mich mit Euerem gemeinen Begriff gestört; er ist abgetan, hoffe ich, unterbrecht mich nun nicht weiter.

Sie entsagt hiermit, um den Besitz ihres Eigentums anzutreten, allen Ansprüchen auf irgend etwas, was jenen angehört, und gibt alles zurück, was man ihr aufgedrungen hat. Sie begehrt nicht, das Universum seiner Natur nach zu bestimmen und zu erklären wie die Metaphysik, sie begehrt nicht, aus Kraft der Freiheit und der göttlichen Willkür des Menschen es fortzubilden und fertig zu machen wie die Moral. Ihr Wesen ist weder Denken noch Handeln, sondern Anschauung und Gefühl. Anschauen will sie das Universum in seinen eigenen Darstellungen und Handlungen will sie es

andächtig belauschen, von seinen unmittelbaren Einflüssen
will sie sich in kindlicher Passivität ergreifen und erfüllen
lassen. So ist sie beiden in allem entgegengesetzt, was ihr
Wesen ausmacht, und in allem, was ihre Wirkungen charak-
terisiert. Jene sehen im ganzen Universum nur den Menschen
als Mittelpunkt aller Beziehungen, als Bedingung alles Seins
und Ursach' alles Werdens; sie will im Menschen nicht weni-
ger als in allen andern Einzelnen und Endlichen das Unend-
liche sehen, dessen Abdruck, dessen Darstellung. Die Meta-
physik geht aus von der endlichen Natur des Menschen, und
will aus ihrem einfachsten Begriff und aus dem Umfang
ihrer Kräfte und ihrer Empfänglichkeit mit Bewußtsein be-
stimmen, was das Universum für ihn sein kann und wie er
es notwendig erblicken muß. Die Religion lebt ihr ganzes
Leben auch in der Natur, aber in der unendlichen Natur des
Ganzen, des Einen und Allen; was in dieser alles Einzelne
und so auch der Mensch gilt und wo alles und auch er trei-
ben und bleiben mag in dieser ewigen Gärung einzelner
Formen und Wesen, das will sie in stiller Ergebenheit im
Einzelnen anschauen und ahnden. Die Moral geht vom Be-
wußtsein der Freiheit aus, deren Reich will sie ins Unend-
liche erweitern und ihr alles unterwürfig machen; die Reli-
gion atmet da, wo die Freiheit selbst schon wieder Natur
geworden ist, jenseit des Spiels seiner besondern Kräfte und
seiner Personalität faßt sie den Menschen und sieht ihn aus
dem Gesichtspunkte, wo er das sein muß, was er ist, er wolle
oder wolle nicht. So behauptet sie ihr eigenes Gebiet und
ihren eigenen Charakter nur dadurch, daß sie aus dem der
Spekulation sowohl als aus dem der Praxis gänzlich heraus-
geht, und indem sie sich neben beide hinstellt, wird erst das
gemeinschaftliche Feld vollkommen ausgefüllt und die
menschliche Natur von dieser Seite vollendet. Sie zeigt sich
Euch als das notwendige und unentbehrliche Dritte zu jenen
beiden, als ihr natürliches Gegenstück, nicht geringer an
Würde und Herrlichkeit, als welches von ihnen Ihr wollt.

Spekulation und Praxis haben zu wollen ohne Religion ist
verwegener Übermut, es ist freche Feindschaft gegen die
Götter, es ist der unheilige Sinn des Prometheus, der feig-
herzig stahl, was er in ruhiger Sicherheit hätte fordern und
erwarten können. Geraubt nur hat der Mensch das Gefühl
seiner Unendlichkeit und Gottähnlichkeit, und es kann ihm
als unrechtes Gut nicht gedeihen, wenn er nicht auch seiner
Beschränktheit sich bewußt wird, der Zufälligkeit seiner
ganzen Form, des geräuschlosen Verschwindens seines gan-
zen Daseins im Unermeßlichen. Auch haben die Götter von
je an diesen Frevel gestraft. Praxis ist Kunst, Spekulation
ist Wissenschaft, Religion ist Sinn und Geschmack fürs Un-
endliche. Ohne diese, wie kann sich die erste über den ge-
meinen Kreis abenteuerlicher und hergebrachter Formen er-
heben, wie kann die andere etwas Besseres werden als ein
steifes und mageres Skelett? Oder warum vergißt über alles
Wirken nach außen und aufs Universum hin Euere Praxis
am Ende eigentlich immer den Menschen selbst zu bilden?
Weil Ihr ihn dem Universum entgegengesetzt und ihn nicht
als einen Teil desselben und als etwas Heiliges aus der Hand
der Religion empfangt. Wie kommt sie zu der armseligen
Einförmigkeit, die nur ein einziges Ideal kennt und dieses
überall unterlegt? Weil es Euch an dem Grundgefühl der
unendlichen und lebendigen Natur fehlt, deren Symbol
Mannigfaltigkeit und Individualität ist. Alles Endliche be-
steht nur durch die Bestimmung seiner Grenzen, die aus dem
Unendlichen gleichsam herausgeschnitten werden müssen.
Nur so kann es innerhalb dieser Grenzen selbst unendlich
sein und eigen gebildet werden, und sonst verliert Ihr alles
in der Gleichförmigkeit eines allgemeinen Begriffs. Warum
hat Euch die Spekulation so lange statt eines Systems
Blendwerke und statt der Gedanken Worte gegeben, warum
war sie nichts als ein leeres Spiel mit Formeln, die immer
anders wiederkamen und denen nie etwas entsprechen
wollte? Weil es an Religion gebrach, weil das Gefühl des
Unendlichen sie nicht beseelte und die Sehnsucht nach ihm

und die Ehrfurcht vor ihm ihre feinen, luftigen Gedanken nicht nötigte, eine festere Konsistenz anzunehmen, um sich gegen diesen gewaltigen Druck zu erhalten. Vom Anschauen muß alles ausgehen, und wem die Begierde fehlt, das Unendliche anzuschauen, der hat keinen Prüfstein und braucht freilich auch keinen, um zu wissen, ob er etwas Ordentliches darüber gedacht hat.

Und wie wird es dem Triumph der Spekulation ergehen, dem vollendeten und gerundeten Idealismus, wenn Religion ihm nicht das Gegengewicht hält und ihn einen höhern Realismus ahnden läßt als den, welchen er so kühn und mit so vollem Recht sich unterordnet? Er wird das Universum vernichten, indem er es zu bilden scheint, er wird es herabwürdigen zu einer bloßen Allegorie, zu einem nichtigen Schattenbilde unserer eignen Beschränktheit. Opfert mit mir ehrerbietig eine Locke den Manen des heiligen, verstoßenen Spinoza! Ihn durchdrang der hohe Weltgeist, das Unendliche war sein Anfang und Ende, das Universum seine einzige und ewige Liebe, in heiliger Unschuld und tiefer Demut spiegelte er sich in der ewigen Welt, und sah zu, wie auch er ihr liebenswürdigster Spiegel war; voller Religion war er und voll heiligen Geistes; und darum steht er auch da, allein und unerreicht, Meister in seiner Kunst, aber erhaben über die profane Zunft, ohne Jünger und ohne Bürgerrecht.

Anschauen des Universums, ich bitte, befreundet Euch mit diesem Begriff, er ist der Angel meiner ganzen Rede, er ist die allgemeinste und höchste Formel der Religion, woraus Ihr jeden Ort in derselben finden könnt, woraus sich ihr Wesen und ihre Grenzen aufs genaueste bestimmen lassen. Alles Anschauen gehet aus von einem Einfluß des Angeschaueten auf den Anschauenden, von einem ursprünglichen und unabhängigen Handeln des ersteren, welches dann von dem letzteren seiner Natur gemäß aufgenommen, zusammengefaßt und begriffen wird. Wenn die Ausflüsse des Lichtes nicht – was ganz ohne Euere Veranstaltung geschieht – Euer Organ berührten, wenn die kleinsten Teile der

Körper die Spitzen Eurer Finger nicht mechanisch oder che-
misch affizierten, wenn der Druck der Schwere Euch nicht
einen Widerstand und eine Grenze Eurer Kraft offenbarte,
so würdet Ihr nichts anschauen und nichts wahrnehmen, und
was Ihr also anschaut und wahrnehmt, ist nicht die Natur
der Dinge, sondern ihr Handeln auf Euch. Was Ihr über
jene wißt oder glaubt, liegt weit jenseits des Gebiets der
Anschauung. So die Religion; das Universum ist in einer
ununterbrochenen Tätigkeit und offenbart sich uns jeden
Augenblick. Jede Form, die es hervorbringt, jedes Wesen,
dem es nach der Fülle des Lebens ein abgesondertes Dasein
gibt, jede Begebenheit, die es aus seinem reichen, immer
fruchtbaren Schoße herausschüttet, ist ein Handeln desselben
auf uns; und so alles Einzelne als einen Teil des Ganzen,
alles Beschränkte als eine Darstellung des Unendlichen hin-
nehmen, das ist Religion; was aber darüber hinauswill und
tiefer hineindringen in die Natur und Substanz des Ganzen,
ist nicht mehr Religion und wird, wenn es doch noch dafür
angesehen sein will, unvermeidlich zurücksinken in leere
Mythologie. So war es Religion, wenn die Alten, die Be-
schränkungen der Zeit und des Raumes vernichtend, jede
eigentümliche Art des Lebens durch die ganze Welt hin als
das Werk und Reich eines allgegenwärtigen Wesens ansahen;
sie hatten eine eigentümliche Handelsweise des Universums
in ihrer Einheit angeschaut und bezeichneten so diese An-
schauung; es war Religion, wenn sie für jede hülfreiche Be-
gebenheit, wobei die ewigen Gesetze der Welt sich im Zu-
fälligen auf eine einleuchtende Art offenbaren, den Gott,
dem sie angehörte, mit einem eigenen Beinamen begabten
und einen eignen Tempel ihm bauten; sie hatten eine Tat
des Universums aufgefaßt und bezeichneten so ihre Indivi-
dualität und ihren Charakter. Es war Religion, wenn sie sich
über das spröde eiserne Zeitalter der Welt voller Risse und
Unebenen erhoben und das goldene wiedersuchten im Olymp
unter dem lustigen Leben der Götter; so schauten sie an die
immer rege, immer lebendige und heitere Tätigkeit der Welt

und ihres Geistes, jenseits alles Wechsels und alles scheinbaren Übels, das nur aus dem Streit endlicher Formen hervorgehet. Aber wenn sie von den Abstammungen dieser Götter eine wunderbare Chronik halten oder wenn ein späterer Glaube uns eine lange Reihe von Emanationen und Erzeugungen vorführt, das ist leere Mythologie. Alle Begebenheiten in der Welt als Handlungen eines Gottes vorstellen, das ist Religion, es drückt ihre Beziehung auf ein unendliches Ganzes aus, aber über dem Sein dieses Gottes vor der Welt und außer der Welt grübeln mag in der Metaphysik gut und nötig sein, in der Religion wird auch das nur leere Mythologie, eine weitere Ausbildung desjenigen, was nur Hülfsmittel der Darstellung ist, als ob es selbst das Wesentliche wäre, ein völliges Herausgehen aus dem eigentümlichen Boden.

GOTTHILF HEINRICH SCHUBERT

Geb. 26. April 1780 in Hohenstein (Erzgeb.), gest. 1. Juli 1860 in Laufzorn (Obb.). Im Pfarrhaus in pietistischer Frömmigkeit aufgewachsen. Zunächst Theologiestudium, dann Medizinstudium in Leipzig, das er dort gemeinsam mit Friedrich Gottlob Wetzel betrieb. 1803 Promotion. Als Arzt in Altenburg. 1805/06 als Schüler des Mineralogen A. G. Werner an der Bergakademie in Freiberg (Sa.). Freundschaft mit dem Physiker Johann Wilhelm Ritter. 1819 Professor der Naturgeschichte in Erlangen.

Werke: *Ansichten von der Nachtseite der Naturwissenschaft* (1808); *Die Symbolik des Traumes* (1814); *Die Geschichte der Seele* (1833).

Nachtseite der Naturwissenschaft

»Ansichten von der Nachtseite der Naturwissenschaft« (1808) ist ein Werk, das nicht ohne Einfluß auf die Denk- und Erzählweise der späteren Romantik blieb (vgl. »Romantik II« Arnim, Eichendorff, Kleist, E. T. A. Hoffmann). Schubert will den aufklärerischen Bestrebungen der Natur-

wissenschaft – die er nicht schlankweg ablehnt – ein anderes ergänzendes Bild entgegenstellen. Im Rückgriff auf frühen Naturkult, auf Mythos und Sage der Vergangenheit soll das ursprüngliche Verhältnis des Menschen zur Natur beleuchtet werden; dies drückte sich für Schubert in der Einheit von Mensch und Natur aus. Der Aspekt des Wunderbaren im Magnetismus, die innere Stimme der Seele werden als entscheidende Vorgänge entdeckt.

Das älteste Verhältnis des Menschen zu der Natur, die lebendige Harmonie des einzelnen mit dem Ganzen, der Zusammenhang eines jetzigen Daseins mit einem zukünftigen höheren, und wie sich der Keim des neuen zukünftigen Lebens in der Mitte des jetzigen allmählich entfalte, werden demnach die Hauptgegenstände dieser meiner Arbeit sein. Damit ich meine Zuhörer soweit als möglich in den Stand setzen möge, gleich anfangs über den Gang dieser Untersuchungen zu urteilen, will ich jetzt den Inhalt derselben wie in einem Gemälde der Seele vorüberführen, damit zugleich der Sinn des Ganzen, welcher aus dem Gesamteindruck von der Phantasie leicht ergriffen wird, hernach auch in den einzelnen Teilen leichter verstanden werde. Und zwar werde ich hierbei vorzüglich jene Züge hervorheben, aus welchen der Zweck des Ganzen am leichtesten erkannt wird, und mich deshalb bei dem Inhalt einiger der nächsten Vorlesungen, welche von dem ältesten und ursprünglichen Verhältnis des Menschen zur Natur (von seinem Naturzustand) handeln werden, am längsten verweilen.

Wir werden zuerst über den Ursprung unsres Geschlechts, über das älteste Verhältnis desselben zur Natur die heilige Sage der ältesten Völker befragen. Einstimmig werden uns alle, Ägypter und Indier, Chinesen und Mexikaner, ja Isländer und Schweden, die Kunde einer hohen, untergegangenen Naturweisheit und einer frühen Blütezeit der Kultur unsres Geschlechts bringen. Hierauf sehen wir uns, jenseit der Kluft vieler Jahrtausende, nahe am Pol, in dem Wunder-

lande Atlantis, wo die Glut der noch jugendlichen Erde
einen beständigen Frühling, und dort, wo jetzt das Land
von beständigem Eise starrt, hohe Palmenwälder erzeugt.
Es wohnt hier mit den Tieren des Südens jenes der Erde ge-
weihte Urvolk, welches, einen Teil des Jahres nur von dem
Licht der Gestirne gesehen, der Sonne vergeblich entgegen-
harrt. Noch in der ersten heiligen Harmonie mit der Natur,
ohne eignen Willen, erfüllt von dem göttlichen Instinkt der
Weissagung und Dichtkunst, sehen wir unser noch junges
Geschlecht, unter dem Zepter des Uranus froh. Damals hat
nicht der Geist des Menschen die Natur, sondern diese den
Geist des Menschen lebendig erfaßt, und die Mutter, welche
das wunderbare Wesen geboren, hat es noch einige Zeit aus
der Tiefe ihres Daseins ernährt. Es hat in jenen Tagen nicht
der Geist des Menschen den Gestirnen, sondern diese dem
Dasein des Menschen Gesetze gegeben, wie den Bewegungen
der Erde, und die Weisheit der alten Welt war: Alles und
ganz zu tun, was ihr die Natur gelehrt.
Auf einen schnellen Blick wird das alte Ideal der Könige in
erhabenem Glanz gesehen, wie sie, ein Vorbild des Gött-
lichen, Vermittler und Erhalter der alten Harmonie mit der
Natur gewesen. Das Gesetz der Natur und der höhere Ein-
fluß waren die ersten Herrscher der Menschen, und als Stell-
vertreter sind diejenigen gewählt worden, welchen sich, als
den reinsten Organen, der höhere Einfluß am innigsten mit-
geteilt. Nicht den Herren, sondern das getreue Organ der
höheren Natur hat jene Zeit in ihren Königen verehrt, und
wir sehen noch in der ältesten Geschichte einiger Völker den
ehrwürdigen König selber als Priester dem Dienste der Na-
tur vorstehen, sein graues Haupt auf hoher Sternwarte der
Kälte der Nacht preisgegeben und das geweihte Auge für
sein schlummerndes Volk den alten Bund des Menschen mit
der Natur bewahren. Von den Arbeiten der alten Könige,
unsterblich wie diese Erde und wie die ewigen Gestirne sel-
ber, wird hierauf ein ernstes Wort zu reden vergönnt sein.
Von dem ursprünglichen Verhältnis des Menschen zur Natur,

von welchem wir, damit das eigentliche Wesen der Natur-
wissenschaft, und das der Natur selber, in seiner ganzen
Tiefe ergriffen werde, ausgehen, sagt uns die älteste Ge-
schichte nur dunkle Worte. In den Mysterien und der heili-
gen Weihe jener Völker, welche dem Urvolk der Welt noch
am nächsten verwandt gewesen, vernimmt die Seele einige
halbverständliche Töne, welche tief aus der Natur unsers
Wesens gekommen, dieses tief erschüttern, und wir fühlen
bald von den Klagetönen des ersten Menschengeschlechts
und der Natur unser Herz zerschnitten, bald den Geist von
einer hohen Naturandacht bewegt und von dem Wehen
einer ewigen Begeisterung durchdrungen. Aus dem Tempel
der Isis, von den redenden Säulen des Thot, in den Gesän-
gen der ägyptischen Priester werden wir jenen dunklen Laut
vernehmen. An einsamer Küste, unter den schwarzen Ge-
birgen Islands, wird uns die Edda jene Stimme aus den
Gräbern deuten, und die Phantasie wird noch einmal jene
Priester heraufführen, welche die heilige Kunst ihres Gottes-
dienstes durch strenges Schweigen der künftigen Zeit ver-
borgen. Ja, an den Altären Mexikos, unter jenen Säulen,
welche das Blut und die Tränen von tausend Menschen-
opfern gesehen, wird das Auge noch die letzten Züge der
hohen Vergangenheit erkennen.

Hierauf möge die Seele, auf dem vielbesungenen Felsen zu
Delphi, in einsamen Wald, sich Stille zu einer neuen Be-
trachtung sammlen. Aus der Ferne grauer Jahrtausende wird
in der Tiefe der Grotte die Stimme der Orakel und die
Begeisterung der Pythia vernommen. Dann, nicht ohne Be-
ruf, dringen wir tiefer in den heiligen Hain zu Dodona, als
den Fragenden vergönnt war. Auf einsamen Berg, von wei-
ßen Felsenmassen umgeben, sehen wir bei stiller Nacht, noch
von der heiligen Quelle berauscht, den Eingeweihten in die
Höhle des Trophonius hinabsteigen, wo ihn, fern von dem
letzten Schimmer der Sterne, eine ungesehene Gewalt in das
innre Heiligtum der Visionen und dumpfen Stimmen hinab-
reißt. Von ähnlicher Natur als diese ältesten Orakel wird

uns in den Wäldern Virginiens und in der geweihten Versammlung nordischer Barden prophetischer Wahnsinn und eine wilde Weissagung begegnen.

So führen wir die Geschichte jener Zeit, wo der Mensch noch eins mit der Natur gewesen und wo sich die ewigen Harmonien und Gesetze derselben deutlicher als sonst je in seinem eignen Wesen ausgesprochen, dem Geist vorüber, damit nachher an diesem großen Beispiel auch in der untergeordneten Natur die Einheit aller Einzelnen mit dem Ganzen verstanden werde.

Wir nennen noch jetzt jene Augenblicke, wo sich unser Wesen im innigsten Einklange mit der ganzen äußern Natur befindet, die der höchsten Lust, des höchsten Wohlseins. Auch jene erste Zeit, welche unser Geschlecht in tiefer Harmonie mit der ganzen Natur verlebt, wird uns von allen Völkern der darauf folgenden Vorwelt als eine Zeit des seligen Friedens und paradiesischer Freuden beschrieben. Sie ist es, welche die Griechen und einige noch viel ältere Völker unter dem Namen des Goldenen Zeitalters preisen. Eine Zeit der Kindheit ist es gewesen, höher aber als diese hülflose Kindheit, welche wir jetzt kennen. Sterbliche Mütter sind es, welche jetzt gebären, jener Kindheit hat eine unsterbliche Mutter gepflegt, und der Mensch ist von jener unmittelbaren Anschauung eines ewigen Ideals ausgegangen, ist unbewußt in der Mitte jener höchsten Erkenntnisse und Kräfte gewesen, welche nun das spätere Geschlecht in hohen, aber mühseligen Kampfe wieder erringen muß.

II. Kunst und Natur

*Die ersten enthusiastischen Produkte der neuen Zeit sind
»nicht im Ton der heutigen Welt abgefaßt, weil dieser Ton
nicht in meiner Gewalt steht und weil ich ihn auch, wenn ich
ganz aufrichtig sprechen soll, nicht lieben kann«, erfährt
der Leser in der Einleitung zu Wackenroders »Herzens-
ergießungen eines kunstliebenden Klosterbruders«. Statt
systematischer Beschreibung setzt er enthusiastische Betrach-
tung, Hingabe, Gefühl, Stimmung. In den kleinen Skiz-
zen, den religiös-mystischen Darstellungen und Beschreibun-
gen zu Raffael, Leonardo, Dürer u. a. treten an die Stelle
griechischer Vorbilder Mittelalter und Renaissance. In ihnen
wird das Bekenntnis der romantischen Generation geliefert.
Die Sprache dieser Kunst soll einem neuen ästhetischen Welt-
verständnis dienen. Der romantische Geist, der »angenehm
über sich selbst phantasiert«, wird von Friedrich Schlegel als
spezifisches Kriterium auf Tiecks »Franz Sternbalds Wande-
rungen« angewendet; in dem Augenblick, wo Kunst sich
selbst zum Gegenstand nimmt, geschieht eine deutliche Ab-
kehr von der Nachahmung der Natur. Wichtiger wird nun
für den Künstler, die Physiognomie der Natur wie auch die
des Menschen darzustellen. Kunst entsteht nicht durch das,
was Natur möglich macht, sondern durch den romantischen
Perspektivismus des Dichters oder, wie Schelling sagt, durch
das, was in der Erfahrung von ihr (der Natur) im Menschen
realisierbar wird.*

WILHELM HEINRICH WACKENRODER

Geb. 13. Juli 1773 in Berlin, wuchs in einem streng preußischen und
pietistischen Elternhaus auf. Mitschüler und Jugendfreund Tiecks. Wäh-
rend seines ihm vom Vater auferlegten Studiums der Jurisprudenz in

Erlangen und Göttingen trieb er intensive Kunststudien und altdeutsche Quellenforschung, er wanderte, zeitweise zusammen mit Tieck, durch Franken, er entdeckte die Malerei Dürers und Raffaels für sich. Wackenroder zeichnete und hatte schon von seinen Berliner Jugendjahren her ein genuines Verhältnis zur Musik. In der Erzählung *Das merkwürdige musikalische Leben des Tonkünstlers Joseph Berglinger* ist Autobiographisches verarbeitet. Wackenroder starb, kaum 25jährig, am 13. Dezember 1798 in Berlin am Nervenfieber.

Werke: *Herzensergießungen eines kunstliebenden Klosterbruders* (1797); *Phantasien über die Kunst, für Freunde der Kunst* (hrsg. von Ludwig Tieck, 1799).

Raffaels Erscheinung

Wackenroders »Herzensergießungen eines kunstliebenden Klosterbruders« gab sein Freund Ludwig Tieck 1797 – ebenso wie 1799 seine »Phantasien über die Kunst« – heraus. Die »Herzensergießungen« sind das ästhetische Manifest der neuen Generation und stellen mit Tiecks »Franz Sternbalds Wanderungen. Eine altdeutsche Geschichte« (1798) das erste Zeugnis des neuen Kunst- und Lebensgefühls dar. Die »Herzensergießungen« sind als Künstlerbiographien aufgebaut, in denen die alten Meister, besonders Raffael und Dürer, verehrt werden. In einem vergleichsweise unkritischen Verhältnis, aber von Ehrfurcht und Andacht getragen, wendet sich Wackenroder dem Mittelalter und der Renaissance zu. Tieck bemerkte in der Nachschrift zum ersten Teil seines »Sternbald« zu den »Herzensergießungen«, »Mein Freund suchte in diesem Buche unsre Gedanken und seine innige Kunstliebe niederzulegen, er wählte absichtlich diese Maske eines religiösen Geistlichen, um sein frommes Gemüt, seine andächtige Liebe zur Kunst freier ausdrücken zu können«. Das Werk gilt als Frucht der Freundschaft zwischen Wackenroder und Tieck. Bis heute ist für einige wenige Stücke die Verfasserfrage nicht endgültig geklärt.
Der folgende Text, »Raffaels Erscheinung«, ist der erste Kunstbeitrag der »Herzensergießungen«. Er enthält bereits

alle Attribute der neuen Kunstauffassung: Begeisterung,
Enthusiasmus, Phantasie, dunkles Gefühl, Entstehung eines
Bildes durch die Kräfte des Gemüts, bei Raffael durch das
»besonders heilige Gefühl« für die Mutter Gottes.

Die Begeisterungen der Dichter und Künstler sind von jeher
der Welt ein großer Anstoß und Gegenstand des Streites
gewesen. Die gewöhnlichen Menschen können nicht begrei-
fen, was es damit für eine Bewandtnis habe, und machen sich
darüber durchaus sehr falsche und verkehrte Vorstellungen.
Daher sind über die inneren Offenbarungen der Kunstgenies
ebenso viele Unvernünftigkeiten, *in* und *außer* Systemen,
methodisch und unmethodisch abgehandelt und geschwatzt
worden als über die Mysterien unsrer heiligen Religion. Die
sogenannten Theoristen und Systematiker beschreiben uns
die Begeisterung des Künstlers vom Hörensagen und sind
vollkommen mit sich selbst zufrieden, wenn sie mit ihrer
eiteln und profanen Philosophasterei umschreibende Worte
zusammengesucht haben für etwas, wovon sie den Geist, der
sich in Worte nicht fassen läßt, und die Bedeutung nicht ken-
nen. Sie reden von der Künstlerbegeisterung als von einem
Dinge, das sie vor Augen hätten; sie erklären es und erzäh-
len viel davon; und sie sollten billig das heilige Wort auszu-
sprechen erröten, denn sie wissen nicht, *was* sie damit aus-
sprechen.
Mit wie unendlich vielen unnützen Worten haben sich nicht
die überklugen Schriftsteller neuerer Zeiten bei der Materie
von den *Idealen* in den bildenden Künsten versündigt! Sie
gestehen ein, daß der Maler und Bildner zu seinen Idealen
auf einem außerordentlicheren Wege als dem Wege der ge-
meinen Natur und Erfahrung gelangen müsse; sie geben zu,
daß dies auf eine *geheimnisvolle* Weise geschehe: und doch
bilden sie sich und ihren Schülern ein, sie wüßten das Wie;
– denn es scheint, als würden sie sich schämen, wenn irgend
etwas in der Seele des Menschen versteckt und verborgen

liegen sollte, worüber sie wißbegierigen jungen Leuten nicht Auskunft geben könnten.

Andre sind nun gar in der Tat ungläubige und verblendete Spötter, welche das Himmlische im Kunstenthusiasmus mit Hohnlachen gänzlich ableugnen und durchaus keine besondere Auszeichnung oder Weihe gewisser seltener und erhabener Geister annehmen wollen, weil sie sich selber allzu entfernt von ihnen fühlen. Diese liegen indessen ganz außer meinem Wege, und ich rede mit ihnen nicht.

Aber die Afterweisen, auf welche ich deutete, wünsche ich zu belehren. Sie verwahrlosen die jungen Gemüter ihrer Schüler, indem sie ihnen so kühn und leichtsinnig abgesprochene Meinungen über göttliche Dinge beibringen, als wären es menschliche, und ihnen dadurch den Wahn einpflanzen, als stände es in ihrer Macht, dreist zu ergreifen, was die größesten Meister der Kunst – ich darf es frei heraus sagen – nur durch göttliche Eingebung erlangt haben.

Man hat so manche Anekdoten aufgezeichnet und immer wieder erzählt, so manche bedeutende Wahlsprüche von Künstlern aufbehalten und immer wiederholt; und wie ist es möglich gewesen, daß man sie so bloß mit oberflächlicher Bewunderung anhörte, daß keiner darauf kam, aus diesen sprechenden Zeichen das Allerheiligste der Kunst, worauf sie hindeuteten, zu ahnden? und nicht auch hier, wie in der übrigen Natur, die Spur von dem Finger Gottes anzuerkennen?

Ich, für mein Teil, habe von jeher diesen Glauben bei mir gehegt; aber mein dunkler Glauben ist jetzt zur hellsten Überzeugung aufgeklärt worden. Glücklich bin ich, daß der Himmel mich ausersehen hat, seinen Ruhm durch einen einleuchtenden Beweis seiner unerkannten Wunder auszubreiten: es ist mir gelungen, einen neuen Altar zur Ehre Gottes aufzubauen. –

Raffael, welcher die leuchtende Sonne unter allen Malern ist, hat uns in einem Briefe von ihm an den Grafen von Castiglione folgende Worte, die mir mehr wert sind als Gold und die ich nie ohne ein geheimes dunkles Gefühl von

Ehrfurcht und Anbetung habe lesen können, hinterlassen, worin er sagt:

»Da man so wenig schöne weibliche Bildungen sieht, so halte ich mich an ein gewisses Bild im Geiste, welches in meine Seele kommt.«*

Über diese bedeutungsvollen Worte nun ist mir neulich ganz unerwartet, zu meiner innigen Freude, ein helles Licht aufgesteckt worden.

Ich durchsuchte den Schatz von alten Handschriften in unserm Kloster und fand, unter manchem nichtsnützigen bestäubten Pergament, einige Blätter von der Hand des Bramante, von denen es nicht zu begreifen ist, wie sie an diesen Ort gekommen sind. Auf dem einen Blatte stand folgendes geschrieben, wie ich es, ohne weiteren Umschweif, zu deutsch hier hersetzen will:

»Zu meinem eigenen Vergnügen, und um es mir genau aufzubewahren, will ich hier einen wunderbaren Vorfall aufzeichnen, welchen der teure Raffael, mein Freund, mir unter dem Siegel der Verschwiegenheit vertraut hat. Als ich ihm vor einiger Zeit meine Bewunderung wegen seiner über alles schön gemalten Madonnen und Heiligen Familien aus vollem Herzen zu erkennen gab und mit recht vielen Bitten in ihn drang, mir doch zu sagen, von woher er denn in aller Welt die unvergleichliche Schönheit, die rührenden Mienen und den unübertrefflichen Ausdruck in seinen Bildern der Heiligen Jungfrau entlehnt habe; so ward er, nachdem er mich eine Zeitlang mit seiner ihm eigenen, jünglinghaften Schamhaftigkeit und Verschlossenheit hingehalten hatte, endlich sehr bewegt, fiel mir mit Tränen um den Hals und entdeckte mir sein Geheimnis. Er erzählte mir, wie er von seiner zarten Kindheit an immer ein besondres heiliges Gefühl für die Mutter Gottes in sich getragen habe, so daß ihm zuweilen schon beim lauten Aussprechen ihres Namens ganz wehmütig zumute geworden sei. Nachher, da sein Sinn sich auf das

* Essendo carestia di belle donne, io mi servo di certa idea che me viene al mente.

Der Göttliche Raphael

Dieses Titelkupfer zur ersten, anonymen Ausgabe der »Herzens-
ergießungen eines kunstliebenden Klosterbruders« zeigt die Raf-
fael-Vorstellung Wackenroders und des frühen Tieck

Malen gerichtet habe, sei es immer sein höchster Wunsch ge-
wesen, die Jungfrau Maria recht in ihrer himmlischen Voll-
kommenheit zu malen; aber er habe es sich noch immer nicht
getraut. In Gedanken habe sein Gemüt beständig an ihrem
Bilde, Tag und Nacht, gearbeitet; allein er habe es sich gar
nicht zu seiner Befriedigung vollenden können; es sei ihm
immer gewesen, als wenn seine Phantasie im Finstern arbei-
tete. Und doch wäre es zuweilen wie ein himmlischer Licht-
strahl in seine Seele gefallen, so daß er die Bildung in hellen
Zügen, wie er sie gewollt, vor sich gesehen hätte; und doch
wäre das immer nur ein Augenblick gewesen, und er habe
die Bildung in seinem Gemüte nicht festhalten können. So
sei seine Seele in beständiger Unruhe herumgetrieben; er
habe die Züge immer nur umherschweifend erblickt, und
seine dunkle Ahndung hätte sich nie in ein klares Bild auf-
lösen wollen. Endlich habe er sich nicht mehr halten können
und mit zitternder Hand ein Gemälde der Heiligen Jung-
frau angefangen; und während der Arbeit sei sein Inneres
immer mehr erhitzt worden. Einst, in der Nacht, da er, wie
es ihm schon oft geschehen sei, im Traume zur Jungfrau ge-
betet habe, sei er, heftig bedrängt, auf einmal aus dem
Schlafe aufgefahren. In der finsteren Nacht sei sein Auge
von einem hellen Schein an der Wand, seinem Lager gegen-
über, angezogen worden, und da er recht zugesehen, so sei er
gewahr worden, daß sein Bild der Madonna, das, noch
unvollendet, an der Wand gehangen, von dem mildesten
Licht strahle, und ein ganz vollkommenes und wirklich le-
bendiges Bild geworden sei. Die Göttlichkeit in diesem Bilde
habe ihn so überwältigt, daß er in helle Tränen ausgebrochen
sei. Es habe ihn mit den Augen auf eine unbeschreiblich rüh-
rende Weise angesehen und habe in jedem Augenblick ge-
schienen, als wolle es sich bewegen; und es habe ihn gedünkt,
als bewege es sich auch wirklich. Was das Wunderbarste ge-
wesen, so sei es ihm vorgekommen, als wäre dies Bild nun
gerade das, was er immer gesucht, obwohl er immer nur eine
dunkle und verwirrte Ahnung davon gehabt. Wie er wieder

eingeschlafen sei, wisse er sich durchaus nicht zu erinnern. Am andern Morgen sei er wie neugeboren aufgestanden; die Erscheinung sei seinem Gemüt und seinen Sinnen auf ewig fest eingeprägt geblieben, und nun sei es ihm gelungen, die Mutter Gottes immer so, wie sie seiner Seele vorgeschwebt habe, abzubilden, und er habe immer selbst vor seinen Bildern eine gewisse Ehrfurcht gefühlt. – Das erzählte mir mein Freund, mein teurer Raffael, und es ist mir dieses Wunder so wichtig und merkwürdig gewesen, daß ich es für mich, zu meiner Ergötzung niedergeschrieben habe.«

So ist der Inhalt des unschätzbaren Blattes, welches in meine Hände fiel. Wird man nun deutlich vor Augen sehen, was der göttliche Raffael unter den merkwürdigen Worten versteht, wenn er sagt:

»Ich halte mich an ein gewisses Bild im Geiste, welches in meine Seele kommt.«

Wird man, durch dieses offenbare Wunder der himmlischen Allmacht belehrt, verstehen, daß seine unschuldige Seele in diesen einfachen Worten einen sehr tiefen und großen Sinn aussprach? Wird man nun nicht endlich begreifen, daß all das profane Geschwätz über Begeisterung des Künstlers wahre Versündigung sei – und überführt sein, daß es dabei doch geradezu auf nichts anderes als den unmittelbaren göttlichen Beistand ankomme?

Aber ich füge nichts mehr hinzu, um jeden über diesen so wichtigen Gegenstand der ernsten Betrachtung seinem eigenen Nachdenken zu überlassen.

Von zwei wunderbaren Sprachen und deren geheimnisvoller Kraft

Wackenroder unterscheidet zwischen einer Sprache der Natur und einer der Kunst. Die erstere kann nur durch die von Gott vermittelte »Sympathie« verstanden werden; Kritik an der Wissenschaft (der Aufklärung), die die Geheimnisse der

Natur aufdecken will. Die andere vereint Geistiges und Unsinnliches so miteinander, daß der Mensch erschüttert wird. Die Sprache der Natur führt zu Gott. Die Sprache der Kunst öffnet uns die irdische Welt, während die Wissenschaft nur einen Teil, »unser Gehirn«, erreicht. (Auch der folgende Text entstammt den »Herzensergießungen«.)

Die Sprache der Worte ist eine große Gabe des Himmels, und es war eine ewige Wohltat des Schöpfers, daß er die Zunge des ersten Menschen löste, damit er alle Dinge, die der Höchste um ihn her in die Welt gesetzt, und alle geistigen Bilder, die er in seine Seele gelegt hatte, nennen und seinen Geist in dem mannigfaltigen Spiele mit diesem Reichtum von Namen üben konnte. Durch Worte herrschen wir über den ganzen Erdkreis; durch Worte erhandeln wir uns mit leichter Mühe alle Schätze der Erde. Nur *das Unsichtbare, das über uns schwebt*, ziehen Worte nicht in unser Gemüt herab.

Die irdischen Dinge haben wir in unsrer Hand, wenn wir ihre Namen aussprechen; – aber wenn wir die Allgüte Gottes oder die Tugend der Heiligen nennen hören, welches doch Gegenstände sind, die unser ganzes Wesen ergreifen sollten, so wird allein unser Ohr mit leeren Schallen gefüllt, und unser Geist nicht, wie es sollte, erhoben.

Ich kenne aber *zwei wunderbare Sprachen*, durch welche der Schöpfer den Menschen vergönnt hat, die himmlischen Dinge in ganzer Macht, soviel es nämlich (um nicht verwegen zu sprechen) sterblichen Geschöpfen möglich ist, zu fassen und zu begreifen. Sie kommen durch ganz andere Wege zu unserm Inneren als durch die Hilfe der Worte; sie bewegen auf *einmal*, auf eine wunderbare Weise, unser ganzes Leben und drängen sich in jede Nerve und jeden Blutstropfen, der uns angehört. Die eine dieser wundervollen Sprachen redet nur Gott; die andere reden nur wenige Auserwählte unter den Menschen, die er zu seinen Lieblingen gesalbt hat. Ich meine: *die Natur* und *die Kunst*. –

Seit meiner frühen Jugend her, da ich den Gott der Menschen zuerst aus den uralten heiligen Büchern unserer Religion kennenlernte, war mir die *Natur* immer das gründlichste und deutlichste Erklärungsbuch über sein Wesen und seine Eigenschaften. Das Säuseln in den Wipfeln des Waldes und das Rollen des Donners haben mir geheimnisvolle Dinge von ihm erzählet, die ich in Worten nicht aufsetzen kann. Ein schönes Tal, von abenteuerlichen Felsengestalten umschlossen, oder ein glatter Fluß, worin gebeugte Bäume sich spiegeln, oder eine heitere grüne Wiese von dem blauen Himmel beschienen – ach diese Dinge haben in meinem inneren Gemüte mehr wunderbare Regungen zuwege gebracht, haben meinen Geist von der Allmacht und Allgüte Gottes inniger erfüllt und meine ganze Seele weit mehr gereinigt und erhoben, als es je die Sprache der Worte vermag. Sie ist, dünkt mich, ein allzu irdisches und grobes Werkzeug, um das Unkörperliche wie das Körperliche damit zu handhaben.

Ich finde hier einen großen Anlaß, die Macht und Güte des Schöpfers zu preisen. Er hat um uns Menschen eine unendliche Menge von Dingen umhergestellt, wovon jedes ein anderes Wesen hat und wovon wir keines verstehen und begreifen. Wir wissen nicht, was ein Baum ist; nicht, was eine Wiese ist, nicht, was ein Felsen ist; wir können nicht in unsrer Sprache mit ihnen reden; wir verstehen nur *uns* untereinander. Und dennoch hat der Schöpfer in das Menschenherz eine solche wunderbare Sympathie zu diesen Dingen gelegt, daß sie demselben auf unbekannten Wegen Gefühle oder Gesinnungen, oder wie man es nennen mag, zuführen, welche wir nie durch die abgemessensten Worte erlangen.

Die Weltweisen sind, aus einem an sich löblichen Eifer für die Wahrheit, irregegangen; sie haben die Geheimnisse des Himmels aufdecken und unter die irdischen Dinge, in irdische Beleuchtung stellen wollen und die *dunkeln Gefühle* von denselben mit kühner Verfechtung ihres Rechtes aus ihrer Brust verstoßen. – Vermag der schwache Mensch die

Geheimnisse des Himmels aufzuhellen? Glaubt er verwegen
ans Licht ziehen zu können, was Gott mit seiner Hand be-
deckt? Darf er wohl die dunklen *Gefühle*, welche wie ver-
hüllte Engel zu uns herniedersteigen, hochmütig von sich
weisen? – Ich ehre sie in tiefer Demut; denn es ist große
Gnade von Gott, daß er uns diese echten Zeugen der Wahr-
heit herabsendet. Ich falte die Hände und bete an. –
Die *Kunst* ist eine Sprache ganz anderer Art als die Natur;
aber auch ihr ist durch ähnliche dunkle und geheime Wege
eine wunderbare Kraft auf das Herz des Menschen eigen.
Sie redet durch Bilder der Menschen und bedienet sich also
einer Hieroglyphenschrift, deren Zeichen wir dem Äußern
nach kennen und verstehen. Aber sie schmelzt das Geistige
und Unsinnliche auf eine so rührende und bewundernswür-
dige Weise in die sichtbaren Gestalten hinein, daß wiederum
unser ganzes Wesen und alles, was an uns ist, von Grund
auf bewegt und erschüttert wird. Manche Gemälde aus der
Leidensgeschichte Christi oder von unsrer Heiligen Jung-
frau oder aus der Geschichte der Heiligen haben, ich darf es
wohl sagen, mein Gemüt mehr gesäubert und meinem inne-
ren Sinne tugendseligere Gesinnungen eingeflößet als Syste-
me der Moral und geistliche Betrachtungen. Ich denke unter
andern noch mit Inbrunst an ein über alles herrlich gemaltes
Bild unsers heiligen Sebastian, wie er nackt an einen Baum
gebunden steht, ein Engel ihm die Pfeile aus der Brust zieht
und ein anderer Engel vom Himmel einen Blumenkranz für
sein Haupt bringt. Diesem Gemälde verdanke ich sehr ein-
dringliche und haftende christliche Gesinnungen, und ich
kann mir jetzt kaum dasselbe lebhaft vorstellen, ohne daß
mir die Tränen in die Augen kommen.
Die Lehren der Weisen setzen nur unser Gehirn, nur die eine
Hälfte unseres Selbst, in Bewegung; aber die zwei wunder-
baren Sprachen, deren Kraft ich hier verkündige, rühren
unsere Sinne sowohl als unsern Geist; oder vielmehr scheinen
dabei (wie ich es nicht anders ausdrücken kann) alle Teile
unsers (uns unbegreiflichen) Wesens zu einem einzigen, neuen

Organ zusammenzuschmelzen, welches die himmlischen Wunder, auf diesem zweifachen Wege, faßt und begreift.

Die eine der Sprachen, welche der Höchste selber von Ewigkeit zu Ewigkeit fortredet, die ewig lebendige, unendliche *Natur*, zieht uns durch die weiten Räume der Lüfte unmittelbar zu der Gottheit hinauf. Die *Kunst* aber, die, durch sinnreiche Zusammensetzungen von gefärbter Erde und etwas Feuchtigkeit, die menschliche Gestalt, in einem engen, begrenzten Raume nach innerer Vollendung strebend, nachahmt (eine Art von Schöpfung, wie sie sterblichen Wesen hervorzubringen vergönnt ward) – sie schließt uns die Schätze in der menschlichen Brust auf, richtet unsern Blick in unser Inneres und zeigt uns das Unsichtbare, ich meine alles, was edel, groß und göttlich ist, in menschlicher Gestalt. –

Wenn ich aus dem gottgeweihten Tempel unsers Klosters von der Betrachtung Christi am Kreuz ins Freie hinaustrete und der Sonnenschein vom blauen Himmel mich warm und lebendig umfängt und die schöne Landschaft mit Bergen, Gewässer und Bäumen mein Auge rührt, so sehe ich eine eigene Welt Gottes vor mir hervorgehen und fühle auf eigene Weise große Dinge in meinem Inneren sich erheben. – Und wenn ich aus dem Freien wieder in den Tempel trete und das Gemälde von Christo am Kreuze mit Ernst und Innigkeit betrachte, so sehe ich wiederum eine andre ganz eigene Welt Gottes vor mir hervorgehen und fühle auf andre, eigene Weise sich große Dinge in meinem Inneren erheben. –

Die Kunst stellet uns die höchste menschliche Vollendung dar. Die Natur, soviel davon ein sterbliches Auge sieht, gleichet abgebrochenen Orakelsprüchen aus dem Munde der Gottheit. Ist es aber erlaubt, also von dergleichen Dingen zu reden, so möchte man vielleicht sagen, daß Gott wohl die ganze Natur oder die ganze Welt auf ähnliche Art, wie wir ein Kunstwerk, ansehen möge.

LUDWIG TIECK

Die Ewigkeit der Kunst

*Dieser Text aus den »Phantasien über die Kunst für Freunde
der Kunst« (1799), in Fortführung von Auffassung und
Stil der »Herzensergießungen eines kunstliebenden Kloster-
bruders« geschrieben, gibt wesentliche Hinweise auf das
Kunst- und Weltverständnis der frühromantischen Bewe-
gung. Welche Einstellung muß der Künstler zum »blinden
Ungeheuer Zeit« nehmen (vgl. auch Tiecks Zeitangstthema-
tik in »Ein wunderbares morgenländisches Märchen von
einem nackten Heiligen«, »Romantik II«, Kap. I), wenn er
der inneren Gestimmtheit, dem Enthusiasmus, für die Da-
seinsauffassung Priorität einräumt? »Die Zeit ist ein zu gro-
ber Stoff, als daß es [das Kunstwerk] aus ihr Nahrung und
Leben ziehen könne.« Das Moment der Ewigkeit, das den
Menschen durch den Kosmos insgesamt wie durch die Reali-
tät als Zeitvergang anweht, wird im Kunstwerk durch Dar-
stellung bzw. Verwandlung der äußeren durch innere Welt
in Gegenwart gebannt. Die Abwendung von der Zeit, die
Transponierung des Lebens im Kunstwerk ist der bestim-
mende Wesenszug der Frühromantik.*

Es geschieht nicht selten, daß Leute unsren Enthusiasmus
dadurch zu hemmen suchen, daß sie uns die Nichtigkeit und
Vergänglichkeit aller menschlichen Dinge vor die Augen stel-
len. Vielen Gemütern ist es eigen, daß ihre Phantasie schon
unwillkürlich die Bilder von Tod und Ewigkeit erweckt, um
der etwaigen Begeisterung ein bestimmtes Ziel zu setzen.
Auf diese Geschicklichkeit setzen sie einen hohen Wert und
meinen, daß nur das sogenannte Unvergängliche und Un-
sterbliche ihrer Anbetung würdig sei.
Wenn wir die Zahl der Gestirne betrachten und erwägen
den Lauf der Zeit, die schon über so manche Vergangenheit
hinübergeschritten ist, wenn wir uns dann in die bodenlose

Tiefe der Ewigkeit verlieren, so erzittert der Mensch oft in sich selber, und sagt zu sich: »Wie kannst du den Preis dieser kleinen Gegenwart so hoch anschlagen, da sie sich wie ein unbemerkter Punkt in dem unermeßlichen Ozean verläuft? Was kann deine innige Verehrung verdienen, da du nicht sicher bist, ob nicht blinde Vergessenheit alle deine Götter einmal verschlingt?«

Wenn nun vor dem Bilde eines Helden, eines großen Künstlers unsre Seele in wollüstigen Schauern zittert, wenn wir gleichsam die ganze Welt und alle ihre Menschen in diesen einen Moment, in diese eine Anbetung zusammenpressen möchten und wie das innerste Rad eines Uhrwerkes allen übrigen Seelen denselben Schwung mitteilen wollten: so lächelt ein andrer oft wehmütig und mit stiller Größe über unsern lautschallenden Hymnus und zeigt auf die tiefen Abgründe der Vergangenheit, auf die unbekannte ewige Zukunft, wir scheuen ihn wie törichte Kinder, und er möchte uns gar zu gern wieder das Gefühl der allgemeinen Unbedeutenheit mitteilen.

Gern möchtest du uns dadurch alles Große und Edle alltäglich machen, durch den schwarzen Schatten des Todes strebst du allen Glanz zu verlöschen. Du bildest dir ein, die bloße Vorstellung der Vernichtung, das blinde Ungeheuer Zeit dürften über unsre höchste und reinste Liebe triumphieren, unbekannten Götzenbildern müsse alles sich neigen, und desto furchtbarer sei die Gewalt, je rätselhafter und unverständlicher sie sei.

Wenn wir in reicher, frischer Lebensgegenwart unbefangene Blicke auf die Welt und in unser Inneres werfen, wenn wir den hohen Gang der edelsten Geister wahrnehmen und alle ihre Taten, Gesinnungen und Kunst ganz nahe an unsern Herzen fühlen, dann erscheinen uns die Phantome trüb und leer, die sonst unsere Phantasie gar zu leicht mit Entsetzen und Ehrfurcht erfüllen, wir empfinden es lebendigst, wie unsre Liebe ewig sei, wie kein Tod sie beschatten könne, kein Bild der Ewigkeit sie unbedeutend machen dürfe.

Wir haben uns an die Vorstellung gewöhnt, Ewigkeit nur unter dem Bilde der zukünftigen Zeit zu denken, so mit schwindelndem Blick in die ungemessene Länge künftiger Jahre hinabzuschauen und uns den wiederkehrenden Kreislauf von Begebenheiten und Ereignissen dazu zu denken. Eine lange Reihe unkenntlicher Gestalten zwingt uns eine blinde Ehrfurcht ab, wir entsetzen uns vor einem trüben Bilde unsrer eigenen Phantasie, wir fürchten uns vor uns selber. Ist es denn die majestätische Unvergänglichkeit, die auf uns zukommt? Wir vergessen, daß die Gegenwart ebensogut ewig zu nennen sei, daß die Ewigkeit sich in den Umfang einer Handlung, eines Kunstwerkes zurückziehen könne, nicht deswegen, weil sie unvergänglich daure, sondern weil jene groß, weil dieses vollendet ist. Statt nach außen geht hier die Ewigkeit gleichsam nach innen, in einem Fruchtkorn sieht man nicht die Entwicklung der Felder und Saaten, sondern in Saat und Pracht des Gefildes das ehemalige Korn.

Alles, was vollendet, das heißt, was Kunst ist, ist ewig und unvergänglich, wenn es auch die blinde Hand der Zeit wieder auslöscht, die Dauer ist zufällig, Zugabe; ein vollendetes Kunstwerk trägt die Ewigkeit in sich selbst, die Zeit ist ein zu grober Stoff, als daß es aus ihr Nahrung und Leben ziehen könne.

Wenn daher auch Geschlechter, Erden und Welten vergehen, so leben doch die Seelen aller großen Taten, aller Dichtungen, aller Kunstwerke. – In der Vollendung der Kunst sehen wir am reinsten und schönsten das geträumte Bild eines Paradieses, einer unvermischten Seligkeit. Gemälde verbleichen, Gedichte verklingen; – aber Verse und Farben waren es auch nicht, die ihnen ihr Dasein schufen. In sich selbst trägt die Gegenwart der Kunst ihre Ewigkeit und bedarf der Zukunft nicht, denn Ewigkeit bezeichnet nur Vollendung.

Darum ist es ein unkünstlerischer Geist, der die trüben Schatten des Todes und der Vergänglichkeit auf alle glän-

zenden Lebensstellen wirft. Tod und Bild der zukünftigen Ewigkeit sind der wahren Kunst entgegengesetzt, sie heben sie auf und zerstören sie, denn sie schieben dem Geistigsten, in sich Fertigsten einen groben Stoff als notwendige Bedingung unter, da die Kunst in sich keine Bedingungen kennt und ihr Ganzes keine Teile hat.

Dergleichen Art, den Tod jedem Leben beizumischen, ist überhaupt manierierte Poesie, es sind Striche und Linien, die innerhalb des Rahmens groß und keck scheinen mögen, die aber, neben einem andern wahrhaft großen Gemälde gesehn, verschwinden und nur eine gewisse, bestimmte Geschicklichkeit des Meisters verraten.

Lasset uns darum unser Leben in ein Kunstwerk verwandeln, und wir dürfen kühnlich behaupten, daß wir dann schon irdisch unsterblich sind.

FRIEDRICH WILHELM SCHELLING

Geb. 27. Januar 1775 in Leonberg bei Stuttgart, gest. 20. August 1854 in Ragaz (Schweiz). Studierte im Tübinger Stift; mit Hegel und Hölderlin befreundet. 1794, von Goethe empfohlen, nach Jena berufen. Neben den Brüdern Schlegel, Tieck, Novalis und Steffens Mitbegründer der Romantischen Schule. Nach der Heirat mit Caroline Schlegel, geb. Michaelis, verließ er Jena, wurde 1803 Professor in Würzburg, lebte 1806–41 (mit einer Unterbrechung von 1820–26 in Erlangen) in München. Seit 1841 in Berlin.

Werke: *Ideen zu einer Philosophie der Natur* (1797); *Von der Weltseele* (1798); *Über das Verhältnis der bildenden Künste zu der Natur* (1807); *Philosophische Untersuchungen über das Wesen der menschlichen Freiheit* (1809).

Abkehr von der Naturnachahmung

In seiner Schrift »Über das Verhältnis der bildenden Künste zu der Natur« (1807) bringt Schelling auf den Begriff, was Tieck und Wackenroder um die Jahrhundertwende in ihren Werken mehr vom Gefühl her und aus innerer Begeisterung

und Enthusiasmus als das Mittel für Kunstverständnis und Hervorbringung von Kunst formulierten. Nachahmung des Äußeren der Natur schafft nur tote Oberfläche. Durch das Zusammenspiel von Bewußtsein und bewußtloser Kraft, in der Entfernung von der Natur, um ihr Wesen zu erfassen, müsse die Natur im Menschen gesehen werden. Formvollendung als Ideal ist das höchste Ziel der Kunst, sie vernichtet dabei die Form.

Diese werktätige Wissenschaft ist in Natur und Kunst das Band zwischen Begriff und Form, zwischen Leib und Seele. Jedem Ding stehet ein ewiger Begriff vor, der in dem unendlichen Verstande entworfen ist; aber wodurch geht dieser Begriff in die Wirklichkeit und die Verkörperung über? Allein durch die schaffende Wissenschaft, welche mit dem unendlichen Verstande ebenso notwendig verbunden ist wie in dem Künstler das Wesen, welches die Idee unsinnlicher Schönheit faßt, mit dem, welches sie versinnlicht darstellt. Ist derjenige Künstler glücklich zu nennen und vor allen lobenswert, dem die Götter diesen schaffenden Geist verliehen haben, so wird das Kunstwerk in dem Maße trefflich erscheinen, in welchem es uns diese unverfälschte Kraft der Schöpfung und Wirksamkeit der Natur wie in einem Umrisse zeigt.

Schon längst ist eingesehen worden, daß in der Kunst nicht alles mit dem Bewußtsein ausgerichtet wird, daß mit der bewußten Tätigkeit eine bewußtlose Kraft sich verbinden muß und daß die vollkommne Einigkeit und gegenseitige Durchdringung dieser beiden das Höchste der Kunst erzeugt. Werke, denen dies Siegel bewußtloser Wissenschaft fehlt, werden durch den fühlbaren Mangel an selbständigem von dem Hervorbringenden unabhängigem Leben erkannt, da im Gegenteil, wo diese wirkt, die Kunst ihrem Werk mit der höchsten Klarheit des Verstandes zugleich jene unergründliche Realität erteilt, durch die es einem Naturwerk ähnlich erscheint.

Die Lage des Künstlers gegen die Natur sollte oft durch den Ausspruch klargemacht werden, daß die Kunst, um dieses zu sein, sich erst von der Natur entfernen müsse und nur in der letzten Vollendung zu ihr zurückkehre. Der wahre Sinn desselben scheint uns kein anderer sein zu können als folgender. In allen Naturwesen zeigt sich der lebendige Begriff nur blind wirksam: wäre er es auf dieselbe Weise im Künstler, so würde er sich von der Natur überhaupt nicht unterscheiden. Wollte er sich aber mit Bewußtsein dem Wirklichen ganz unterordnen und das Vorhandensein mit knechtischer Treue wiedergeben, so würde er wohl Larven hervorbringen, aber keine Kunstwerke. Er muß sich also vom Produkt oder vom Geschöpf entfernen, aber nur um sich zu der schaffenden Kraft zu erheben und diese geistig zu ergreifen. Hiedurch schwingt er sich in das Reich reiner Begriffe; er verläßt das Geschöpf, um es mit tausendfältigem Wucher wiederzugewinnen, und in diesem Sinn allerdings zur Natur zurückzukehren. Jenem im Innern der Dinge wirksamen durch Form und Gestalt nur wie durch Sinnbilder redenden Naturgeist soll der Künstler allerdings nacheifern, und nur insofern er diesen lebendig nachahmend ergreift, hat er selbst etwas Wahrhaftes erschaffen. Denn Werke, die aus einer Zusammensetzung auch übrigens schöner Formen entstünden, wären doch ohne alle Schönheit, indem das, wodurch nun eigentlich das Werk oder das Ganze schön ist, nicht mehr Form sein kann. Es ist über die Form, ist Wesen, Allgemeines, ist Blick und Ausdruck des inwohnenden Naturgeistes.

Kaum zweifelhaft kann es nun sein, was von dem so durchgängig geforderten und sogenannten Idealisieren der Natur in der Kunst zu halten sei. Diese Forderung scheinet aus einer Denkart zu entspringen, nach welcher nicht die Wahrheit, Schönheit, Güte, sondern das Gegenteil von dem allem das Wirkliche ist. Wäre das Wirkliche der Wahrheit und Schönheit in der Tat entgegengesetzt, so müßte es der Künstler nicht erheben oder idealisieren, er müßte es aufheben und vernichten, um etwas Wahres und Schönes zu erschaffen.

Wie sollte aber irgend etwas außer dem Wahren wirklich
sein können, und was ist Schönheit, wenn sie nicht das volle
mangellose Sein ist? Welche höhere Absicht könnte demnach
auch die Kunst haben, als das in der Natur in der Tat
Seiende darzustellen? oder wie sich vornehmen, die soge-
nannte wirkliche Natur zu übertreffen, da sie doch stets
unter dieser zurückbleiben müßte? Denn gibt sie etwa ihren
Werken das sinnlich-wirkliche Leben? Diese Bildsäule atmet
nicht, wird von keinem Pulsschlag bewegt, von keinem Blute
erwärmt. Beides aber, jenes angebliche Übertreffen und die-
ses scheinbare Zurückbleiben, zeigt sich als Folge eines und
desselben Prinzips, sobald wir nur die Absicht der Kunst in
die Darstellung des wahrhaft Seienden setzen. Nur auf der
Oberfläche sind ihre Werke scheinbar belebt: in der Natur
scheint das Leben tiefer zu dringen und sich ganz mit dem
Stoff zu vermählen. Belehrt uns aber nicht von der Un-
wesentlichkeit dieser Verbindung, und daß sie keine innige
Verschmelzung sei, der beständige Wechsel der Materie und
das allgemeine Los endlicher Auflösung? Die Kunst stellt
also in der bloß oberflächlichen Belebung ihrer Werke in der
Tat nur das Nichtseiende als nichtseiend dar. Wie kommt es,
daß jedem einigermaßen gebildeten Sinn die bis zur Täu-
schung getriebenen Nachahmungen des sogenannt Wirklichen
als im höchsten Grade unwahr erscheinen, ja den Eindruck
von Gespenstern machen, indes ein Werk, in dem der Be-
griff herrschend ist, ihn mit der vollen Kraft der Wahrheit
ergreift, ja ihn erst in die echt wirkliche Welt versetzt? wo-
her kommt es, wenn nicht aus dem mehr oder weniger dun-
keln Gefühl, welches ihm sagt, daß der Begriff das allein
Lebendige in den Dingen ist, alles andere aber wesenlos und
eitler Schatten? Aus demselben Grundsatz erklären sich alle
entgegengesetzten Fälle, welche als Beispiele der Übertref-
fung der Natur durch die Kunst angeführt werden. Wenn
sie den schnellen Lauf menschlicher Jahre anhält, wenn sie
die Kraft entwickelter Männlichkeit mit dem sanften Reiz
früher Jugend verbindet oder eine Mutter erwachsener

Söhne und Töchter in dem vollen Bestand kräftiger Schönheit zeigt: was tut sie anders, als daß sie aufhebt, was unwesentlich ist, die Zeit? Hat nach der Bemerkung des trefflichen Kenners ein jedes Gewächs der Natur nur einen Augenblick der wahren vollendeten Schönheit, so dürfen wir sagen, daß es auch nur *einen* Augenblick des vollen Daseins habe. In diesem Augenblick ist es, was es in der ganzen Ewigkeit ist: außer diesem kommt ihm nur ein Werden und ein Vergehen zu. Die Kunst, indem sie das Wesen in jenem Augenblick darstellt, hebt es aus der Zeit heraus; sie läßt es in seinem reinen Sein, in der Ewigkeit seines Lebens erscheinen.

Nachdem einmal aus der Form alles Positive und Wesentliche hinweggedacht war, so mußte sie als beschränkend und gleichsam feindselig gegen das Wesen erscheinen, und dieselbe Theorie, welche das falsch und unkräftig Idealische hervorgerufen hatte, notwendig zugleich auf das Formlose in der Kunst hinwirken. Allerdings müßte die Form beschränkend für das Wesen sein, wäre sie unabhängig von ihm vorhanden. Ist sie aber mit und durch das Wesen, wie könnte sich dieses beschränkt fühlen durch das, was es selbst erschafft? Wohl möchte ihm Gewalt geschehen durch die Form, die ihm aufgedrungen würde, nimmer aber durch die, welche aus ihm selbst fließt. Vielmehr muß es in dieser befriedigt ruhen und sein Dasein als ein selbständiges in sich abgeschlossenes empfinden. Die Bestimmtheit der Form ist in der Natur nie eine Verneinung, sondern stets eine Bejahung. Gemeinhin denkst du freilich die Gestalt eines Körpers als eine Einschränkung, welche er leidet; sähest du aber die schaffende Kraft an, so würde sie dir einleuchten als ein Maß, das diese sich selbst auferlegt und in dem sie als eine wahrhaft sinnige Kraft erscheint. Denn überall wird das Vermögen eigener Maßgebung als eine Trefflichkeit, ja als eine der höchsten angesehen. Auf ähnliche Weise betrachten die meisten das Einzelne verneinend, nämlich als das, was nicht das Ganze oder Alles ist: es bestehet aber kein Einzel-

nes durch seine Begrenzung, sondern durch die ihm einwohnende Kraft, mit der es sich als ein eignes Ganzes dem Ganzen gegenüber behauptet.

Da diese Kraft der Einzelheit und also auch der Individualität sich als lebendiger Charakter darstellt, so hat der verneinende Begriff derselben notwendig die ungenügende und falsche Ansicht des Charakteristischen in der Kunst zur Folge. Tot und von unträglicher Härte wäre die Kunst, welche die leere Schale oder Begrenzung des Individuellen darstellen wollte. Wir verlangen allerdings nicht das Individuum, wir verlangen mehr zu sehen, den lebendigen Begriff desselben. Wenn aber der Künstler Blick und Wesen der in ihm schaffenden Idea erkannt und diese heraushebt, bildet er das Individuum zu einer Welt für sich, einer Gattung, einem ewigen Urbild; und wer das Wesen ergriffen, darf auch die Härte und Strenge nicht fürchten, denn sie ist die Bedingung des Lebens. Die Natur, welche in ihrer Vollendung als die höchste Milde erscheint, sehen wir in allem Einzelnen auf Bestimmtheit, ja zuerst und vor allem andern auf Härte, auf Verschlossenheit des Lebens hinwirken. Wie die ganze Schöpfung ein Werk der höchsten Entäußerung ist, so muß der Künstler zuerst sich selbst verleugnen und ins Einzelne hinabsteigen, die Abgeschiedenheit nicht scheuend noch den Schmerz, ja die Pein der Form. Von ihren ersten Werken an ist die Natur durchaus charakteristisch; die Kraft des Feuers, den Blitz des Lichtes verschließt sie in harten Stein, die holde Seele des Klangs in strenges Metall; selbst an der Schwelle des Lebens und schon auf organische Gestalt sinnend, sinkt sie von der Kraft der Form überwältiget in Versteinerung zurück. Das Leben der Pflanze bestehet in stiller Empfänglichkeit; aber in welchen genauen und strengen Umriß ist dies duldende Leben eingeschlossen? Im Tierreich scheint erst der Streit zwischen Leben und Form recht zu beginnen: ihre ersten Werke birgt sie in harte Schalen, und wo diese abgelegt werden, schließt sich die belebte Welt durch den Kunsttrieb wieder an das Reich der Kristallisation

an. Endlich tritt sie kecker und freier hervor, und es zeigen sich tätige lebendige Charaktere, die ganze Gattungen hindurch dieselben sind. Die Kunst kann zwar nicht so tief anfangen wie die Natur. Ist Schönheit gleich überall verbreitet, so gibt es doch verschiedene Grade der Erscheinung und Entfaltung des Wesens und damit der Schönheit; die Kunst aber verlangt eine gewisse Fülle derselben und möchte nicht den einzelnen Klang oder Ton noch selbst den abgesonderten Akkord, sondern die vollstimmige Melodie der Schönheit zugleich anschlagen. Sie greift darum am liebsten unmittelbar nach dem Höchsten und Entfaltetsten, der menschlichen Gestalt. Denn da ihr das unermeßliche Ganze zu umfassen nicht vergönnt ist, und in allen andern Geschöpfen nur einzelne Fulgurationen[1], im Menschen allein das ganze volle Sein ohne Abbruch erscheinet, so ist ihr nicht nur verstattet, sondern sie ist aufgefordert, die gesamte Natur nur im Menschen zu sehen. Gerade darum aber, weil diese hier alles in *einem* Punkte versammelt, wiederholt sie auch ihre ganze Mannigfaltigkeit und legt denselben Weg, den sie in ihrem weiten Umfange durchlaufen hatte, zum zweitenmal in einem engeren zurück. Hier also entsteht die Forderung an den Künstler, erst im Begrenzten treu und wahr zu sein, um im Ganzen vollendet und schön zu erscheinen. Hier gilt es mit dem schaffenden Naturgeist, der auch in der Menschenwelt Charakter und Gepräge in unergründlicher Mannigfaltigkeit austeilt, zu ringen, nicht in schlaffem und weichlichem, sondern in starkem und mutigem Kampf. Anhaltende Übung der Erkenntnis desjenigen, wodurch das Eigentümliche der Dinge ein Positives ist, muß ihn vor Leerheit, Weichheit, innerer Nichtigkeit bewahren, eh' er es wagen darf, durch immer höhere Verbindung und endliche Verschmelzung mannigfaltiger Formen die äußerste Schönheit in Bildungen von höchster Einfalt bei unendlichem Inhalt erreichen zu wollen.

1. *Blitze, Erleuchtungen.*

Nur durch die Vollendung der Form kann die Form ver-
nichtet werden, und dieses ist allerdings im Charakteristi-
schen das letzte Ziel der Kunst. Wie aber die scheinbare
Übereinstimmung, zu der gehaltlose Seelen leichter als an-
dere gelangen, innerlich dennoch nichtig ist, so verhält es sich
in der Kunst mit der schnell erlangten äußern Harmonie
ohne die Fülle des Inhaltes, und hat Lehre und Unterricht
der geistlosen Nachahmung schöner Formen entgegenzuwir-
ken, so vornehmlich auch der Neigung zu einer verzärtelten
charakterlosen Kunst, die sich zwar höhere Namen gibt, aber
damit nur ihr Unvermögen, die Grundbedingungen zu er-
füllen, bedeckt.

III. Ironie – Begriff und Methode

Die Ironie spielt in den frühromantischen Auseinander-
setzungen, in den »Athenäum«-Fragmenten Friedrich Schlegels
wie in den Fragmenten des Novalis, eine zentrale Rolle. Es
läßt sich aber für die Ironie in strengem Sinne weder ein
System aufstellen noch eine eindeutige Definition finden;
besser ist von ihren Tendenzen und Hauptlinien zu reden,
wie sie Beda Allemann in »Ironie und Dichtung« überzeu-
gend belegt hat. Bei Friedrich Schlegel hat die Ironie ihren
Ursprung in der Philosophie bzw. in der philologisch kriti-
schen Methode. Sie wird in allen seinen Programmen ange-
wandt als freischwebendes Denken in Gegensätzen, d. h.,
nichts wird als endgültig bestimmt, alles muß mit ironischer
Kritik wieder aufgelöst werden. Mit dieser Methode erweist
er sich als scharfsinniger Kritiker seiner Zeit, von witzig
kombinatorischem Geist; sein ironisches Verfahren hat ihm
von den Zeitgenossen den Vorwurf der Unverständlichkeit
eingebracht (siehe seine Rede »Über die Unverständlichkeit«
im »Athenäum«). Novalis geht einen Schritt weiter, wenn
er die Einbildungskraft als produktiv vermittelndes Element
für die Durchdringung von Realem und Idealem einführt,
während bei Solger die Ironie bereits als ein produktiv ver-
nichtender Aspekt der Kunst erscheint, wodurch unser Da-
sein erst eigentlich erkannt wird.
Der Ironie als dichterische Stilhaltung wird hier nicht nach-
gegangen, da sie explizit in den romantischen Theorien nicht
behandelt wird.

FRIEDRICH SCHLEGEL

Die Heimat der Ironie

Eine strenge Systematisierung des Schlegelschen Ironiebegriffs ist nicht möglich (vgl. Ironie der Ironie), denn er selbst hatte es nirgends darauf angelegt, so daß oft nebeneinander höchst widersprüchliche Definitionen möglich waren. Novalis hatte sich zu Schlegels Ironieformulierungen notiert: »Mehrere Namen sind einer Idee vorteilhaft.« Die hier angeführten Beispiele sind daher weniger repräsentativ als typisch, so wie jeder einzelne Satz Schlegels über die Ironie. Der Kommentar muß an dieser Stelle über die beiden Zitate hinausgehen, will er diesen wichtigen Begriff der Frühromantik verdeutlichen (wir folgen dabei Allemanns Darstellung). Die Masse der Belege deutet die Herkunft des Begriffs aus Schlegels philosophisch-kritischem Standpunkt und nicht, wie anders versucht, die Ironie als primär dichterisches Prinzip. »Ironie ist die Form des Paradoxen«, sagt Schlegel; die paradoxe Gedankenführung bzw. das polare Gegeneinander (z. B. von Endlichem und Unendlichem) sollen zu einem »logischen Ideal« führen. Es gibt ferner das Logisch-Witzige im Ideal der freien Geselligkeit (siehe Schlegels Roman »Lucinde«); er spricht von einem »chemischen« Charakter des Witzes (das Chemische hat in der idealistischen Naturphilosophie eine eigene Seinsweise). Die »Philologie [...] ist Enthusiasmus für chemische Erkenntnisse«; gemeint ist hier die ironische Methode als Kritik, die jenseits der Grammatik zu Erkenntnissen führt. Diese Methode zu denken hebt in einem unendlichen Prozeß das Gedachte immer wieder auf einer neuen Stufe auf, ist freies Spiel einander entgegengesetzter Kräfte, ohne die absolute Höhe zu beanspruchen. Diese Zwischenstellung der Ironie zeigt Schlegel auch ausdrücklich im »Athenäum«-Beitrag

Athenaeum.

Eine Zeitschrift

von

August Wilhelm Schlegel

und

Friedrich Schlegel.

Ersten Bandes Erstes Stück.

Berlin, 1798.
bey Friedrich Vieweg dem älteren.

Titelseite der Zeitschrift »Athenäum«, die vor allem das Programm der Frühromantik entwickelte

»Über die Unverständlichkeit« an, dem die Passage »Ironie der Ironie« entnommen ist.

Die Philosophie ist die eigentliche Heimat der Ironie, welche man logische Schönheit definieren möchte: denn überall, wo in mündlichen oder geschriebenen Gesprächen, und nur nicht ganz systematisch philosophiert wird, soll man Ironie leisten und fordern; und sogar die Stoiker hielten die Urbanität für eine Tugend. Freilich gibts auch eine rhetorische Ironie, welche sparsam gebraucht, vortreffliche Wirkung tut, besonders im Polemischen; doch ist sie gegen die erhabne Urbanität der Sokratischen Muse, was die Pracht der glänzendsten Kunstrede gegen eine alte Tragödie in hohem Stil. Die Poesie allein kann sich auch von dieser Seite bis zur Höhe der Philosophie erheben und ist nicht auf ironische Stellen begründet, wie die Rhetorik. Es gibt alte und moderne Gedichte, die durchgängig im ganzen und überall den göttlichen Hauch der Ironie atmen. Es lebt in ihnen eine wirklich transzendentale Buffonerie[1]. Im Innern die Stimmung, welche alles übersieht, und sich über alles Bedingte unendlich erhebt, auch über eigne Kunst, Tugend oder Genialität: im Äußern, in der Ausführung die mimische Manier eines gewöhnlichen guten italienischen Buffo.

Ironie der Ironie

Um die Übersicht vom ganzen System der Ironie zu erleichtern, wollen wir einige der vorzüglichsten Arten anführen. Die erste und vornehmste von allen ist die grobe Ironie; findet sich am meisten in der wirklichen Natur der Dinge und ist einer ihrer allgemein verbreitetsten Stoffe; in der

1. die Art und Weise (nämlich durch den ironischen Akt), durch das scheinbar Gegensätzliche einen komischen Effekt zu erzielen, der der Erkenntnis dient. (Buffonerie von ›Opera buffa‹ = ital., komische Oper; Buffo, ein Part in der komischen Oper.)

Geschichte der Menschheit ist sie recht eigentlich zu Hause. Dann kommt die feine oder die delikate Ironie; dann die extrafeine; in dieser Manier arbeitet Skaramuz[1], wenn er sich freundlich und ernsthaft mit jemand zu besprechen scheint, indem er nur den Augenblick erwartet, wo er wird mit einer guten Art einen Tritt in den Hintern geben können. Diese Sorte wird auch wohl bei Dichtern gefunden, wie ebenfalls die redliche Ironie, welche am reinsten und ursprünglichsten in alten Gärten angebracht ist, wo wunderbar liebliche Grotten den gefühlvollen Freund der Natur in ihren kühlen Schoß locken, um ihn dann von allen Seiten mit Wasser reichlich zu besprützen und ihm so die Zartheit zu vertreiben. Ferner die dramatische Ironie, wenn der Dichter drei Akte geschrieben hat, dann wider Vermuten ein andrer Mensch wird, und nun die beiden letzten Akte schreiben muß. Die doppelte Ironie, wenn zwei Linien von Ironie parallel nebeneinander laufen, ohne sich zu stören, eine fürs Parterre, die andre für die Logen, wobei noch kleine Funken in die Kulissen fahren können. Endlich die Ironie der Ironie. Im allgemeinen ist das wohl die gründlichste Ironie der Ironie, daß man sie doch eben auch überdrüssig wird, wenn sie uns überall und immer wieder geboten wird. Was wir aber hier zunächst unter Ironie der Ironie verstanden wissen wollen, das entsteht auf mehr als einem Wege. Wenn man ohne Ironie von der Ironie redet, wie es soeben der Fall war; wenn man mit Ironie von einer Ironie redet, ohne zu merken, daß man sich zu eben der Zeit in einer andren viel auffallenderen Ironie befindet; wenn man nicht wieder aus der Ironie herauskommen kann, wie es in diesem Versuch über die Unverständlichkeit zu sein scheint; wenn die Ironie Manier wird, und so den Dichter gleichsam wieder ironiert; wenn man Ironie zu einem überflüssigen Taschenbuche versprochen hat, ohne seinen Vorrat vorher zu überschlagen, und nun wider Willen Ironie machen muß, wie ein Schauspiel-

1. *Gestalt der Commedia dell'arte, ein Aufschneider.*

künstler, der Leibschmerzen hat; wenn die Ironie wild wird,
und sich gar nicht mehr regieren läßt.

Welche Götter werden uns von allen diesen Ironien erretten
können? Das einzige wäre, wenn sich eine Ironie fände, wel-
che die Eigenschaft hätte, alle jene großen und kleinen Iro-
nien zu verschlucken und zu verschlingen, daß nichts mehr
davon zu sehen wäre, und ich muß gestehen, daß ich eben
dazu in der meinigen eine merkliche Disposition fühle. Aber
auch das würde nur auf kurze Zeit helfen können. Ich
fürchte, wenn ich anders, was das Schicksal in Winken zu
sagen scheint, richtig verstehe, es würde bald eine neue
Generation von kleinen Ironien entstehn: denn wahrlich, die
Gestirne deuten auf phantastisch. Und gesetzt es blieb auch
während eines langen Zeitraums alles ruhig, so wäre doch
nicht zu trauen. Mit der Ironie ist durchaus nicht zu scher-
zen. Sie kann unglaublich lange nachwirken. Einige der ab-
sichtlichsten Künstler der vorigen Zeit habe ich in Verdacht,
daß sie noch Jahrhunderte nach ihrem Tode mit ihren gläu-
bigsten Verehrern und Anhängern Ironie treiben. Shake-
speare hat so unendlich viele Tiefen, Tücken, und Absichten;
sollte er nicht auch die Absicht gehabt haben, verfängliche
Schlingen in seine Werke für die geistreichsten Künstler der
Nachwelt zu verbergen, um sie zu täuschen, daß sie, ehe sie
sichs versehen, glauben müssen, sie seien auch ungefähr so
wie Shakespeare? Gewiß, er dürfte auch wohl in dieser
Rücksicht weit absichtlicher sein als man vermutet.

NOVALIS

Lichtpunkt des Schwebens

*Novalis' Auseinandersetzung mit der Ironie wendet sich
hauptsächlich dem Bezug zwischen empirischem und reinem*

*Ich zu. Er sucht ein harmonisches Schweben zwischen den
einander entgegengesetzten Polen. Bei Fichte hieß es noch:
»Aber das Anschauen als solches ist gar nichts Fixiertes, son-
dern es ist ein Schweben der Einbildungskraft zwischen
widerstreitenden Richtungen« (Grundlagen der gesamten
Wissenschaftslehre, 1794, S. 4). Friedrich Schlegel hatte diese
»Richtungen« mit Bedingtem und Unbedingtem benannt.
Über beide geht Novalis hinaus. Die produktive Einbil-
dungskraft ist nun ein vermittelndes Element, das das Reale
und Ideale zugleich heraushebt und durchdringt.*

Gesetz des Begriffs und Gesetz des Objekts müssen eins sein
– nur in der Reflexion zu trennen – /Begriff und Anschau-
ung sind eins, wenn man sie aufs Ich bezieht, getrennt, wenn
man auf beide reflektiert, ohne sie aufs Ich zu beziehn./
Wenn ich bestimmt aufs Ich reflektiere, so ist kein Nichtich
– wenn ich reflektiere, ohne bestimmt aufs Ich zu reflektie-
ren, so ist ein Nichtich. Die *freie Reflexion* geht auf Nicht-
ich – die *bestimmte* Reflexion aufs Ich. Das Ich ist in beiden
Fällen frei und nicht frei, nur auf verschiedne Weise. Es ist
frei, indem es auf sich, als nicht frei, auf ein Nichtich, reflek-
tiert, es ist frei, indem es auf sich, als frei, als Ich, reflektiert.
Dort ist es als Intelligenz, hier, als reines Ich, frei. Dort
trennt es seine reflektierende Tätigkeit von seinem Wesen
– es geht aus sich heraus – hier vereinigt es beide – es geht
in sich hinein. Es muß das erstere tun, um das andre zu kön-
nen. Letzteres ist der Zweck, ersteres das Mittel – der Zweck
veranlaßt das Mittel – das Mittel bewürkt den Zweck. /Alle
Erkenntnis soll Moralität bewirken – der moralische Trieb,
der Trieb nach Freiheit die Erkenntnis veranlassen./ Frei sein
ist die Tendenz des Ich – das Vermögen frei zu sein ist die
produktive Imagination – *Harmonie* ist die Bedingung ihrer
Tätigkeit – *des Schwebens,* zwischen Entgegengesetztem. Sei
einig mit dir selbst ist also Bedingungsgrundsatz des ober-
sten Zwecks – zu sein oder frei zu sein. Alles Sein, Sein
überhaupt ist nichts als Freisein – *Schweben* zwischen Ex-

tremen, die notwendig zu vereinigen und notwendig zu trennen sind. Aus diesem Lichtpunkt des Schwebens strömt alle Realität aus – in ihm ist alles enthalten – Obj[ekt] und Subjekt sind durch ihn, nicht er d[urch] sie.

Ichheit oder produktive Imaginationskraft, das *Schweben* – bestimmt, produziert die Extreme, das wozwischen geschwebt wird – dieses ist eine Täuschung, aber nur im Gebiete des gemeinen Verstandes. Sonst ist es etwas durchaus Reales, denn das Schweben, seine Ursache, ist der Quell, die Mater aller Realität, die Realität selbst.

KARL WILHELM FERDINAND SOLGER

Geb. 28. November 1780 in Schwedt, gest. 25. Oktober 1819 in Berlin. Studierte in Halle a. d. Saale und Jena Rechtswissenschaften. Professor in Frankfurt a. d. Oder, Breslau, Berlin (1811). Lehrte neben Fichte und nach dessen frühem Tod allein bis kurz nach Hegels Amtsantritt.

Werke: *Erwin. Vier Gespräche über das Schöne und die Kunst* (1815); *Vorlesungen über Ästhetik* (postum 1828).

Ironie – der alles vernichtende Blick

Zwar besteht eine Verwandtschaft zum Ironiebegriff Schlegels, doch hat Solger in seiner Schrift »Erwin. Vier Gespräche über das Schöne und die Kunst« (1815) einige Voraussetzungen weitergedacht. In der Auseinandersetzung mit Kunstwerken gibt sich Erwin nicht mit den idealistischen Deutungen seiner Freunde Adelbert, Anselm und Bernhard zufrieden.
Der vernichtende Aspekt der Ironie wird als kritisches Denkverfahren für das Entstehen von Kunst herausgearbeitet. Solger will die Bezogenheit der Idee auf die Materie, das Wirkliche in bezug auf die Idee aufdecken; damit geht er über Schlegels Polarisierung wie über Novalis' »Schwe-

ben« hinaus. *Er versucht einen Zusammenhang von Idee und*
Wirklichkeit, ein Durchdringen von Bewußtem und Unbe-
wußtem herzustellen. Die Kunst ist die Form, in der der
Austausch von Idee und Wirklichkeit stattfinden kann und
die uns die Realität erst voll sichtbar werden läßt. Das »un-
veränderliche Wesen der Kunst« ist nur dort möglich, »wo
zugleich die Nichtigkeit des wirklichen Daseins ist«; denn
»nun kann die Kunst, schon indem sie das Dasein bildet, es
mit begleitender Ironie beständig auflösen und zugleich in
das Wesen der Idee zurückführen«. Solger ist sich im klaren,
daß dieser Standpunkt der Ironie in seiner höchsten Voll-
endung ebenfalls selbst Dasein werden müsse; dies aber,
glaubt er, ist wegen der Zeitlichkeit des menschlichen Wesens
nicht möglich. Im Gegensatz zu Schlegel und Novalis sieht
er zugleich auch die Grenzen der ironischen Methode.

»Jetzt also«, fuhr ich fort, »versenke dich ganz in den Ge-
danken, daß ein Besonderes, welches nichts anderes als der
Ausdruck der Idee wäre, wir mögen dies nun nach Anselms
oder Bernhards früheren Erklärungen verstehn, ein undenk-
bares Unding sein würde; denn so müßte es aufhören das
Besondere oder Wirkliche zu sein. Geht also die Idee durch
den künstlerischen Verstand in die Besonderheit über, so
drückt sie sich nicht allein darin ab, erscheint auch nicht bloß
als zeitlich und vergänglich, sondern sie wird das gegen-
wärtige Wirkliche, und, da außer ihr nichts ist, die Nichtig-
keit und das Vergehen selbst, und unermeßliche Trauer muß
uns ergreifen, wenn wir das Herrlichste durch sein notwen-
diges irdisches Dasein in das Nichts zerstieben sehen. Und
doch können wir die Schuld davon auf nichts anderes wäl-
zen als auf das Vollkommene selbst in seiner Offenbarung
für das zeitliche Erkennen; denn das bloß Irdische, wenn
wir es allein wahrnehmen, hält sich zusammen durch Ein-
greifen ineinander und nie abreißendes Entstehen und Ver-
gehen. Dieser Augenblick des Überganges nun, in welchem
die Idee selbst notwendig zunichte wird, muß der wahre

Sitz der Kunst, und darin Witz und Betrachtung, wovon
jedes zugleich mit entgegengesetztem Bestreben schafft und
vernichtet, eins und dasselbe sein. Hier also muß der Geist
des Künstlers alle Richtungen in einen alles überschauenden
Blick zusammenfassen, und diesen über allem schwebenden,
alles vernichtenden Blick nennen wir die Ironie.«

»Ich erstaune«, sprach Anselm hier, »über deine Kühnheit,
das ganze Wesen der Kunst in die Ironie aufzulösen, wel-
ches viele für Ruchlosigkeit halten möchten.«

»Greif mich nur nicht mehr an«, versetzt' ich, »mit jener
matten und falschen Religiosität, welche die Dichter des Ta-
ges durch ihre selbstersonnenen Ideale unterstützen und wo-
mit sie rüstig helfen, die schon so verbreitete empfindelnde
und heuchelnde Selbsttäuschung über Religion, Vaterland,
Kunst bis zum leersten Unsinn zu bringen. Ich sage dir, wer
nicht den Mut hat, die Ideen selbst in ihrer ganzen Vergäng-
lichkeit und Nichtigkeit aufzufassen, der ist wenigstens für
die Kunst verloren. Aber es gibt freilich auch eine Schein-
ironie, wie Scheinwitz und Scheinbetrachtung, und daß man
mir nicht diese beilege, davor muß ich mich wohl verwahren.
Diese besteht aber darin, daß man dem Nichtigen ein schein-
bares Dasein leiht, um es desto leichter wieder zu vernich-
ten, entweder wissentlich, und dann ist es ein gewöhnlicher
Scherz, oder unbewußt, indem man das Wahre anzugreifen
glaubt, und dann kann sie allerdings zum Ruchlosen führen.
Dieses ist die sogenannte freundliche Lebensphilosophie, die
wir beim alten Lukian[1] und bei manchen seiner neueren
Nachahmer finden, bei denen ich sie nicht wünschte, der es
wohl gelingt, durch den gemeinen Lauf der Welt zu bewei-
sen, daß es keine Tugend, keine Wahrheit, nichts Edles und
Reines gebe, ja daß der Mensch, je hoffnungsvoller er nach
diesem Höheren strebt, nur desto tiefer in den Schmutz der
Sinnlichkeit und Gemeinheit hinabstürze. Wie aber könnte
sie das wohl so glücklich beweisen, wenn sie mit diesem Be-

1. *griech. Schriftsteller und Satiriker, um 120 bis 180 n. Chr.*

ginnen nicht auch die andere Krankheit, die wir längst an-
feinden, vereinigte, daß sie nämlich jene leeren Ideale den
wahren Ideen unterschiebt! Denn diese Scheinbilder einer
träumerischen Einbildungskraft lassen sich freilich gar leicht
als nichtig aufdecken. Und so ist diese Ironie zwiefältig in
sich selbst, ohne es zu wissen, indem sie nur vernichtet, was sie
selbst nur zum Schein belebte. Ferne sei aber diese von uns.
Denn wer jenen Mittelpunkt der unsrigen erfaßt hat, dem
wird darin das Wesen und die göttliche Idee auch auf Erden
zu eigen werden.«

»Ich glaube«, sprach Erwin, »dich zu verstehen, wenn es mir
auch vielleicht lange Übung kosten wird, dieses Verständnis
immer in mir lebendig zu erhalten. Eben durch jene Nichtig-
keit der Idee als irdischer Erscheinung, so dünkt mich, ge-
langen wir erst dazu, sie als wirklich, und alles, was uns
erscheint, selbst als das Dasein der Idee zu erkennen. Denn
in derselben ursprünglichen Einheit sind ja hier Wesen und
Zeitlichkeit miteinander durchdrungen, und es kann sich
nicht das eine durch die andere verlieren, ohne daß diese
wieder durch jenes gewonnen würde. Beides aber greift in-
einander durch die stets mit sich selbst einige, und doch
zwischen beiden hin- und herblitzende Wirksamkeit des
künstlerischen Verstandes.«

»Wahrlich«, rief ich aus, »mein Erwin, du übertriffst noch
bei weitem meine Hoffnung. Und nun erst bin ich ganz
überzeugt, daß es nicht die gemeine Sinnlichkeit war, die
dich anfangs begeisterte; und dein dringendes Bestreben, in
den wirklichen Dingen als solchen etwas Höheres zu erken-
nen, welche dir doch immer nur die zerfallende äußere Ge-
stalt zeigen wollte, war doch wohl ein Aufdämmern der
wahren Ironie. Jetzt scheinst du mir glücklich zu vermeiden,
wovor ich allein noch zu warnen für nötig hielt. Du meinst
nämlich doch nicht, daß seinerseits das Irdische durch diesen
Zauber der Kunst zu einer allgemeinen Vollendung und
zu einem unveränderlich feststehenden Wesen erhoben
werde?«

»Keinesweges«, versetzt’ er, »sonst würd’ es ja eine ununter-
scheidbare Anschauung. Vielmehr muß das Wesen hinrinnen
durch alles Sterbliche; denn eben dieses sein Dasein ist ja die
Kunst, und das vergehende und entstehende Irdische selbst
muß die lebendige und gegenwärtige Idee sein, welche ja
zugleich in ihm entsteht und vergeht. Durch ihr Vergehen
als Irdisches, welches überall in ihrem ganzen Dasein ein-
tritt, ist sie beschlossen und vollendet sich die Anschauung in
ihr, und durch sein immer wiederkehrendes Dasein ist das
Wirkliche die stets gegenwärtige Entwicklung jener wesent-
lichen Anschauung.«

»Die Kunst also, mein Erwin«, sagt’ ich freudig, »ist ganz
Dasein und Gegenwart und Wirklichkeit, das siehst du deut-
lich ein; aber sie ist das Dasein und die Gegenwart und die
Wirklichkeit des ewigen Wesens aller Dinge, und dieses ist
nur durch den einigen und doch hin und her wirkenden Ver-
stand. Wie es also möglich sei, daß das Wesen der Kunst,
ungeachtet der Unvollkommenheit ihres zeitlichen Daseins,
überall dasselbe bleibe, das brauchen wir nicht mehr ängstlich
zu suchen; denn nun wissen wir, daß es nur in dieser Unvoll-
kommenheit, ja vielmehr in der Nichtigkeit der Erscheinung
erst wirklich jenes Wesen ist. Darum, wenn wir alles bloß
von der Seite der Sterblichkeit ansehen, ergreift uns Wehmut,
und das Schöne zeigt sich uns nur als die Hülle eines geheim-
nisvollen höheren Urbildes und nicht bloß als das Vergäng-
lichste, sondern als das, was eben nur in reiner Vergänglich-
keit und Nichtigkeit besteht. Dringt aber unser Blick in das
Wesen ein, so wird uns ebendiese Zeitlichkeit ein wesentliches
Leben und eine fortgesetzte Offenbarung der lebendigen und
gegenwärtigen Gottheit. Siehst du nun auch, daß nach allem
diesen nur durch die Kunst Wahrheit und echter, ewiger
Inhalt in unser zeitlich erscheinendes Leben, insofern es als
solches für sich besteht, kommen mag?«

»Dieses«, sprach er, »ist nicht einmal eine Folgerung aus
dem, was wir über die Ironie ausgemacht, sondern nur ein
anderer Ausdruck dafür. Nur über eines, Adelbert, möcht’

ich dich noch fragen, was meine Freude noch nicht ganz ungetrübt hervorbrechen läßt.«

»Was ist es?«

»Daß mir immer noch die alte und neue Kunst auseinanderzugehen scheinen.«

»Was schadet dies, wenn in beiden die Ironie ist?«

»Sie ist doch in beiden auf verschiedene Art.«

»Ja, sie ist in der alten Kunst mehr unbewußt, und, wie der Witz, in den Dingen selbst; in der neuen dagegen hegt sie das Bewußtsein in sich, und eben daher kommt es vielleicht, daß sie in den Gegenständen, welche diese darstellt, leicht nicht so gegenwärtig und natürlich erscheint und nicht immer den falschen Idealen wehren kann. Aber in den zur Reife gediehenen Werken der alten Kunst geht sie auch in das Bewußtsein über, wie beim Sophokles im Ödipus in Kolonos, welcher ganz aus diesem Bewußtsein hervorgegangen ist; in der neueren dagegen verkörpert sie sich bei der höchsten Vollendung auch in die Gegenstände und den Weltlauf selbst; und das wird dir wohl am Shakespeare am deutlichsten werden. So gedieh es in den vollkommenen Werken jeder Art dahin, daß jener Mittelpunkt in seinem ganz eigentümlichen Wesen hervorleuchtet, wenngleich jede in ihrem Werden und Streben von einer anderen Seite dahin gelangen mußte. Denn in jenem Werke des Sophokles erscheint der natürliche Stoff der Überlieferung, bloß als solcher aus wahrhaft tiefer Betrachtung dargestellt, ganz als ob die Verflechtung und letzte Wirkung desselben durch eine frei überdachte Verwandlung in die Idee bewirkt wäre. Die Unschuld des Ödipus gilt für nichts vor den Naturgesetzen, die ihn vernichten, und wiederum führt ihn die Übertretung dieser Gesetze zur wunderbaren Verklärung. Ebenso leitet die tiefste Anlage verwickelter Verhältnisse, die ganz aus Shakespeares innerstem Gemüt und eigentümlicher Weltansicht hervorgeht, auf nichts, als was an und für sich der Lauf der Welt ist, und dieses Zusammentreffen in einer unbekannten Vorausbestimmung des Bewußtseins für das Be-

wußtlose tut eben bei ihm die so gewaltig erschütternde Wirkung. Ihre größte Kraft zeigt sie daher auch in den historischen Stoffen, wenn er diese ganz als Gegebenes auffaßt. Auf dem Gipfel der Kunst muß sich also das Entgegengesetzte so miteinander versöhnen, daß uns nicht mehr der Gedanke der Einseitigkeit beikommen wird.«

»Eins von beiden«, sprach Erwin, »muß aber doch immer überwiegen, und dann scheint es mir, sei das Bewußte besser als das Unbewußte.«

»Aber kann denn«, fragt' ich, »eines ohne das andere sein? Wäre es denn nicht eine willkürliche Scheinironie, wenn sie nicht in dem Dasein der Dinge selbst läge und nicht die bloße Betrachtung desselben sie schon enthielte? Und wiederum wäre sie in dieser Wirklichkeit wohl zu erkennen, wenn der Verstand dieselbe nicht vernichtete und auf die Idee bezöge?«

»Es müßten also eigentlich«, versetzt' er, »immer beide Richtungen zugleich sein oder wenigstens die eine sich immer in die andere verlieren.«

»In der Tat«, sagt' ich, »sind auch beide immer zugleich, wo die wahre Kunst gegenwärtig ist, und indem der Verstand die eine vollendet, umfaßt er allezeit auch die andere. Denn ohne das könnt' er, wie du nun leicht begreifen wirst, niemals zur Ironie und so auch nicht in den wesentlichen Mittelpunkt der Kunst gelangen. Dieser ist allerdings nur da, wo beide Richtungen sich gegenseitig durchdringen, und schwebt in beider Mitte. Ob nun der Verstand nicht von dieser Mitte aus nach beiden Richtungen gleichmäßig schwingen und so eine bisher unerhörte Kunst hervorbringen könnte, welche mit Bewußtsein das Unbewußte und zugleich aus diesem jenes schüfe, das läßt sich fragen. Und an der Möglichkeit der Sache selbst dürfen wir nun wohl nicht mehr zweifeln, nachdem wir uns überzeugt haben, daß jenes unveränderliche Wesen der Kunst eben nur da sei, wo zugleich die Nichtigkeit des wirklichen Daseins ist. Denn nun kann die Kunst, schon indem sie das Dasein bildet, es mit begleitender

Ironie beständig auflösen und zugleich in das Wesen der Idee zurückführen. Wenn sie also gewöhnlich das gegenwärtige Einzelne als Stoff behandelt, so müßte sie nun den Standpunkt der Ironie selbst als das unmittelbare Dasein ausbilden, welches, weil sich dieser zu beiden Richtungen ganz gleich verhält und zugleich überall gegenwärtig und wirklich ist, nach beiden Seiten mit gleicher Wahrheit geschehen könnte. Diese Kunst würde dann erst auf das vollkommenste die Freiheit mit der Notwendigkeit, und mit dem Witze die Betrachtung vereinen und so ihr ganzes Gebiet von seinem reinsten Begriff aus vollenden. Aber vielleicht ist das im wirklichen Leben, unserer zeitlichen Schwäche wegen, nicht zu erreichen und nur der Gottheit selbst vorbehalten, vielleicht auch einer Nachahmung ihres Tuns, die uns erst in einer höheren Welt gewährt werden mag. Denn indem ich hinblicke auf diesen Mittelsitz des sich selbst vollendenden Verstandes, eröffnet sich mir schon von da aus der leuchtende Umkreis des ewigen und wahren Weltalls. Berührt hab ich ja wieder die innerste Wurzel der Seele, den Talisman, der ihr ewiges Wesen aufschließt, in welchem sich ihr ganzes Dasein zu einem einigen und vollständigen Leben verklärt. Abermals erblick ich sie, die wesentlichen und gotterfüllten Gestalten, und noch viel anders geschieht mir als damals, da ich zum erstenmal in dieses Reich schaute, so daß mich eine freudige Hoffnung durchdringt, um wirklich im Hervorsteigen aus jenem Traume zum wahren Wachen begriffen zu sein. Denn alles, was ich nun schaue, ist nichts anderes als die mich umgebende Welt selbst, und alle Zweifel und Widersprüche, worein uns diese noch neulich verwickelte, sind mir nun durch das Bewußtsein der Kunst völlig verschwunden. Durch eine ewige und vollkommene Bildnerkunst seh ich jedem Leibe seine ganze Seele eingepflanzt, und will sein Dasein in seinem Begriff erstarren, so dringt die innere Lebenswärme zugleich in unzähligen lebendigen Äußerungen bis zu seiner äußersten Gestalt. Dann verliert wieder ein jedes Ding sein eigentümliches Sein in der

unendlichen Verkettung und gegenseitigen Einwirkung der Dinge ineinander, welche zugleich nichts anderes ist als eine leibhaftige Malerei, die durch alle den inneren Brennpunkt desselben Lichtes vollständig hindurchstrahlen läßt und sie in seinen gemeinsamen Schein verflicht. Die äußeren Verhältnisse der Dinge, nach Zahl und Maß, Zeit und Raum, lösen sich zuletzt sämtlich auf in die Harmonie der Weltbewegung, die in rascher Umwälzung ein ewig festes und geordnetes Gebäude und in leiser, dem höchsten Verstande vernehmlicher Harmonie eine lebendige Musik vollendet. Indem ich mich aber so in das Ganze verliere, trifft mir von allen Richtungen her das gegenwärtige, lebenskräftige Wirken desselben in meiner ganzen menschlichen Eigentümlichkeit zusammen. Nach dem Wesen alles Menschlichen und Persönlichen hinschauend, das sich mit seiner ganzen Kraft in unser Dasein ergießt, erblicke ich die Verklärung dieses Daseins im Glanze der epischen Poesie. Zerreißen mir aber die Widersprüche meines gegenwärtigen Lebens die Einstimmigkeit des Wesentlichen und des Besonderen, so strebt beides mit dem Schwunge der lyrischen Kunst, sich aufschwingend und herabsenkend zum reinsten Zusammenklange ineinander. Endlich vollkommen geschlossen und zu seliger Vollendung abgerundet wird mir das Leben und jeder Augenblick desselben, indem ich es in seiner unmittelbaren Gegenwart durch die dramatische Kunst ergreife, wie in seinem Nichts das Wesen der Gottheit sich ununterbrochen als mein eigenstes Dasein offenbart. Sollte dieses, meine Freunde, nicht die wahrhafte und vollkommene Kunst sein, welche der Verstand Gottes als ein wirklicher und lebendiger ausübt und deren Werke wir mit dem gemeinen Verstande nur als die zerstreuten Glieder des Künstlers zusammenlesen? Und dieser göttliche Verstand ist es, der in uns das Gleichartige wirkt und uns lehrt, in dem Handeln unserer zeitlichen Künstler unser wahrhaftes Dasein, wie es in der Tat und an sich ist, vollständig begreifen. So könnten wir wohl kurz sagen, unser gegenwärtiges, wirkliches Dasein, in seiner

Wesentlichkeit erkannt und durchlebt, sei die Kunst; und ebendarin lebe auch überall jener Mittelpunkt, worin sich Wesen und Wirklichkeit beide als Gegenwart durchdringen, die Ironie, die vollkommenste Frucht des künstlerischen Verstandes. In dieser nun ist der Verstand und die zwiefache, sich selbst schaffende und begrenzende Anschauung eins und dasselbe, weshalb auch hier das göttliche Weltall, dessen Anblick mir eben wieder gewährt wird, sich in seiner ganzen Klarheit eröffnet. Und in dieser hellen Pforte zum vollkommenen Erkennen sehe ich abermals die heilige Gestalt der Weisheit stehen; denn keine andere war es, die mir auch das erste Mal erschien. Von hier aus, deutet sie mir an, sei nach allen Richtungen Wahrheit und Güte und Seligkeit zu finden, und sie fordert für ihre Offenbarungen mit dem Wink der leuchtenden Hand das Gelübde, nicht hier zu ruhen, da uns sonst alles, was sie uns gezeigt, wieder verschwinden möchte, vielmehr ferner mit ihr auf allen übrigen Wegen fortzustreben nach dem Ziele, welches sich erst offenbart, wo sich alle wieder in der Mitte des göttlichen Weltalls verbinden. Wollen wir es nicht alle ablegen?«

Wie Erwin es mit feierlicher Rührung leistete und die beiden anderen nach Bezeugung ihres ernstlichen Strebens einstimmten, davon will ich schweigen; denn was ich mir zu erzählen vorgesetzt hatte, ist für diesmal nach dem Maße meiner Kräfte vollendet.

IV. Nationaler Volksgeist

*Jakob Grimms Satz aus der Vorrede zum »Deutschen Wör-
terbuch« von 1854 »was haben wir denn Gemeinsames als
unsere Sprache und Literatur« charakterisiert noch einmal
die Epoche romantischer Schatzgräberei, die Suche und Wie-
derentdeckung dessen, was das wahre Wesen des Volkes ist,
angesichts der napoleonischen Herrschaft und einer unsiche-
ren Gegenwart. Die mögliche Regeneration des Volkes durch
Volkslied, Märchen, Sage, die Wiederentdeckung mittelalter-
licher Literaturdenkmäler gehen auf diese Bestrebungen zu-
rück. Sammlungen wie Arnims und Brentanos berühmte
Volkslied-Anthologie »Des Knaben Wunderhorn«, Görres'
»Die teutschen Volksbücher« und Jakob und Wilhelm
Grimms »Kinder- und Hausmärchen« sollten das Unver-
brauchte, Echte der Gegenwart vorhalten, um ihr zugleich
neue sittliche Kräfte und das Bewußtsein von einer kulturel-
len Nation zu vermitteln. Jakob und Wilhelm Grimm bau-
ten ihre Sprachwissenschaft auf den Quellen und Denk-
mälern der Vorzeit auf, und Jakob Grimm hob hervor, das
»Deutsche Wörterbuch« sei »durch warme Teilnahme des
Volks allein« möglich geworden.*

JOSEPH GÖRRES

Geb. 25. Januar 1776 in Koblenz, gest. 29. Januar 1848 in München.
Zunächst Gymnasiallehrer in Koblenz; Privatgelehrter in Heidelberg.
Mitarbeit an Arnims und Brentanos *Zeitung für Einsiedler*. Gab ab 1814
den *Rheinischen Merkur* heraus, der jedoch wegen Görres' liberaler
Haltung 1816 verboten wurde. 1819 mußte er nach der Veröffentlichung
von *Teutschland und die Revolution* nach Straßburg fliehen, weil ein
Haftbefehl gegen ihn vorlag. 1826 Professor für Geschichte in München.

Werke: *Die teutschen Volksbücher* (Hrsg., 1807); *Mythengeschichte der
asiatischen Welt* (1810); *Europa und die Revolution* (1821).

Die teutschen Volksbücher. Einleitung

*Görres' Einleitung zu seiner Sammlung, die 1807 erschien
(und in der 42 Volksbücher nacherzählt und ihre Mythen
und Motive untersucht werden), beschäftigt sich mit den
Begriffen Volk und Volksdichtung. Von der Forschung zum
Teil zwar inzwischen widerlegt, gibt Görres' Einleitung doch
eine wichtige Auffassung der späteren Romantik wieder.
Görres registriert den Zerfall des Volkes in Klassen, die
nicht naturgegeben sind, und versucht dieses Klassenbewußt-
sein zu eliminieren zum einen durch die Vorstellung, daß
jeder Stand einen Idealcharakter habe, und zum anderen,
daß wiederum in jedem Menschen alle Stände vorhanden
seien. Im Gegensatz zum Augenblickscharakter der Gegen-
wartsliteratur bildet sich die Literatur des Volkes durch alle
Klassen hindurch ewig weiter. Der Rang der Volksliteratur
wird an seiner inneren Bedeutung gemessen (nicht an deren
Verbreitung), wobei »inwendiger Geist« in allen Ständen
vorausgesetzt wird. »Der große Literaturstaat [hat] sein
Haus der Gemeinen [. . .], in dem die Nation sich selbst un-
mittelbar repräsentiert.« Görres vertritt die Vorstellung,
daß sich Volkslied und Volkssage von Geschlecht zu Ge-
schlecht im Volksgemüt weitervererbt hätten, ferner die
Vorstellung von der Metamorphose der Poesie in die natur-
gegebenen Formen der Volkspoesie, und von der Volks-
poesie wiederum als Grund und Ausgangspunkt aller »fei-
neren« Poesie. Das Gerüst der höheren Stände gründet dar-
auf.*

Die Schriften, von welchen hier die Rede ist, begreifen we-
niger nicht als die ganze eigentliche Masse des Volkes in
ihrem Wirkungskreis. Nach keiner Seite hin hat die Litera-
tur einen größeren Umfang und eine allgemeinere Verbrei-
tung gewonnen, als indem sie, übertretend aus dem geschlos-
senen Kreise der höheren Stände, durchbrach zu den untern
Klassen, unter ihnen wohnte, mit dem Volke selbst zum

Volke, Fleisch von seinem Fleisch und Leben von seinem
Leben wurde. Wie Halm an Halm auf dem Felde in die
Höhe steigt, wie Gräser sich an Gräser drängen, wie unter
der Erde Wurzel mit Wurzel sich verflicht und die Natur
einsilbig, aber unermüdet immer dasselbe dort, aber immer
ein anderes sagt, so tut auch der Geist in diesen Werken.
Wie sehen wir nicht jedes Jahr in der höheren Literatur die
Geburten des Augenblicks wie Saturn seine Kinder verschlin-
gen, aber *diese* Bücher leben ein unsterblich unverwüstlich
Leben; viele Jahrhunderte hindurch haben sie Hunderttau-
sende, ein ungemessenes Publikum, beschäftigt; nie veraltend
sind sie, tausend- und tausendmal wiederkehrend, stets will-
kommen; unermüdlich durch alle Stände durchpulsierend
und von unzählbaren Geistern aufgenommen und angeeig-
net, sind sie immer gleich belustigend, gleich erquicklich,
gleich belehrend geblieben, für so viele, viele Sinne, die un-
befangen ihrem inwohnenden Geiste sich geöffnet. So bilden
sie gewissermaßen den stammhaftesten Teil der ganzen Lite-
ratur, den Kern ihres eigentümlichen Lebens, das innerste
Fundament ihres ganzen körperlichen Bestandes, während
ihr höheres Leben bei den höheren Ständen wohnt. Ob man
wohlgetan, diesen Körper des Volksgeistes als das Werkzeug
der Sünde so geradehin herabzuwürdigen; ob man wohlge-
tan, jene Schriften als des Pöbelwitzes dumpfe Ausgeburten
zu verschmähen und darum das Volk mit willkürlichen Be-
schränkungen und Gewalttätigkeiten zu irren, das ist wohl
die Frage nicht! Denn wir tadeln ja auch die Biene nicht, daß
sie im Sechseck baue, und die Seidenraupe nicht, daß sie nur
Seide und nicht Tressen und Purpurkleider webe, und be-
ginnen allmählich jetzt die Welt zu achten, wie ohne Men-
schenweisheit sie die Natur zu ihrem Bestand geordnet, und
zur schönen humanen Duldung wohl gelangt, lassen wir
leben, was atmen mag, weil es sich nicht geziemt, des Herren
Werke zu vernichten.
Von dieser toleranten Gesinnung der Gebildeten gegen die
Ungebildeten wäre es, dünkt uns, gut und gelegen in der

Untersuchung auszugehen; jene aber, die das Postulat nicht zuzugeben gesonnen sind, werden es zugleich mit begründet finden, wenn bewiesen worden, was bewiesen werden sollte. Das nämlich ist die Frage, ob diese Schriften bei ihrer äußeren Verbreitung wohl auch eine gewisse angemessene innere Bedeutsamkeit besitzen; ob nicht zu spärlich für den höhern Sinn der Funken der bildenden Kraft in ihnen glimme; ob nicht, das alles zugegeben, das Höhere, sobald es aus der Oberwelt in die pflanzenhafte, gefesselte Natur des Volks herabgestiegen, dort seine ganze innere Lebendigkeit verliere und, in ein unnützes Geranke verwildert, nur noch als schädlich Unkraut üppig wuchre? Wahr ist's, schmackloses Wasser führen die Ströme und die Brunnen nur, die aus schlechter Erde quellen, während der Feuerwein nur auf wenigen sonnigten, hochaufstrebenden Gebürgen reift; man hat recht gut und recht scharfsinnig bemerkt, daß die Feldblumen wenig Reize für den gebildeten Dilettanten besitzen, und es ist ein kläglich Ding um alles, was die Natur weggeworfen, es ist kaum des Aufhebens für den bemittelten Menschen wert, was aber wirklich kostbar ist, das versteckt sie recht tief und geizig in die vielen Falten ihres weiten Mantels, und nur wer die Wünschelrute hat, der mag zu dem Verborgenen gelangen. Wahr scheint's ferner auch, das Volk lebt ein sprossend, träumend, schläfrig Pflanzenleben; sein Geist bildet selten nur und wenig und kann nur in dem Strahlenkreise der höheren Weltkräfte sich sonnen, seine Blüte aber blüht alles unter die Erde in die Wurzel hinab, um dort wie die Kartoffel eßbare Knollen anzusetzen, die die Sonne nimmer sehen. Nicht ganz so ungegründet zeigt sich daher wohl die Besorgnis, es sei da unten nichts zu suchen als wertloses Gerölle, Kieselsteine, die die Ströme in den langen Zeitläuften rund und glatt gewälzt, schmutzige Scheidemünzen, die vielfältiges Betasten abgegriffen. Aber manches möchte doch dieser Ansicht wieder entgegenreden. Fürs erste könnte es scheinen, als ob die künstliche Differenz der Stände, weil keineswegs die Natur unmittelbar sie ge-

gründet und in scharfen Umrissen abgegrenzt, auch auf keine Weise von so gar mächtigem Einfluß wäre. In jedem Menschen sind, dünkt uns, eigentlich alle Stände; diese Zeit hat uns gelehrt, wie sie in einzelnen Individuen alle der Reihe nach erwachten, bis endlich oben gar Kronen aus dem Unscheinbaren erblühten. In den obern Ständen sehen wir daher den Bauer und den Bürger hinter der äußeren Eleganz versteckt, im Bauer aber in der Regel den guten Ton sozusagen ins Fleisch geschlagen und dort zum Tonus[1] des Muskels werden. Man sollte denken, daß der eingesperrte Bauer dort wohl auch einmal, wenn er sich durchgeschlagen, auf bäuerisch sich erquicken möchte, und wieder daß wohl auch in den unteren Ständen, besonders an Sonn- und Festtagen, wenn der Wochenschmutz abgerieben und der Körper im Staate auch zu Staatsaktionen aufgelegt sich fühlt, der kniende Herr im Menschen sich aufrichten und um sich blikken und auch nach den goldenen Äpfeln lüstern möchte, die oben in dem dunkeln Laube hängen. Wir wollen indessen keineswegs auf diesem fußen: jene würden schamhaft darum sich verbergen, daß sie in einem schwachen Momente sich überrascht; diese würde man als eitle Parvenus verlachen und in Spott entlassen. Aber eines wollen wir vorzüglich ins Auge nehmen, daß wir die Pöbelhaftigkeit, als solche rein schlecht und verwerflich, unterscheiden von Volksgeist und Volkessinn, die in ihrer Ausartung und Verderbnis nur in jenen übergehen. Wir werden dann der alten Bemerkung uns erinnern, wie diese Pöbelhaftigkeit durch alle Stände greifend keineswegs allein auf die unteren sich beschränkt. Wenn wir das lärmende Marktvolk in unserer feinen Literatur die Kunstwerke umsummen und stier und dumm begaffen sehen und dann in dem bösen Pfuhle, der sich um die hohen Bilder sammelt, die schönen Formen in mißfälligen Verzerrungen widerscheinen, dann wittern wir Pöbelluft; die Schlechtigkeit im Volke hat ihre Repräsentanten zum

1. *in der Medizin Spannungszustand der Muskeln.*

großen Konvente abgesendet, und die sitzen nun im Rate zu
Gericht über Leben, Kunst und Wissenschaft und legen ihren
Kommittenten periodisch Rechenschaft von ihrem Tun und
Lassen ab, und es ist *ein* Geist und *ein* Willen und *eine* Ge-
sinnung, die unter den verbundenen Brüdern und Freunden
herrschen. So hat das Böse, das Schlechte, das Gemeine seine
Kirche, seinen sichtbaren Statthalter auf Erden, betraute
Räte, Priester, Ritter, Laien, alles Janhagel², feiner, gröber,
bestialisch, geschliffen, pfiffig, dumm, alles Janhagel. Von
dieses Volkes Büchern reden wir nicht, es würde zu weit-
läufig sein, und wir würden uns zu hoch versteigen müssen.
Aber es gibt ein anderes Volk in diesem Volke, alle Genien
in Tugend, Kunst und Wissenschaft und in jedem Tun sind
dieses Volkes Blüte; jeder, der reinen Herzens und lauterer
Gesinnung ist, gehört zu ihm; durch alle Stände zieht es,
alles Niedere adelnd, sich hindurch, und jeglichen Standes
innerster Kern und eigenster Charakter ist in ihm gegeben.
Jedem Stande kann nämlich ein Idealcharakter inwohnend
gedacht werden, höher hinaufgestimmt in den höheren Stän-
den; tiefer verleiblicht, aber immer noch vollkommen im
Volke. Körperliche Gesundheit ist so vollendet in sich und
achtbar wie innere Geistesharmonie und eines jedesmal durch
das andere bedingt. Von diesem heiligen Geiste, der im
Volke wohnt und nichts zu schaffen hat mit unheil'gem
Pöbel, reden wir jetzt, ob er darum, weil er derber, sinn-
licher im Niedersteigen geworden ist, verwerflich sei. So ist
der Geist, der z. B. am französischen Volke übrigbleibt,
nachdem man alles, was die Verruchtheit von Jahrhunderten
ihm eingebrannt, mit jenem Pöbel von ihm abgeschieden, ein
harmloser, gutmütiger, leichter, heiterer Lebensgeist; ge-
wandt und rasch in allen Äußerungen, für das Gute leicht
empfänglich und berührsam. Das ist der herrliche Geist, der
in den englischen Matrosen wohnt, nachdem man alle Bestia-
lität in die Schlacken hineingetrieben, diese kräftige, ener-

2. *von niederl.* ›Hagel‹, *Fluchwort: Pöbel, Gesindel.*

gische, unermüdliche, brave Natur, die wie Damaszenerstahl im Sturmesbraus gehärtet gegen den Ankampf aller Elemente federt und stolz und wild und siegreich mit dem Meere ringt. Das der Spanier stolzer, hoher Barbareskensinn[3], der tönendes Erz im Busen trägt und, weil er Würdiges nicht vollbringen kann, lieber auf seinem innern Reichtum ruht und jede ungeziemende Tätigkeit verschmäht. So erkennen wir endlich auch den echten innern Geist des teutschen Volkes, wie die älteren Maler seiner besseren Zeit ihn uns gebildet, einfach, ruhig, still, in sich geschlossen, ehrbar, von sinnlicher Tiefe weniger in sich tragend, aber dafür um so mehr für die höhern Motive aufgeschlossen. Gerade die Demütigung, die diesem Charakter durch das Ungeschick der Führer bereitet worden ist, muß die innere Scheidung in dem Wesen der Nation vollenden; sich lossagend von dem, was die Verworrenheit der nächstvergangenen Zeit ihr aufgedrungen, muß sie zurückkehren in sich selbst, zu dem, was ihr Eigenstes und Würdigstes ist, wegstoßend und preisgebend das Verkehrte; damit sie nicht gänzlich zerbreche in dem feindseligen Andrang der Zeit.

Nachdem wir das alles auf diese Weise erwogen, wird der Gedanken einer Volksliteratur uns keineswegs mehr so nichtig und in sich selbst verwerflich scheinen, als es so geradehin auf den ersten Blick den Anschein gewann. Nachdem wir einen inwendigen Geist in allen Ständen wohnend und gleich einem schlackenlosen Metallkönig durch alle Verunreinigung von Zeit und Gelegenheit durchblickend anerkannt, wird auch die Idee näher uns befreundet, daß im allgemeinen Gedankenkreise die untersten Regionen auch etwas gelten und bedeuten möchten und daß der große Literaturstaat sein Haus der Gemeinen habe, in dem die Nation sich selbst unmittelbar repräsentiere. Gibt es aber nun wirklich einen Kreis von Schriften, die der Genius jener Völker, die wir aufgezählt, gleichmäßig anerkennt, die viele einander fol-

3. *Barbaresken: alter Name für die Staaten der Berberei und des Maghreb.*

genden Generationen immer wieder von neuem sanktioniert, die den Besten immer wohlgefallen, die die Menge niemal sinken lassen und nach denen alle nimmer zu verlangen aufgehört, dann tun wir klug, nicht mehr so ganz wegwerfend abzuurteilen; die Verachteten möchten uns unter die Augen treten und uns entgegenfragen, was wir denn selber bedeuteten und worauf unser Dünkel denn wohl sich gründen möchte. So aber ist's wirklich mit den Büchern, die wir im Auge haben, beschaffen: so weit teutsche Zungen reden, sind sie überall vom Volke geehret und geliebt; von der Jugend werden sie verschlungen, vom Alter noch mit Freude der Rückerinnerung belächelt, kein Stand ist von ihrer Einwirkung ausgeschlossen, während sie bei den untern die einzige Geistesnahrung auf Lebenszeit ausmachen, greifen sie in die höheren wenigstens durch die Jugend ein, in der überhaupt aller Standesunterschied sich mehr ausgleicht und die in ihnen oft für ihre ganze künftige Existenz den äußeren Anstoß findet und den Enthusiasmus ihres Lebens saugt. Aber keineswegs auf diesen großen nationellen Kreis haben sie ihre Wirksamkeit beschränkt; wie bei den Teutschen, so finden wir sie auf gleiche Weise bei den Franzosen in allgemeinem Umlauf; wie dort *Köln* und vorzüglich *Nürnberg* sie zu Tausenden nach allen Richtungen hin vertreiben, so ist hier *Troyes* der allgemeine Stapelplatz, von wo aus sie, in gleicher Menge, nur in der Form häufig sorgfältiger und korrekter wie bei den Teutschen, sich über die Nation verbreiten und einen unzuberechnenden Einfluß auf ihren Geist und Charakter üben. Und auch damit noch ist der Wirkungskreis dieser Bücher nicht begrenzt; während die Holländer und die Engelländer die meisten in ihrer Sprache besitzen, haben nicht minder die Spanier und die Italiener sie teils in die ihrige übersetzt, teils manche selbst für sich produziert, so daß vielleicht sechszig und mehr Millionen Menschen um ihre Existenz wissen und mehr oder weniger an ihnen sich erfreuen. Nimmt man nun noch hinzu, daß, während im Jahrhunderte dreimal die Generationen wech-

seln, diese Bücher drei, vier und mehrere Jahrhunderte über-
lebten, manche, wie wir sehen werden, bis in die grauesten
Zeiten des Altertums hinaufreichen, dann gewinnen sie ein
wahrhaft ungemessenes Publikum, und sie stehen keines-
wegs mehr als Gegenstände unserer Toleranz uns gegenüber,
sondern vielmehr als Objekte unserer höchsten Verehrung
und unserer wahrhaftigen Hochachtung, als ehrwürdige
Altertümer, die durch das läuternde Feuer so vieler Zeiten
und Geister unversehrt durchgegangen sind.

Man glaube nur nicht, daß ein Schlechtes für sich diese Prü-
fung der Menge und der Zeit bestehen könne: es kann mit
unterlaufen, von dem Guten durchgeschleppt, aber nimmer
sich für sich selbst allein behaupten. Die Nation ist nicht
einem toten Felsen ähnlich, dem der Meißel willkürlich jedes
Bild eingraben kann, es muß etwas ihm Zusagendes in dem
sein, was man von ihr aufgenommen wissen will; ein dunk-
ler Instinkt für das Gute ist keiner Kreatur versagt, und
damit fühlt sich leicht, was gut und gedeihlich, was schädlich
und giftig ist, heraus, und kräftig, und ohne sich zu besin-
nen, stößt die Menge alles ab, vor dem dieser dunkle Trieb
sie warnt. Und wenn auch einzelne Irrungen unterlaufen,
wenn das Schlechte, das Kraftlose augenblicklichen Eingang
findet, bald erwacht der innere Ekel und Überdruß, und die
Zeit spült in ihrem Strome alles wieder weg und gleicht alle
Fehler wieder aus. Was aber diese Probe besteht, was allen
zusagt, Individuen und Geschlechtern, was allen eine wider-
haltende, kräftige Nahrung gibt wie Brot, das muß notwen-
dig Broteskraft in sich besitzen und lebensstärkend sein.
Wenn daher auch der Zufall bei der Wahl dieser Schriften
gewaltet zu haben scheint, indem man dem Volke sie ge-
boten, bei der Aufnahme hat er keineswegs vorgeherrscht;
ein großes fortdauerndes Bedürfnis muß im Volk bestehen,
dem jede einzelne für sich zusagt und das daher fortdauernd
sie erhält: nur gerade das Schlechte mag durch den Zufall
oben schwimmend eine Weile erhalten werden, muß aber
notwendig auch über lang oder kurz von ihm zerrieben wer-

den. Und dies Bedürfnis ist gerade das unvertilgbar der menschlichen Natur eingepflanzte Streben, zu sättigen den Geist mit Gedanken und mit Empfindungen das Gemüt; ein Streben, das gerade am überraschendsten auf dieser Stufe siegreich sich offenbart, wo es scheinen sollte, als ob der dunkle sinnliche Trieb und die Lust, die mit seiner glücklichen Befriedigung verbunden ist, alle die Kräfte fesseln müßte, deren Spielraum in Regionen fällt, wo das körperliche Bedürfnis nichts zu suchen hat. Aber durchbrechend durch die feste Korallenrinde, in der das Leben gegen die unfreundliche Natur sich wahren muß, drängt der innere verschlossene Geist die Fühlhörner hinaus in die weite freie Umgebung, und es ist rührend zu sehen, wie er, um sich tastend und alles umher begreifend und nach allen Richtungen sich windend, nach Weltanschauung ringt und auch sich ergötzen möchte in dem freundlichen Strahl, der die Seele aller Kreaturen ist. Es ist daher ein anderer Hunger und ein anderer Durst als jener bloß sinnliche, der hier sich im Volke regt; nicht nach körperlicher Speise sehnt er sich, damit er in Leibliches sie wandle, sondern nach dem höheren Geiste lüstert ihn, den der Genius ausgegossen aus seiner Schale in die rohe Materie und der als ihre Seele sie sich nun zugestaltet hat. In die Tiefe zieht das Tier im Menschen die Leibesnahrung zu sich nieder, und wiederkäuend und assimilierend die Lebenslymphe erstarkt es und gewinnt Breite und Raum auf Erden; aber der Gott im Menschen mag nur den feinsten Wohlgeruch der Dinge, den zarten Duft, der aus ihnen unbegreiflich und unsichtbar atmet, er nährt sich nur mit den Lebensgeistern, die im Innersten der Wesen verborgen wohnen, die er dann einsaugt mit allen Nerven und sich aneignet als eines höheren Himmels Speise und in der Aneignung selbst verklärt. Dieser Geist muß sich vom Tiere losgerungen haben, zum Kentauren muß das rein Tierische sich hinaufgesteigert haben, in dem das Menschliche siegreich das Animalische überragt und bändigt, wenn irgend der Drang nach jener feinern Nahrung in ihm lebendig werden

soll. Daß aber im Volke jener Drang und die Mittel zu sei-
ner Befriedigung sich finden, beweist eben, daß in ihm längst
schon jene Umwandlung vorgegangen ist; daß es längst
schon die Region der dumpfen Stupidität verlassen hat, in
die seine Verhältnisse es unlösbar gefesselt zu haben schei-
nen; daß nun in den untersten Klassen der Gesellschaft das
Bessere siegreich sich offenbart und daß oben auf dem durch
und durch sinnlichen Körper ein menschlich Antlitz ent-
sprossen ist, das über die waagrechte Tierlinie sich erhebend
hinaufstrebt zum Himmel und anderes denn das Irdische
schon sucht und kennt.

Auf zwiefach verschiedene Weise aber hat jene innere im
Volke wach gewordene Poesie sich im Volke selbst geäußert.
Einmal im *Volkslied*, in dem die jugendliche Menschenstim-
me zuerst tierischem Gebelle entblüht, wie der Schmetterling
der Chrysalide[4], in ungekünstelten Intonationen die Tonlei-
ter auf- und niedersteigend freudig sich versuchte, und in
dem die ersten Naturakzente klangen, in die das verlan-
gende, freudige, sehnende, in innerem Lebensmut begeisterte
Gemüt sich ergossen. Eintretend in die Welt, wie der Mensch
selbst in sie tritt, ohne Vorsatz, ohne Überlegung und will-
kürliche Wahl, das Dasein ein Geschenk höherer Mächte,
sind sie keineswegs Kunstwerke, sondern Naturwerke wie
die Pflanzen; oft aus dem Volke hinaus-, oft auch in das-
selbe hineingesungen, bekunden sie in jedem Falle eine ihm
einwohnende Genialität, dort produktiv sich äußernd und
durch die Naivität, die sie in der Regel charakterisiert, die
Unschuld und die durchgängige Verschlungenheit aller
Kräfte in der Masse, aus der sie aufgeblüht, verkündigend;
hier aber durch ihre innere Trefflichkeit den feinen Takt
und den geraden Sinn bewährend, der schon so tief unten
wohnt und nur von dem Besseren gerührt nur allein das
Bessere sich aneignet und bewahrt.

Wie aber in diesen Liedern der im Volke verborgene lyrische

4. *Schmetterlingspuppe.*

Geist in fröhlichen Lauten zuerst erwacht und in wenig
kunstlosen Formen die innere Begeisterung sich offenbart
und, bald gegen das Überirdische hin gerichtet, vom Heili-
gen spricht und singt, so gut die schwere, wenig gelenke
Zunge dem innern Enthusiasm Worte geben kann; dann
aber wieder der Umgebung zugewendet, von dem Leben
und seinen mannigfaltigen Beziehungen dichtet, jubelt oder
klagt und scherzt: so muß auf gleiche Weise auch der epische
Naturgeist sich bald ebenfalls dichtend und bildend zu er-
kennen geben und auch mit seinen Gestaltungen den ihm in
dieser Region gezogenen Kreis anfüllen. Jenen religiösen
und profanen Gesängen, in denen des Volkes Gemüt sein
Inneres ausspricht, werden daher auch bald andere Gedichte
im Charakter jenes ruhigen Naturgeistes sich gegenüberstel-
len, in denen das Gemüt was es durch seine Anschauung in
der Welt gesehen, malt und verkündigt und gleichfalls, bald
als heilige Geschichte das Überirdische bedeutsam bezeich-
net, bald als romantische dem unmittelbar Menschlichen
nähergerückt, durch Schönheit, Lebendigkeit, Größe, Kraft,
Zauber oder treffenden Witz ergötzt. Diese Dichtungen sind
die *Volkssagen*, die die Tradition von Geschlecht zu Ge-
schlechte fortgepflanzt, indem sie zugleich mit jenen Liedern,
durch die Gesangweise, die sich dem Organe eingeprägt, ein-
mal gebildet, vor dem Untergange sich bewahrten. In den
frühesten Zeiten entstanden die meisten dieser Sagen, da wo
die Nationen, klare frische Brunnen, der quellenreichen, jun-
gen Erde eben erst entsprudelt waren; da wo der Mensch
gleich jugendlich wie die Natur mit Enthusiasmus und lie-
bender Begeisterung sie anschaute und von ihr wieder die
gleiche Liebe und die gleiche Begeisterung erfuhr; wo beide
noch nicht alltäglich sich geworden, Großes übten und Gro-
ßes anerkannten: in dieser Periode, wo der Geist noch keine
Ansprüche auf die Umgebung machte, sondern allein die
Empfindung; wo es daher nur eine Naturpoesie und keine
Naturgeschichte gab, mußten notwendig in diesem lebendi-
gen Naturgefühle die vielfältig verschiedenen Traditionen

der mancherlei Nationen hervorgehen, die kein Lebloses anerkannten und überall ein Heldenleben, große gigantische Kraft in allen Wesen sahen, überall nur großes, heroisches Tun in allen Erscheinungen erblickten und die ganze Geschichte zur großen Legende machten. Lebendig wandelten diese Gesänge mit den Liedern, vom Ton beseelt, im Leben um; da aber, als die Erfindung der Schreibkunst und später der Buchdruckerei dem Ton das Bild unterschob, da wurde freilich das Leben in ihnen matter, aber dafür in demselben Maße zäher, und was sie an innerer Intensität verloren, gewannen sie wenigstens an äußerer Extension wieder. So wurden die Lieder in jenen fliegenden Blättern fixiert, die sie wie auf Windesfittich durch alle Länder trugen; und was im Munde des Volkes allmählich mehr und mehr verstummte, das bewahrte das Blatt wenigstens für die Erinnerung auf. Jene andern Gesänge aber, ihrer Natur nach mehr ruhend, bestimmt, mehr an das Bild als an den Ton gebunden und daher Zauberspiegeln gleich, in denen das Volk sich und seine Vergangenheit und seine Zukunft und die andere Welt und sein innerstes, geheimstes Gemüt und alles, was es sich selbst nennen kann, deutlich und klar ausgesprochen vor sich stehen sieht; diese Gebilde mußten vorzüglich in jenem äußeren Fixierenden ein glückliches Organ für ihre freie Entwicklung finden, weil sie ihrer Natur nach mehr im Extensiven sind und nun, indem die Schranken, die die enge Kapazität des Gedächtnisses ihnen zog, gefallen waren, sich frei nach allen Richtungen verbreiten konnten. So sind daher aus jenen Sagen die meisten Volksbücher ausgegangen, indem man sie, aufgenommen aus dem mündlichen Verkehr in den schriftlichen, in sich selbst erweiterte und vollendete; nur eines haben sie bei dieser Metamorphose eingebüßt: die äußere poetische Form, die man als bloßes Hülfsmittel des Gedächtnisses jetzt unnütz geworden wähnte und daher mit der gemeinen prosaischen verwechselte. So gut nämlich wie der alten griechischen Sage von der Einnahme Trojas ist es wenigen späteren geworden, daß sie nämlich einen *Homer*

gefunden hätten, der aus dem Munde der Nation sie übernehmend, während er extensive zum großen Epos sie erweiterte, sie zugleich auch in ihrer inneren Form verklärte und das große Werk nun in Tafeln von Erz gegraben im großen Tempel der Nation aufgestellt. Die Tradition selbst aber, nachdem sie auf diese Weise ein bleibendes Organ gefunden, verlor nun als solche sich allmählich; während andere, Jahrhunderte hindurch umsonst auf die gleiche Erlösung wartend, von der fortschreitenden Kultur erreicht, in sich vergangen sind und noch andere in den entlegneren Gegenden, wo die Zeit das alte Dunkel noch nicht aufgeklärt, in der Dämmerung, stillen Lichtern gleich, schweben und auf eine bessere Zukunft verzweifelnd harren, weil die Mißgunst der Umstände nicht wollte, daß die Vergangenheit ihnen Körper und Bestand gegeben hätte. Von vielen dieser Volksbücher sagt ihre Geschichte ausdrücklich, daß sie auf solche Weise entstanden sind; andere tragen unverkennbar den Charakter dieser Abkunft in ihrem ganzen Wesen, und wenn man bei noch anderen auf besondere historische Quellen sich beruft, dann findet man, wenn man die Natur dieser Quellen genauer prüft, immer wieder, wie sie zuletzt auf jene Sagen sich beziehen und aus ihnen sich gesammelt haben.

Was aber die didaktischen, lehrenden unter den Volksbüchern betrifft, so sind sie eben ihres innern reflektierenden Charakters wegen durchaus modern, und in demselben Grade mehr modern, wie das Verständige in ihnen mehr vorherrscht. Und in den ältesten herrscht es noch am meisten vor; jene wunderbare Ansicht von seltsamen Eigenschaften der Naturprodukte, z. B. in den Kräuterbüchern dieser Zeit, die die Physik bei ihrem Fortschreiten völlig vernichtet hat, ist in dem Grade poetisch, wie sie unwissenschaftlich ist; und gerade weil sie so alt sind, ist so viel von Poesie in ihnen, so wenig hingegen von Wahrheit. Denn in dem Maße, wie die Naturkraft im einzelnen Menschen und im ganzen Volke in jugendlicher Fülle und in raschem Lebensmut vorherrscht, in dem Maße wird er auch von dem Lebensrausch

besessen, und er taucht mit seinem ganzen Wesen unter in dem frischen, warmen Quelle und ist lauter Phantasie und Empfindung und Poesie. Wenn aber, nachdem das Ganze in kräftiger Fülle sich gеründet hat, die Natur im Menschen zur Vollendung reift: dann sammelt er sich in sich selber wieder und reißt sich von sich selber los und tritt nun in seiner Freiheit dieser Natur und seiner ganzen Vergangenheit ebenso als einem Gegenständlichen gegenüber, wie vorher das Objekt selbst der ganzen äußern Natur sich entgegensetzte, und mit diesem Gegensatz erwacht zuerst die Reflektion und das Nachdenken und mit ihnen die freie, klare Erkenntnis, und des Gedankens weites, schrankenloses Reich ist dann geöffnet. Alle diese Schriften sind daher nicht von früherer mündlicher Überlieferung ausgegangen, mithin auch nicht wie die rein poetischen aus dem Volke selbst hervorgewachsen und auch keineswegs so tief mit seiner innersten Natur verwachsen, wie es diese sind. Sie ordnen sich am nächsten jenen spätern Versuchen der Neuern bei, diese Literatur zu erweitern durch andere, der großen Masse fremde Kombinationen, mit denen vorher nie das Volk vertraut gewesen, die daher auch in ihrer Wirkung so wenig gedeihlich und so oft unnütz gewesen sind.* Das Volk hat sie nicht mit der Liebe umfassen können wie jene früheren, mit denen es gleichsam aufgewachsen und in welchen es erstaunt auf einmal sein eigenes Eigentum erkannte und klar und deutlich im Worte ausgesprochen fand, was es wohl oft mit schwerer, dicker Zunge undeutlich nur artikulieren konnte.

Fragen wir aber nun noch nach dem allgemeinen Charakter, der alle diese Schriften gemeinschaftlich bezeichnet, dann müssen wir uns vor allem überzeugen, daß, sollten diese Ge-

* Ich rechne dahin unter andern die neuen Leipziger Volksbücher bei *Solbrig*. Mehrere aus *Musäus* abgedruckte Volkssagen sind zwar nicht unzweckmäßig gewählt, obgleich der in ihnen herrschende Ton keineswegs eigentlicher Volkston und ihre Naivetät nicht Volksnaivetät ist. Alles andere aber ist meist so leer, so gehaltlos und fatal, daß die fade Speise notwendig den Instinkt des Volkes ekeln mußte.

bilde Wurzel greifen in der Menge und eine eigene selbstän-
dige Existenz in ihr gewinnen, eine innere Sympathie zwi-
schen ihnen und der Nation selbst bestehen mußte; es muß
ein Moment für diese Wahlverwandtschaft in ihnen sein und
ein gleiches entsprechendes im Volke, und im Zug und
Gegenzug konnte dann alles in Liebe sich verbinden und eins
werden in der allgemeinen Lust und Vertraulichkeit. Wir
sahen eben, wie das Element, welches das Volk zur Bildung
hergegeben, jene uralte Sagenpoesie war, die wie ein leises
Murmeln fortlief durch alle Geschlechter, bis der letzten
eines sie zur vollen Sprache bildete; das parallel gegenüber
eingreifende Moment in den Büchern aber ist der durchaus
stammhafte, sinnlich kräftige, derbe, markierte Charakter,
in dem sie gedacht und gedichtet sind, mit Holzstöcken und
starken Lichtern und schwarzen Schatten abgedruckt, mit
wenigen festen, groben, kecken Strichen viel und gut be-
zeichnend. So nur kann die Poesie dem Volke etwas sein,
nur für den starken, derbanschlagenden Ton hat dieser
grobgefaserte Boden Resonanz, und die starke Fiber kann
dem tief einschneidenden nur ertönen. Nur dadurch wird die
Poesie zur Volkspoesie, daß sie seinen Formen sich eingestal-
tet; hat die Natur in diesen Formen ihre bildende Kraft
offenbaren wollen, dann darf die Kunst auf keine Weise
sich scheuen, ihr zu folgen in dieser Metamorphose und im
Worte wieder auszuprägen, was jene stumm und still gestal-
tete. Aber doch ist nicht so ganz gleichmäßig in allen diesen
Bildungen ohne Unterschied derselbe Geist herrschend; durch
die ganze fortlaufende Entwickelung der Zeit ist die Kunst
von ferne her der Nation gefolgt, und die vorzüglichsten
Epochen dieser allmählichen Entwickelung sind durch eben-
soviel vorstechende Werke bezeichnet. Als die *etruskischen*
Satiren und die *oskischen Atellanen*[5] zuerst eingeführt wur-
den in *Rom*, da nahm das Volk sie freudig und willig auf;

5. Die Osker waren ein altitalischer Volksstamm in Kampanien, den
Samniten verwandt und später in den Römern aufgegangen. Nach ihrer
Stadt Atella sind die Atellanen, altrömische Volkspossen, genannt.

überrascht, fand es seine ganze Natur in diesen rohen, wilden, barbarischen Gestaltungen widerscheinend; die Kunst rang mit seiner Kraft und seiner innern Energie, und es rang wieder mit dem Geiste, der so derb anzufassen wußte, und es gewann Geschmack dem Schimpfspiel ab zwischen seinen Kräften und den Kräften des fremden wunderbaren Zaubers, und alle Poesie war noch ganz Volkspoesie im eigentlichen Sinn, und in allem war große, feste, kernhafte Alpennatur. Nicht auf dieser Stufe von Gediegenheit hat in neuern Zeiten sich das Volk erhalten; schon dadurch, daß eben ein höherer Anflug aus der Masse sich heraus verflüchtigte und gerade das Geistigste ihm entführte, mußte der Rückstand im Gegensatz mit diesem Flüchtigen gewissermaßen einen mehr phlegmatischen und minder elastischen Charakter annehmen, und manche der ältesten Volksbücher, die dem früheren, antiken Volksgeist rein zusagten, sind dem gegenwärtigen fremd geworden; und manche neuere, indem sie jenem veränderten Genius sich anschmiegten, traten zugleich in einer Form hervor, die nicht ganz mehr mit jener normalen zusammenstimmen will. Es ziehen keine Bären mehr durch unsere Wälder, keine Elentiere und keine Auerochsen; mit ihnen ist daher auch das Bärenhafte, was die ältesten Sagen und Bildungen bezeichnet, gewichen, und wie die Sonnenstrahlen durch die gelichteten Wälder Bahn sich brachen, hat auch in der entsprechenden Kunstentwicklung ein milderer Geist Platz gegriffen, der manchmal rein für sich in einzelnen Bildungen dasteht, manchmal mit jenem früheren sich verschmelzend, einen gewissen mittelschlägigen Charakter bildet. Nicht mehr des Ursen und des Bären unbändige Wildheit spricht daher aus diesen Büchern, wohl aber ein rascher, gesunder, frischer Geist, wie er das Reh durchs Dickicht treibt und in den andern Tieren des Waldes lebt; es ist nichts Zahmes, Häusliches, Gepflegtes in ihnen, alles wie draußen im wilden Forst geworden, geboren im Eichenschatten, erzogen in Bergesklüften, frei und frank über die Höhen schweifend und zutraulich von Zeit zu Zeit zu den

Wohnungen des Volkes niederkommend und von dem freien
Leben draußen ihm Kunde bringend. Das ist der eigentliche
Geist jener Schriften, fern von jenem, den man in den neue-
sten Zeiten in den Not- und Hilfsbüchern als eine feucht-
warme, lindernde Bähung seinen Preßhaftigkeiten aufgelegt
und die, obgleich vielleicht den augenblicklichen Bedürfnis-
sen entsprechend, doch eben dadurch Zeugnis geben von
dem chronisch-krankhaften Geist der Zeit.

Wenn man, was wir in diesen wenigen Blättern über den
Charakter und das Wesen dieser Bücher beigebracht, erwägt;
wenn man, sooft die Hoffart auf unsere feinere Poesie uns
übernehmen will, bedenkt, wie es das Volk doch immer ist,
was uns im Frühlinge die ersten, die wohlriechendsten und
erquickendsten Blumen aus seinen Wäldern und Hegen
bringt, wenn auch später freilich der Luxus unserer Blumen-
gärten sich geltend macht, deren schönste Zierden aber im-
mer irgendwo wild gefunden werden; wenn man sich be-
sinnt, wie überhaupt alle Poesie ursprünglich doch immer
von ihm ausgegangen ist, weil alle Institution und alle Ver-
fassung und das ganze Gerüste der höheren Stände immer
sich zuletzt auf diesen Boden gründet und in den ersten Zei-
ten die gleiche poetische wie politische und moralische Naive-
tät herrschend war, dann können wir wohl endlich voraus-
setzen, daß jedes Vorurteil gegen dies große Organ im all-
gemeinen Kunstkörper verschwunden sei, und wir haben uns
Bahn gemacht zur gehörigen Würdigung dieser Schriften im
einzelnen. Wir gehen daher ohne weitern Aufenthalt zur
Betrachtung der besonderen Bildungen dieses Faches über,
um zu sehen, inwiefern, was wir soeben im allgemeinen aus-
gesprochen, auch im einzelnen sich bewährt. Die Ordnung
aber, die wir bei dieser Bücherschau befolgen, wird diese
sein, daß wir nämlich mit den Lehrenden, dem Alter nach
Jüngsten, beginnen, von dort aus zu den Romantischen und
dann zu den Religiösen übergehen und endlich mit einem
großen Blick auf das durchlaufene Gebiet von der gewonne-
nen Höhe hinab enden.

DIE BRÜDER GRIMM

Wilhelm Grimm, geb. 24. Februar 1786 in Hanau, gest. 16. Dezember 1859 in Berlin. Studium in Marburg. 1814 Sekretär an der Bibliothek in Kassel. Ging 1830 mit seinem Bruder Jakob nach Göttingen, dort 1831 Professor. 1837 als einer der »Göttinger Sieben«, die gegen die Aufhebung der hannoverschen Verfassung protestierten, entlassen.

Werke: *Die deutsche Heldensage* (1829); *Kinder- und Hausmärchen* (zus. mit Jakob Grimm, 1812–15); *Zur Geschichte des Reims* (1852).

Jakob Grimm s. S. 144.

Vorrede zu den Kinder- und Hausmärchen

Neben der »Wunderhorn«-Sammlung von Arnim und Brentano, den Sagen von Görres ist die dritte wichtige die der deutschen Volksmärchen (erschienen 1812) der Brüder Grimm. Solche Wiederentdeckungen sollten diese Zeugnisse nicht nur vor dem Untergang bewahren, sie wurden als Zeugen eines Volksgeistes gedeutet und wieder ins Gedächtnis gerufen. Im überlieferten Märchen sehen die Brüder den Urgrund des Volkes. Nicht einzelne Dichter, sondern das ganze Volk habe diese Märchen gedichtet, ist national-romantische Auffassung, die aber von der Forschung widerlegt ist. Es sind Volksmärchen, die deshalb keinen bestimmten Verfasser mehr haben, weil sie durch Jahrhunderte mündlich weitergegeben, weitererzählt wurden. Sprachdifferenzierungen und Nuancen sind dabei durch die Überlieferung eingeebnet. Die Brüder selbst haben hier und da, aus spätromantischer Sehweise, Überarbeitungen vorgenommen, dabei hat Wilhelm den größeren Anteil an der Redaktionsarbeit.

Wir finden es wohl, wenn Sturm oder anderes Unglück, vom Himmel geschickt, eine ganze Saat zu Boden geschlagen, daß noch bei niedrigen Hecken oder Sträuchen, die am Wege stehen, ein kleiner Platz sich gesichert und einzelne Ähren

die

BRÜDER GRIMM

Radierung von Ludwig Emil Grimm

aufrecht geblieben sind. Scheint dann die Sonne wieder günstig, so wachsen sie einsam und unbeachtet fort, keine frühe Sichel schneidet sie für die großen Vorratskammern, aber im Spätsommer, wenn sie reif und voll geworden, kommen arme, fromme Hände, die sie suchen; und Ähre an Ähre gelegt, sorgfältig gebunden und höher geachtet als ganze Garben werden sie heimgetragen und winterlang sind sie Nahrung, vielleicht auch der einzige Samen für die Zukunft. So ist es uns, wenn wir den Reichtum deutscher Dichtung in frühen Zeiten betrachten und dann sehen, daß von so vielem nichts lebendig sich erhalten, selbst die Erinnerung daran verloren war und nur Volkslieder und diese unschuldigen Hausmärchen übriggeblieben sind. Die Plätze am Ofen, der Küchenherd, Bodentreppen, Feiertage noch gefeiert, Triften und Wälder in ihrer Stille, vor allem die ungetrübte Phantasie sind die Hecken gewesen, die sie gesichert und einer Zeit aus der andern überliefert haben. So denken wir jetzt, nachdem wir diese Sammlung übersehen; anfangs glaubten wir auch hier schon vieles zugrund gegangen und nur die Märchen noch allein übrig, die uns etwa selbst bewußt und die nur abweichend, wie es immer geschieht, von andern erzählt wurden. Aber aufmerksam auf alles, was von der Poesie wirklich noch da ist, wollten wir auch dieses abweichende kennen, und da zeigte sich dennoch manches neue und ohne eben im Stand zu sein, sehr weit herum zu fragen, wuchs unsre Sammlung von Jahr zu Jahr, daß sie uns jetzt, nachdem etwa sechse verflossen, reich erscheint; dabei begreifen wir, daß uns noch manches fehlen mag, doch freut uns auch der Gedanke, das meiste und beste zu besitzen. Alles ist mit wenigen bemerkten Ausnahmen fast nur in Hessen und den Main- und Kinziggegenden in der Grafschaft Hanau, wo wir her sind, nach mündlicher Überlieferung gesammelt; darum knüpft sich uns an jedes einzelne noch eine angenehme Erinnerung. Wenig Bücher sind mit solcher Lust entstanden, und wir sagen gern hier noch einmal öffentlich allen Dank, die teil daran haben.

Es war vielleicht gerade Zeit, diese Märchen festzuhalten, da diejenigen, die sie bewahren sollen, immer seltener werden (freilich, die sie noch wissen, wissen auch recht viel, weil die Menschen ihnen absterben, sie nicht den Menschen), denn die Sitte darin nimmt selber immer mehr ab, wie alle heimlichen Plätze in Wohnungen und Gärten einer leeren Prächtigkeit weichen, die dem Lächeln gleicht, womit man von ihnen spricht, welches vornehm aussieht und doch so wenig kostet. Wo sie noch da sind, da leben sie so, daß man nicht daran denkt, ob sie gut oder schlecht sind, poetisch oder abgeschmackt, man weiß sie und liebt sie, weil man sie eben so empfangen hat, und freut sich daran ohne einen Grund dafür: so herrlich ist die Sitte, ja auch das hat diese Poesie mit allem unvergänglichen gemein, daß man ihr selbst gegen einen andern Willen geneigt sein muß. Leicht wird man übrigens bemerken, daß sie nur da gehaftet, wo überhaupt eine regere Empfänglichkeit für Poesie oder eine noch nicht von den Verkehrtheiten des Lebens ausgelöschte Phantasie gewesen. Wir wollen in gleichem Sinn hier die Märchen nicht rühmen oder gar gegen eine entgegengesetzte Meinung verteidigen: jenes bloße *Dasein* reicht hin, sie zu schützen. Was so mannigfach und immer wieder von neuem erfreut, bewegt und belehrt hat, das trägt seine Notwendigkeit in sich und ist gewiß aus jener ewigen Quelle gekommen, die alles Leben betaut, und wenn auch nur ein einziger Tropfen, den ein kleines zusammenhaltendes Blatt gefaßt, doch in dem ersten Morgenrot schimmernd.

Innerlich geht durch diese Dichtungen dieselbe Reinheit, um derentwillen uns Kinder so wunderbar und selig erscheinen; sie haben gleichsam dieselben bläulich-weißen, makellosen, glänzenden Augen (in die sich die kleinen Kinder selbst so gern greifen*), die nicht mehr wachsen können, während die andern Glieder noch zart, schwach und zum Dienst der Erde ungeschickt sind. So einfach sind die meisten Situationen,

* Fischart, Gargantua 129b. 131b.

daß viele sie wohl im Leben gefunden, aber wie alle wahr-
haftigen doch immer wieder neu und ergreifend. Die Eltern
haben kein Brot mehr und müssen ihre Kinder in dieser Not
verstoßen, oder eine harte Stiefmutter läßt sie leiden* und
möchte sie gar zugrunde gehen lassen. Dann sind Geschwi-
ster in des Waldes Einsamkeit verlassen, der Wind erschreckt
sie, Furcht vor den wilden Tieren, aber sie stehen sich in
allen Treuen bei, das Brüderchen weiß den Weg nach Haus
wieder zu finden, oder das Schwesterchen, wenn Zauberei
es verwandelt, leitet es als Rehkälbchen und sucht ihm Kräu-
ter und Moos zum Lager; oder es sitzt schweigend und näht
ein Hemd aus Sternblumen, das den Zauber vernichtet. Der
ganze Umkreis dieser Welt ist bestimmt abgeschlossen: Kö-
nige, Prinzen, treue Diener und ehrliche Handwerker, vor
allen Fischer, Müller, Köhler und Hirten, die der Natur am
nächsten geblieben, erscheinen darin; das andere ist ihr fremd
und unbekannt. Auch, wie in den Mythen, die von der gol-
denen Zeit reden, ist die ganze Natur belebt, Sonne, Mond
und Sterne sind zugänglich, geben Geschenke oder lassen
sich wohl gar in Kleider weben, in den Bergen arbeiten die
Zwerge nach dem Metall, in dem Wasser schlafen die Nixen,
die Vögel (Tauben sind die geliebtesten und hülfreichsten),
Pflanzen, Steine reden und wissen ihr Mitgefühl auszudrük-
ken, das Blut selber ruft und spricht, und so übt diese Poesie
schon Rechte, wonach die spätere nur in Gleichnissen strebt.
Diese unschuldige Vertraulichkeit des größten und kleinsten
hat eine unbeschreibliche Lieblichkeit in sich, und wir möch-
ten lieber dem Gespräch der Sterne mit einem armen verlas-

* Dieses Verhältnis kommt hier oft vor und ist wohl die erste Wolke,
die an dem blauen Himmel eines Kindes aufsteigt und die ersten Tränen
erpreßt, welche die Menschen nicht sehen, aber die Engel zählen. Selbst
Blumen haben davon ihren Namen erhalten, die Viola tricolor heißt
Stiefmütterchen, weil jedes der gelben Blätter unter sich ein schmales
grünes Blättchen hat, wovon es gehalten wird, das sind die Stühle,
welche die Mutter ihren rechten lustigen Kindern gegeben; oben müssen
die zwei Stiefkinder in dunkelviolett trauernd stehen und haben keine
Stühle.

senen Kind im Wald als dem Klang der Sphären zuhören. Alles schöne ist golden und mit Perlen bestreut, selbst goldne Menschen leben hier, das Unglück aber eine finstere Gewalt, ein ungeheurer menschenfressender Riese, der doch wieder besiegt wird, da eine gute Frau zur Seite steht, welche die Not glücklich abzuwenden weiß, und dieses Epos endigt immer, indem es eine endlose Freude auftut. Das Böse auch ist kein kleines, nahstehendes und das schlechteste, weil man sich daran gewöhnen könnte, sondern etwas Entsetzliches, Schwarzes, streng Geschiedenes, dem man sich nicht nähern darf; ebenso furchtbar die Strafe desselben: Schlangen und giftige Würmer verzehren ihr Opfer, oder in glühenden Eisenschuhen muß es sich zu Tod tanzen. Vieles trägt auch eine eigene Bedeutung in sich: die Mutter wird ihr rechtes Kind in dem Augenblick wieder im Arme haben, wenn sie den Wechselbalg, den ihr die Hausgeister dafür gegeben, zum Lachen bringen kann; gleichwie das Leben des Kindes mit dem Lächeln anfängt und in der Freude fortwährt, beim Lächeln im Schlaf aber die Engel mit ihm reden. So ist eine Viertelstunde täglich über der Macht des Zaubers, wo die menschliche Gestalt frei hervortritt, als könne uns keine Gewalt ganz einhüllen, und es gewähre jeder Tag Minuten, wo der Mensch alles Falsche abschüttele und aus sich selbst herausblicke; dagegen aber wird der Zauber auch nicht ganz gelöst, und ein Schwanenflügel bleibt statt des Armes, und weil eine Träne gefallen, ist ein Auge mit ihr verloren, oder die weltliche Klugheit wird gedemütigt und der Dummling, von allen verlacht und hintangesetzt, aber reines Herzens, gewinnt allein das Glück. In diesen Eigenschaften aber ist es gegründet, wenn sich so leicht aus diesen Märchen eine gute Lehre, eine Anwendung für die Gegenwart ergibt; es war weder ihr Zweck, noch sind sie darum erfunden, aber es erwächst daraus, wie eine gute Frucht aus einer gesunden Blüte ohne Zutun der Menschen. Darin bewährt sich jede echte Poesie, daß sie niemals ohne Beziehung auf das Leben sein kann, denn sie ist aus ihm aufgestiegen und kehrt zu

ihm zurück, wie die Wolken zu ihrer Geburtsstätte, nachdem sie die Erde getränkt haben.

So erscheint uns das Wesen dieser Dichtungen; in ihrer äußeren Natur gleichen sie aller volks- und sagenmäßigen: nirgends feststehend, in jeder Gegend, fast in jedem Munde, sich umwandelnd, bewahren sie treu denselben Grund. Indessen unterscheiden sie sich sehr bestimmt von den eigentlich *lokalen Volkssagen*, die an leibhaftige Örter oder Helden der Geschichte gebunden sind, deren wir hier keine aufgenommen haben, wiewohl viele gesammelt haben und die wir ein andermal herauszugeben denken. Mehrere Äußerungen einer und derselben Sage wegen ihrer angenehmen und eigentümlichen Abweichungen haben wir einigemal mitgeteilt, das minder Bedeutende in den Anhang, überhaupt aber so genau gesammelt, als uns möglich war. Gewiß ist auch, daß sich die Märchen in dem Fortgange der Zeit beständig neu erzeugt, eben darum aber muß ihr Grund sehr alt sein, bei einigen wird es durch Spuren in Fischart und Rollenhagen, die an ihrem Ort bemerkt sind, für beinah drei Jahrhunderte besonders bewiesen; es ist aber außer Zweifel, daß sie noch gar viel älter sind, wenn auch Mangel an Nachrichten direkte Beweise unmöglich macht. Nur ein einziger, aber sicherer ergibt sich aus ihrem Zusammenhang mit dem großen Heldenepos und der einheimischen Tierfabel, welchen auszuführen natürlich hier der Ort nicht war, einiges ist jedoch im Anhang gleichfalls darüber gesagt worden.

Weil diese Poesie dem ersten und einfachsten Leben so nah liegt, so sehen wir darin den Grund ihrer allgemeinen Verbreitung, denn es gibt wohl kein Volk, welches sie ganz entbehrt. Selbst die Neger im westlichen Afrika vergnügen ihre Kinder mit Erzählungen, und von den Griechen sagt es Strabo[1] ausdrücklich. (Man wird dies Zeugnis am Ende finden bei den andern, welche beweisen, wie sehr diejenigen, die gewußt, was eine solche unmittelbar zum Herzen redende

1. griech. *Geograph (um 63 v. Chr. bis 20 n. Chr.), unternahm große Reisen und verfaßte 17 Bücher »Geographika«.*

Stimme wert ist, solche Märchen geschätzt haben.) Noch ein
anderer höchst merkwürdiger Umstand erklärt sich daraus,
nämlich die große Ausbreitung dieser deutschen. Sie erreichen
hierin nicht bloß die Heldensagen von Siegfried dem Dra-
chentöter, sondern sie übertreffen diese sogar, indem wir sie,
und genau dieselben, durch ganz Europa verbreitet finden,
so daß sich in ihnen eine Verwandtschaft der edelsten Völ-
ker offenbart. Aus dem Norden kennen wir nur die däni-
schen Kämpe-Viser[2], die vieles Hierhergehörige enthalten,
wenngleich schon als Lied, welches nicht mehr ganz für Kin-
der paßt, weil es gesungen sein will, doch läßt sich hier die
Grenze ebensowenig genau angeben als zu der ernsthafteren,
historischen Sage, und es gibt allerdings Vereinigungspunkte.
England besitzt die Tabartische eben nicht sehr reiche Samm-
lung, aber welche Reichtümer von mündlicher Sage müssen
in Wallis, Schottland und Irland noch vorhanden sein, erste-
res hat in seinen (jetzt gedruckten) Mabinogion[3] allein einen
wahren Schatz. Auf eine ähnliche Weise sind Norwegen,
Schweden und Dänemark reich geblieben, weniger vielleicht
die südlichen Länder; aus Spanien ist uns nichts bewußt,
doch läßt eine Stelle des Cervantes über das Dasein und Er-
zählen der Märchen keinen Zweifel*. Frankreich hat gewiß
noch jetzt mehr, als was Charles Perrault mitteilte, der allein
sie noch als Kindermärchen behandelte (nicht seine schlechte-
ren Nachahmer, die Aulnoi, Murat); er gibt nur neun, frei-
lich die bekanntesten, die auch zu den schönsten gehören.
Sein Verdienst besteht darin, daß er nichts hinzugesetzt und
die Sachen an sich, Kleinigkeiten abgerechnet, unverändert
gelassen; seine Darstellung verdient nur das Lob, so einfach
zu sein, als es ihm möglich war; an sich ist der französischen

* – y aquellas (cosas) que à ti te deven parecer profecias, no son sino
palabras de consejas, ocuentos de viejas, como aquellos des cavallo sin
cabeça, y de la varilla de virtudes, con que se entretienen al fuego las
dilatadas noches del invierno. Colloq. entre cip. y Berg.
2. *Ritterlieder, die vorwiegend Liebesgeschichten behandelten.*
3. *Sammelname für elf kymrische (walisische) Erzählungen des 11. bis
13. Jahrhunderts.*

Sprache, die sich ihrer jetzigen Bildung nach fast wie von
selbst zu epigrammatischen Wendungen und feingeschnitz-
tem Dialog zusammenkräuselt (man sehe nur das Gespräch
zwischen Riquet à la houpe und der dummen Prinzessin
sowie das Ende von petit poucet), wohl nichts schwerer, als
naiv und gerad, das heißt in der Tat, nicht mit der Präten-
tion darauf, Kindermärchen zu erzählen; außerdem sind sie
manchmal unnötig gedehnt und breit. Eine Analyse, die vor
einer Ausgabe steht, sieht es so an, als habe Perrault sie zu-
erst erfunden, und von ihm (geb. 1633, gestorben 1703) seien
sie zuerst unter das Volk gekommen; bei dem Däumling
wird sogar eine absichtliche Nachahmung Homers behauptet,
welche Kindern die Not des Odysseus beim Polyphem habe
verständlich machen wollen; eine bessere Ansicht hat Jo-
hanneau. Reicher als alle anderen sind ältere italienische
Sammlungen, erstlich in den Nächten des Straparola[4], die
manches Gute enthalten, dann aber besonders im Pentame-
rone des Basile[5], einem in Italien ebenso bekannten und be-
liebten als in Deutschland seltenen und unbekannten, in nea-
politanischem Dialekt geschriebenen und in jeder Hinsicht
vortrefflichen Buch. Der Inhalt ist fast ohne Lücke und fal-
schen Zusatz, der Stil überfließend in guten Reden und
Sprüchen. Es ganz lebendig zu übersetzen gehörte ein
Fischart* und sein Zeitalter dazu; wir denken es indessen
in dem zweiten Band der vorliegenden Sammlung zu ver-
deutlichen, worin auch alles andere, was fremde Quellen ge-
währen, seinen Platz finden soll.
Wir haben uns bemüht, diese Märchen so rein, als möglich
war, aufzufassen, man wird in vielen die Erzählung von
Reimen und Versen unterbrochen finden, die sogar manch-

* Welch ein viel besseres Märchenbuch als das unsrige hätte dieser mit
der damaligen Sprache und mit seinem bewunderungswürdigen Gedächt-
nis aufschreiben können, wenn er anders den Wert einer getreuen, un-
gefälschten Aufzeichnung erkannt hätte.
4. *Gian Francesco Straparola (gest. nach 1557), ital. Novellist.*
5. *Giambattista Basile (1575–1632), ital. Dichter, seine Märchensammlung
»Lo Cunto de li Cunti« wurde als »Pentamerone« weltberühmt.*

mal deutlich alliterieren, beim Erzählen aber niemals gesungen werden, und gerade diese sind die ältesten und besten. Kein Umstand ist hinzugedichtet oder verschönert und abgeändert worden, denn wir hätten uns gescheut, in sich selbst so reiche Sagen mit ihrer eigenen Analogie oder Reminiszenz zu vergrößern, sie sind unerfindlich. In diesem Sinne existiert noch keine Sammlung in Deutschland, man hat sie fast immer nur als Stoff benutzt, um größere Erzählungen daraus zu machen, die willkürlich erweitert, verändert, was sie auch sonst wert sein konnten, doch immer den Kindern das Ihrige aus den Händen rissen und ihnen nichts dafür gaben. Selbst wer an sie gedacht, konnte es doch nicht lassen, Manieren, welche die Zeitpoesie gab, hineinzumischen; fast immer hat es auch an Fleiß beim Sammeln gefehlt, und ein paar wenige, zufällig etwa aufgefaßte, wurden sogleich mitgeteilt.* Wären wir so glücklich gewesen, sie in einem recht bestimmten Dialekt erzählen zu können, so, zweifeln wir

* *Musäus* und *Nauber* verarbeiteten meist, was wir vorhin Lokalsage nannten, der viel schätzbarere *Otmar* nur lauter solche; eine *Erfurter* Sammlung von 1787 ist arm, eine *Leipziger* von 1799 gehört nur halb hierher, wiewohl sie nicht ganz schlecht zu nennen, eine *Braunschweiger* von 1801, unter diesen die reichste, obgleich mit ihnen in verkehrtem Ton. Aus der neusten *Büschingischen* war für uns nichts zu nehmen, ausdrücklich aber muß noch bemerkt werden, daß eine vor ein paar Jahren von einem Namensverwandten A. L. *Grimm* unter dem Titel: Kindermärchen zu Heidelberg herausgekommene, nicht eben wohlgeratene, Sammlung mit uns und der unsrigen gar nichts gemein hat.
Die eben ausgegebenen *Wintermärchen* vom Gevatter *Johann* (Jena b. Voigt 1813) sind nur dem Titel nach neu und schon vor zehn Jahren erschienen.
Sie haben mit der Leipziger Sammlung einen Verfasser, der sich auch Peter Kling nennt, und sind in derselben Manier geschrieben. Nur das sechste und zum Teil das fünfte Märchen haben Wert, die andern sind ohne Kern und, bis auf wenige Einzelheiten, hohle Erfindungen.
Wir bitten jeden, dem Gelegenheit und Neigung es möglich macht, dieses Buch im einzelnen zu verbessern, die Fragmente zu ergänzen, besonders aber neue und sonderlich Tiermärchen zu sammeln. Für solche Mitteilungen würden wir sehr dankbar sein und durch den Verleger oder durch die Buchhandlungen in Göttingen, Kassel und Marburg sie am besten erhalten.

nicht, würden sie viel gewonnen haben; es ist hier ein Fall, wo alle erlangte Bildung, Feinheit und Kunst der Sprache zuschanden wird und wo man fühlt, daß eine geläuterte Schriftsprache, so gewandt sie in allem andern sein mag, heller und durchsichtiger, aber auch schmackloser geworden und nicht mehr fest an den Kern sich schließe.

Wir übergeben dies Buch wohlwollenden Händen, dabei denken wir überhaupt an die segnende Kraft, die in diesen liegt, und wünschen, daß denen, welche diese Brosamen der Poesie Armen und Genügsamen nicht gönnen, es gänzlich verborgen bleiben möge.

JAKOB GRIMM

Geb. 4. Januar 1785 in Hanau, gest. 20. September 1863 in Berlin. Studierte Rechtswissenschaft. 1808 Privatbibliothekar des Königs Jérôme Bonaparte, 1816 zweiter kurfürstlicher Bibliothekar in Kassel. 1830 Professor für deutsche Altertumswissenschaft in Göttingen. 1837 wegen des Protests gegen die Aufhebung der hannoverschen Verfassung als einer der »Göttinger Sieben« entlassen. 1848 ins Frankfurter Parlament gewählt.

Werke: *Kinder- und Hausmärchen* (zus. mit Wilhelm Grimm, 1812–15); *Deutsche Grammatik* (1819–37); *Deutsche Mythologie* (1835); *Geschichte der deutschen Sprache* (1848).

Gedanken, wie sich die Sagen zur Poesie und Geschichte verhalten

Der Beitrag stand 1808 in Arnims »Zeitung für Einsiedler«. Mit ihm setzt die Kontroverse ein über die unterschiedliche Auffassung von Arnim und Grimm über Volkspoesie, Sage bzw. Natur- und Kunstpoesie und ihr Verhältnis zur Geschichte. Die Auseinandersetzung ist über viele Jahre hinweg, noch bis zu Arnims Roman »Die Kronenwächter« (1817), Thema eines umfangreichen Briefwechsels. Grimm,

der viel stärker wissenschaftlich-historisch ausgerichtet ist,
setzt einen strengen Unterschied zwischen Natur- und
Kunstpoesie. Naturpoesie ist Volkspoesie, allgemein wahr
und gültig, Kunstpoesie ist individuelle Poesie eines mensch-
lichen Gemüts. Er sieht die Einheit von Poesie und Ge-
schichte vernichtet, als Dichtung das Privileg der höheren
Stände wurde; die Gebildeten hatten ihre eigene Poesie er-
funden, die alte Poesie mußte aufs Volk beschränkt bleiben
(hier auch Gegensatz zu Görres). Eine Hauptthese lautet,
die Poesie erringe den Grad ihres Wahrheitsgehalts in Ab-
hängigkeit vom lebendigen Bezug zur Sage. Arnim indessen
deutet für den spezifischen Wahrheitsgehalt seiner Romane
in seinen Dichtungen später Mythen und Sagen um.

In unserer Zeit ist eine große Liebe für Volkslieder ausge-
brochen und wird auch die Aufmerksamkeit auf die Sagen
bringen, welche sowohl unter demselben Volk herumgehen,
als auch an einigen vergessenen Plätzen aufbewahrt worden
sind. Oder vielmehr (da die Sagen auch die Lieder erweckt
haben würden) die immer mehr Lebhaftigkeit gewinnende
Erkenntnis des wahren Wesens der Geschichte und der Poesie
hat dasjenige, was bisher verächtlich geschienen, nicht wollen
vergehen lassen, welches aber die höchste Zeit geworden ist,
beieinander zu versammeln.
Man streite und bestimme, wie man wolle, ewig gegründet
unter allen Völker- und Länderschaften ist ein Unterschied
zwischen Natur- und Kunstpoesie (epischer und dramati-
scher, Poesie der Ungebildeten und Gebildeten) und hat die
Bedeutung, daß in der epischen die Taten und Geschichten
gleichsam einen Laut von sich geben, welcher forthallen muß
und das ganze Volk durchzieht, unwillkürlich und ohne
Anstrengung, so treu, so rein, so unschuldig werden sie be-
halten, allein um ihrer selbst willen, ein gemeinsames, teures
Gut gebend, dessen ein jedweder teilhabe. Dahingegen die
Kunstpoesie gerade das sagen will, daß ein menschliches Ge-
müt sein Inneres bloßgebe, seine Meinung und Erfahrung

von dem Treiben des Lebens in die Welt gieße, welche es
nicht überall begreifen wird, oder auch, ohne daß es von ihr
begriffen sein wollte. So innerlich verschieden also die bei-
den erscheinen, so notwendig sind sie auch in der Zeit abge-
sondert und können nicht gleichzeitig sein, nichts ist ver-
kehrter geblieben als die Anmaßung, epische Gedichte dich-
ten oder gar erdichten zu wollen, als welche sich nur selbst
zu dichten vermögen.

Ferner ergibt sich, wie Poesie und Geschichte in der ersten
Zeit der Völker in einem und demselben Fluß strömen, und
wenn Homer von den Griechen mit Recht ein Vater der
Geschichte gepriesen wird, so dürfen wir nicht länger Zwei-
fel tragen, daß in den alten Nibelungen die erste Herrlich-
keit deutscher Geschichte nur zu lange verborgen gelegen
habe.

Nachdem aber die Bildung dazwischentrat und ihre Herr-
schaft ohne Unterlaß erweiterte, so mußte, Poesie und Ge-
schichte sich auseinander scheidend, die alte Poesie aus dem
Kreis ihrer Nationalität unter das gemeine Volk, das der
Bildung unbekümmerte, flüchten, in dessen Mitte sie niemals
untergegangen ist, sondern sich fortgesetzt und vermehrt
hat, jedoch in zunehmender Beengung und ohne Abwehrung
unvermeidlicher Einflüsse der Gebildeten.

Dies ist der einfache Gang, den es mit allen Sagen des Volks
sowie mit seinen Liedern zu haben scheint, seitdem ihr Be-
griff eine etwas veränderte Richtung genommen und sie aus
Volkssagen, d. h. Nationalsagen, Volkssagen, d. h. des ge-
meinen Volks, geworden sind. Ich wenigstens meinerseits
habe es nie glauben können, daß die Erfindungen der Ge-
bildeten dauerhaft in das Volk eingegangen und dessen Sa-
gen und Bücher aus dieser Quelle entsprungen wären.

Treue ist in den Sagen zu finden, fast unbezweifelbare, weil
die Sage sich selber ausspricht und verbreitet und die Ein-
fachheit der Zeiten und Menschen, unter denen sie erhallt,
wie aller Erfindung an sich fremd, auch keiner bedarf. Da-
her alles, was wir in ihnen für unwahr erkennen, ist es

nicht, insofern es nach der alten Ansicht des Volkes von der Wunderbarkeit der Natur gerade nur so erscheinen und mit dieser Zunge ausgesprochen werden kann. Und in allen den Sagen von Geistern, Zwergen, Zauberern und ungeheuern Wundern ist ein stiller, aber wahrhaftiger Grund vergraben, vor dem wir eine innerliche Scheu tragen, welche in reinen Gemütern die Gebildetheit nimmer verwischt hat und aus jener geheimen Wahrheit zur Befriedigung aufgelöset wird.

Je mehr ich diese Volkssagen kennenlerne, desto weniger ist mir an den vielen Beispielen auffallend die weite Ausbreitung derselben, so daß an ganz verschiedenen Örtern, mit andern Namen und für verschiedene Zeiten dieselbe Geschichte erzählen gehört wird. Aber an jedem Orte vernimmt man sie so neu, Land und Boden angemessen und den Sitten einverleibt, daß man schon darum die Vermutung aufgeben muß, als sei die Sage durch eine anderartige Betriebsamkeit der letzten Jahrhunderte unter die entlegenen Geschlechter getragen worden. Es ist das Volk dergestalt von ihr erfüllt gewesen, daß es Benennung, Zeit und was äußerlich ist, alles vernachlässigt, nach Unschuld in irgendeine Zeit versetzt und, wie sie ihm am nächsten liegen, Namen und Örter unterschiebt, den unverderblichen Inhalt aber niemals hat fahren lassen, also daß er die Läuterung der Jahrhunderte ohne Schaden ertragen hat, angesehen die geerbte Anhänglichkeit, welche ihn nicht wollen ausheimisch werden lassen. Daher es im einzelnen ebenso unmöglich ist, den eigentlichen Ursprung jeder Sage auszuforschen, als es erfreulich bleibt, dabei auf immer ältere Spuren zu geraten, wovon ich anderwärts einige Beispiele bekannt gemacht habe.

Auch ist ihre öftere Abgebrochenheit und Unvollständigkeit nicht zu verwundern, indem sie sich der Ursachen, Folgen und des Zusammenhangs der Begebenheiten gänzlich nicht bekümmern und wie Fremdlinge dastehen, die man auch nicht kennet, aber nichtsdestoweniger versteht.

In ihnen hat das Volk seinen Glauben niedergelegt, den es von der Natur aller Dinge hegend ist, und wie es ihn mit seiner Religion verflicht, die ihm ein unbegreifliches Heiligtum erscheint voll Seligmachung.

Wiederum erklärt sein Gebrauch und seine Sitte, welche hiernach genau eingerichtet worden sind, die Beschaffenheit seiner Sage und umgekehrt, nirgends bleiben unselige Lükken.

Wenn nun Poesie nichts anders ist und sagen kann, als lebendige Erfassung und Durchgreifung des Lebens, so darf man nicht erst fragen: ob durch die Sammlung dieser Sagen ein Dienst für die Poesie geschehe. Denn sie sind so gewiß und eigentlich selber Poesie, als der helle Himmel blau ist; und hoffentlich wird die Geschichte der Poesie noch ausführlich zu zeigen haben, daß die sämtlichen Überreste unserer altdeutschen Poesie bloß auf einen lebendigen Grund von Sagen gebaut sind und der Maßstab der Beurteilung ihres eigenen Werts darauf gerichtet werden muß, ob sie diesem Grund mehr oder weniger treulos geworden sind.

Auf der andern Seite, da die Geschichte das zu tun hat, daß sie das Leben der Völker und ihre lebendige Taten erzähle, so leuchtet es ein, wie sehr die Traditionen auch ihr angehören. Diese Sagen sind grünes Holz, frisches Gewässer und reiner Laut entgegen der Dürre, Lauheit und Verwirrung unserer Geschichte, in welcher ohnedem zuviel politische Kunstgriffe spielen, statt der freien Kämpfe alter Nationen, und welche man nicht auch durch Verkennung ihrer eigentlichen Bestimmung verderben sollte. Das kritische Prinzip, welches in Wahrheit, seit es in unsere Geschichte eingeführt worden, gewissermaßen den reinen Gegensatz zu diesen Sagen gemacht und sie mit Verachtung verstoßen hat, bleibt an sich, obschon aus einer unrechten Veranlassung schädlich ausgegangen, unbezweifelt; allein, nicht zu sehen, daß es noch eine Wahrheit gibt, außer den Urkunden, Diplomen und Chroniken, das ist höchst unkritisch, und wenn die Geschichte ohne die Menge der Zahlen und Namen leicht zu bewahren

und erhalten wäre, so könnten wir deren *insoweit* fast ent-
übrigt sein. So lässig immer, wie bereits erwähnt worden ist,
die Sagen in allem Äußern erfunden werden, so ist doch
im Ganzen das innerste Leben, dessen es bedarf; wenn die
Wörter noch die rechten wären, so möchte ich sagen: es ist
Wahrheit in ihnen, ob auch die Sicherheit abgeht. Sie mit
dem gesammelten Geschichtsvorrat in Vereinigung zu setzen
wird bloß bei wenigen gelingen, also wie einerseits dieses
Unternehmen unnötige Mühe und vergeblichen Eifer nach
sich ziehen müßte, würde es auf der andern Seite töricht
sein, die so mühsam und nicht ohne große Opfer errungene
Sicherheit unserer Geschichte durch die Einmischung der Un-
bestimmtheit der Sagen in Gefahr zu bringen. Aber darum
ist im Grunde auch denjenigen nichts an den Sagen verloren,
welche lebhaft und aufrichtig gefaßt haben, daß die Ge-
schichte nichts anderes sein solle als die Bewahrerin alles
Herrlichen und Großen, was unter dem menschlichen Ge-
schlecht vergeht und seines Siegs über das Schlechte und Un-
rechte, damit jeder einzelne und ganze Völker sich an dem
unentwendbaren Schatz erfreuen, beraten, trösten, ermuti-
gen und ein Beispiel holen. Wenn also, mit einem Wort, die
Geschichte weder andern Zweck noch Absicht haben soll, als
welche das Epos hat, so muß sie aus dieser Betrachtung auf-
hören, eine Dienerin zu sein der Politik oder Jurisprudenz
oder jeder andern Wissenschaft. Und daß wir endlich diesen
Vorteil erlangen, kann durch die Kenntnis der Volkssagen
erleichtert und mit der Zeit gewonnen werden.

Zur Deutschen Grammatik

*Jakob Grimm hat mit seiner »Deutschen Grammatik«
(4 Teile, 1819–37) die historische Sprachforschung begrün-
det; und zwar geht er von einer vollkommenen Sprache
aus, die er für organisch gewachsen hält. Die rückwärts in
eine nicht zeitlich genau fixierbare Vergangenheit gewandte*

Tendenz der Romantiker wird von ihm entschieden philologisch fruchtbar gemacht, indem seine Forschungen auf den deutschen Denkmälern der Vergangenheit beruhen. Im Vergleich dazu scheint ihm alle gegenwärtige Entwicklung arm und verworren. Auch darin deutet sich die einseitig nationale Auffassung der Romantiker von vergangener deutscher Kultur an.

Grimm entdeckt so wichtige Gesetze wie die von Ablaut und Umlaut, Brechung und Lautverschiebung. Seine entwicklungsbetrachtende Forschung, die also immer fragte, wie es von einem früheren zu einem späteren und schließlich zum heutigen Zustand gekommen ist, versteht man als diachrone Linguistik; sie war im 19. Jahrhundert die wissenschaftliche Methode, die Sprache zu untersuchen.[1]

Sobald die Kritik gesetzgeberisch werden will, verleiht sie dem gegenwärtigen Zustand der Sprache kein neues Leben, sondern stört es gerade auf das empfindlichste. Weiß sie sich hingegen von dieser falschen Ansicht freizuhalten, so ist sie eine wesentliche Stütze und Bedingung für das Studium der Sprache und Poesie. Unter den Griechen fanden sich gelehrte Kritiker oder Grammatiker, welche die größte Sorgfalt darauf verwandten, den Text der alten Dichter, vorzüglich Homers, rein zu bewahren, herzustellen und zu erläutern. Ihre Scholien[2] schreiten häufig in zuweitgetriebene Spitzfindigkeiten aus, allein sie enthalten einen Schatz von Bemerkungen, ohne welche der Nachwelt vieles von dem Wort und Sinn der Quellen rätselhaft geblieben sein würde, und das ist eine gute Weise, wie man die Denkmäler der Vorzeit ehren soll durch unverrückte Festhaltung ihrer Gestalt und

1. *Seit Ferdinand de Saussure (1857–1913) unterscheidet man zwischen Diachronie und Synchronie. Die synchrone Linguistik geht systembetrachtend vor; sie untersucht nun einen vorgegebenen Sprachzustand, weil es in der Sprache praktisch nur Beispiele von Zuständen und nicht – wie Grimm geglaubt hatte – Zeugnisse von Veränderungen gibt.*
2. *erklärende Anmerkungen, besonders zu antiken Schriftstellern.*

Erklärung ihrer Dunkelheiten, nicht durch unwürdiges Abändern und Erneuern. Auch kann es keine andere praktische Richtung der Kritik geben, als die in das Wesen jedes einzelnen Schriftstellers zu dringen und ihn von den Flecken fehlerhafter Abschriften zu säubern sucht; nicht eine solche, die aus ihm oder aus mehrern allgemeine Gesetze für die übrigen, sogar für die Sprache der späteren Zeit überhaupt ziehen möchte. Den griechischen Scholiasten mangelt eigentlich nur der historische Maßstab, sonst würden sie vollendetere Arbeiten geliefert und sich vor Abwegen gehütet haben, die sie kaum umgehen konnten. Bei den lateinischen Grammatikern, von Donat und Priscian an zu rechnen, hat sich schon mehr gesondert, was zu der bloßen Betrachtung der Sprache gehört und was die übrigen Teile der Kritik befaßt. Das Verhältnis war aber auch ganz ein anderes. Die Sprache hatte sich nicht natürlich, sondern gewaltsam und plötzlich gesenkt, sie war ausgestorben, weil die rohe Verwirrung der romanischen Mundarten kaum noch als ihre Fortsetzung betrachtet werden konnte; die dringendste Sorge mußte sich auf die Ergründung ihres inneren Baues aus den bewährten Quellen der alten Zeit wenden. Diese Männer, welche mit Belesenheit und nicht ohne Scharfsinn die Aufgabe lösten, aus der lateinischen Sprache eine Schulsprache zu machen, sind die Stifter der neueren Grammatik, vielmehr die Urheber der meisten bis jetzo gültigen grammatischen Terminologien geworden. Die heutigen Grammatiker sollten die Genauigkeit der lateinischen mit dem weiteren Blick der griechischen zu vereinigen streben und sich vor allem des Vorteils bedienen, der ihnen durch die unverhältnismäßige Erleichterung der historischen Richtung fast von selbst in die Hand gegeben ist.

Man muß sich wundern, wie unhistorisch die neueren Sprachen alle und zumal die des deutschen Stammes behandelt worden sind. Eine Fülle von Denkmälern war uns verliehen, und seit vier Jahrhunderten gebrach es weder an Liebhabern noch an Herausgebern wenigstens der ältesten und ehrwür-

digsten darunter. Die Kenntnis der Wurzeln vervollkomm-
nete sich zwar, aber die Grammatik selbst blieb beständig
zurück; wer die alten Quellen untersuchen konnte, las sie
teils in anderweiter Absicht, teils vernachlässigte er die Be-
trachtung des mittleren Zeitraums, welcher gleichsam zur
Brücke dienen muß, um auf den Zusammenhang der neuen
mit den ältesten Sprachformen zu leiten. Die Grammatiker
ihrerseits bekümmerten sich selten oder gar nicht um die
Denkmäler der mittleren, geschweige der alten Zeit, sondern
achteten höchstens auf das nächstvorhergehende, indem sie
gewöhnlich von der eingebildeten Vortrefflichkeit des der-
maligen Standes der Sprache befangen, aus seinem Maßstab
allein alle Gesetze zu erklären oder vielmehr ihn zum Ge-
setz für die Zukunft zu erheben bemüht waren. Vielleicht
herrscht in keinem andern Teil unserer Literatur eine ähn-
liche Leere, bei aller anscheinenden Fruchtbarkeit, als in der
Grammatik; ohne jene vorhin getadelte unmittelbare An-
wendung auf den Schulgebrauch würde das jährliche Erschei-
nen immer neuer Sprachlehren völlig unbegreiflich sein.
Diese Menge von Büchern kann jeder, der auf den rechten
Pfad zu treten gesonnen ist, ganz ungelesen lassen.
Von dem Gedanken, eine historische Grammatik der deut-
schen Sprache zu unternehmen, sollte sie auch als erster Ver-
such von zukünftigen Schriften bald übertroffen werden,
bin ich lebhaft ergriffen worden. Bei sorgsamem Lesen alt-
deutscher Quellen entdeckte ich täglich Formen und Voll-
kommenheiten, um die wir Griechen und Römer zu neiden
pflegen, wenn wir die Beschaffenheit unserer jetzigen Spra-
che erwägen; Spuren, die noch in dieser trümmerhaft und
gleichsam versteint stehengeblieben, wurden mir allmählich
deutlich und die Übergänge gelöst, wenn das Neue sich zu
dem Mitteln reihen konnte und das Mittele dem Alten die
Hand bot. Zugleich aber zeigten sich die überraschendsten
Ähnlichkeiten zwischen allen verschwisterten Mundarten
und noch ganz übersehene Verhältnisse ihrer Abweichungen.
Diese fortschreitende, unaufhörliche Verbindung bis in das

einzelnste zu ergründen und darzustellen schien von großer
Wichtigkeit; die Ausführung des Plans habe ich mir so voll-
ständig gedacht, daß, was ich gegenwärtig zu leisten vermag,
weit dahintenbleibt.

Kein Volk auf Erden hat eine solche Geschichte für seine
Sprache wie das deutsche. Zweitausend Jahre reichen die
Quellen zurück in seine Vergangenheit, in diesen zweitau-
senden ist kein Jahrhundert ohne Zeugnis und Denkmal.
Welche ältere Sprache der Welt mag eine so lange Reihe von
Begebenheiten aufweisen und jede an sich betrachtet voll-
kommnere, wie die indische oder griechische, wird sie für
das Leben und den Gang der Sprache überhaupt in gleicher
Weise lehrreich sein?

Zum Deutschen Wörterbuch

*In der Vorrede zum ersten Band des »Deutschen Wörter-
buchs« (1854), das gemeinsam mit dem Bruder Wilhelm be-
gonnen wurde und eine enorme wissenschaftliche Leistung
darstellt, spricht Jakob Grimm noch deutlicher als in der
Vorrede zur »Deutschen Grammatik« vom Gelingen des
Werkes unter nationalen Aspekten. Nur »ein heilbringendes
Gestirn« habe diese Leistung möglich gemacht; er sieht sie
im Einklang zweier Zeiten, im »Aufschwung einer deutschen
Philologie« und in der »Empfänglichkeit des Volks für seine
Muttersprache«, beide bewegt durch »erstarkte Liebe zum
Vaterland und untilgbarer Begierde nach seiner festeren
Einigung«. Die Grimmsche Vermischung von konkreter phi-
lologischer Wissenschaft mit einer patriotisch-nationalen
Tendenz ist zunächst vom Zeitbezug her einzusehen, legt
aber zugleich den Grund für die Fehleinschätzungen, für die
nationalen Überheblichkeiten und Irrationalismen, denen
sich dann die Germanistik als Wissenschaft immer wieder
ausgesetzt sah. (Vgl. Boehlich und Kochs.)*

Nachdem diese großen Dichter[1] vor dem ganzen Volk mit immer steigendem Erfolg, was deutsche Sprachgewalt sei und meine, bewährt hatten und durch feindliche Unterjochung in den wehevollen Anfängen dieses Jahrhunderts allen Gemütern eingeprägt war, an diesem Kleinod unsrer Sprache stolzer festzuhalten; fand sich das Bewußtsein eines auch in ihr seit frühster Zeit waltenden Grundgesetzes so erleichtert, daß es nichts als der einfachsten Mittel bedurfte, um es auf einmal zur Anschauung zu bringen. Diese willfährig aufgenommene Erkenntnis traf aber glücklicherweise zusammen mit einer vom Sanskrit her erregten vergleichenden Sprachwissenschaft, welche keiner sie nah oder fern berührenden Spracheigentümlichkeit aus dem Wege gehend vor allen andern auch der einheimischen das gebührende Recht widerfahren zu lassen geneigt sein mußte, in welcher noch mehr als eine Saite zu den volleren Klängen jener ehrwürdigen Sprachmutter anschlug. So hat sich unter mancherlei Gunst und Abgunst allmählich eine deutsche Philologie in bedeutenderem Umfange als je vorher gebildet, deren selbständige Ergebnisse vielfache Frucht tragen, unabhängigen Wert behaupten und fortdauernde Teilnahme in Anspruch nehmen können. Früherhin ließ alles und jedes, was von den Denkmälern unseres Altertums mühsam gedruckt erschienen war, in ein paar Folianten und Quartanten sich beisammen haben; jetzt stehn in den Bibliotheken ganze Gefache von altdeutschen Büchern erfüllt, und die Verleger zagen nicht mehr vor dieser Literatur. Wieviel noch übrig bleibe zu tun, ein rühmlicher Eifer regt sich, alle Lücken zu ergänzen und ungenügende durch bessere Ausgaben zu verdrängen. Nicht länger verschlossen liegen die Quellen unserer Sprache, und ihre Bäche und Ströme dürfen oft bis auf die Stelle zurückgeführt werden, wo sie zum erstenmal vorgebrochen sind; fortan aber kann eine deutsche Grammatik, ein deutsches Wörterbuch, die sich dieser Forschungen und aller daraus

1. Lessing, Klopstock, Goethe, Schiller.

erwachsenen Fordernisse entäußern, weder gelten noch irgend ersprießlichen Dienst leisten.

Von an der Oberfläche klebenden, nicht tiefer eingehenden Arbeiten beginnt heutzutage auch die ernstere Stimmung des Volks sich loszusagen. Aufgelegt zum Betrieb der Naturwissenschaften, die den Verstand beschäftigen und mit einfachen Mitteln, wenn sie recht verwendet werden, das Nützlichste ausrichten, wird ihm auch sonst das Unnütze und Schlechte verleidet; wozu ihm noch immer Handbücher und Auszüge unseres gewaltigen Sprachhortes und alten Erbes vorlegen, die, statt dafür einzunehmen, davon ableiten und nichts als schalen Absud seiner Kraft und Fülle bieten, aus dem keine Nahrung und Sättigung zu gewinnen steht, als sei der unmittelbare Zutritt verschlagen und die eigne Anschau verdeckt. Seit den Befreiungskriegen ist in allen edlen Schichten der Nation anhaltende und unvergehende Sehnsucht entsprungen nach den Gütern, die Deutschland einigen und nicht trennen, die uns allein den Stempel voller Eigenheit aufzudrücken und zu wahren imstande sind. Der großen Zahl von Zeitgenossen, vor deren wachem Auge die nächsten dreißig Jahre darauf sich entrollten, bleibt unvergessen, wie hoch in ihnen die Hoffnungen gingen, wie stolz und rein die Gedanken waren; wenn nach dem Gewitter von 1848 Rückschläge lang und schwerfällig die Luft durchziehen, können Sprache und Geschichte am herrlichsten ihre unerschöpfliche Macht der Beruhigung gewähren. Auch die Kräfte der unendlichen Natur zu ergründen stillt und erhebt, doch ist nicht der Mensch selbst ihre edelste Hervorbringung, sind nicht die Blüten seines Geistes das höchste Ziel? Seiner Dichter und Schriftsteller, nicht allein der heutigen, auch der früher dagewesenen will das Volk nun besser als vorher teilhaft werden und sie mit genießen können; es ist recht, daß durch die wieder aufgetanen Schleusen die Flut des Altertums, so weit sie reiche, bis hin an die Gegenwart spüle. Zur Forschung über den Verhalt der alten, verschollenen Sprache fühlen wenige sich berufen, in der Menge

aber waltet das Bedürfnis, der Trieb, die Neugier, den gesamten Umfang und alle Mittel unsrer lebendigen, nicht der zerlegten und aufgelösten Sprache kennenzulernen. Die Grammatik ihrer Natur nach ist für Gelehrte, Ziel und Bestimmung des allen Leuten dienenden Wörterbuchs [...] sind neben einer gelehrten und begeisterten Grundlage notwendig auch im edelsten Sinne praktisch.

Durch warme Teilnahme des Volks allein ist die Erscheinung dieses deutschen Wörterbuchs möglich und sicher geworden, das also im auffallenden Gegensatz steht zu den Wörterbüchern anderer Landessprachen, die von gelehrten Gesellschaften ausgegangen auf öffentliche Kosten an das Licht getreten sind, wie es in Frankreich, Spanien, Dänemark geschah.

Zu S. 157:
1. Vgl. die ausführliche Einleitung von Ernst Behler in der Kritischen Friedrich-Schlegel-Ausgabe, 1. Abt. Bd. 7 Studien zur Geschichte und Politik, Paderborn 1966, S. XVII f.

V. Zeit und Gesellschaft

*Die frühromantischen Zeugnisse sind in erster Linie Ausein-
andersetzungen mit Literatur und Kunst. So stehen auch
Friedrich Schlegels Bemerkungen zur Französischen Revolu-
tion im Kontext seiner kunsttheoretischen Überlegungen; die
Revolution ist eine Evolution zur Erneuerung der Poesie.
In der Französischen Revolution sieht er auch nur eine
Zwischenstufe der Revolution, während Novalis in seiner
Schrift »Die Christenheit oder Europa« nicht die positive
Wirkung der Revolution erkennt und ihre Auswirkungen
negativ einschätzt; er setzt dem politischen Chaos die Ein-
heit des katholischen Christentums in einem glänzenden
Mittelalterbild entgegen. August Wilhelm Schlegels Vor-
lesung über Schöne Literatur und Kunst setzt sich ebenfalls
für eine geistige Einheit Europas ein. Je mehr allerdings
Friedrich Schlegel aus dem engeren romantischen Kreis hin-
ausdrängt – etwa in der Gründung der Zeitschrift »Europa«
in Paris –, desto mehr wendet er sich auch der Tagesaktuali-
tät zu. Man kann ziemlich genau verfolgen, wie seit 1804
das literarische Interesse abnimmt und bis 1822 die Beschäf-
tigung mit den großen Themen wie Nation, Staat, Franzö-
sische Revolution, Vereintes Europa, volkswirtschaftliche
Probleme in den Vordergrund treten. Dieser spätere und
späte Friedrich Schlegel ist erst allmählich ins Interesse der
Forschung gerückt (da auch ein großer Teil dieser Schriften
nicht mehr zugänglich oder noch nicht publiziert war). Aus-
gangspunkt für Schlegels politisches Interesse war allerdings
schon Kants Schrift »Zum ewigen Frieden« (1795), die er in
dem »Versuch über den Begriff des Republikanismus«
(1796) dahin interpretiert, daß er die Freiheit monarchisch,
die Verfassung ständisch, den Staat universalistisch sieht,
den österreichischen Völkerstaat als Modell für einen über-
nationalen Verbandsstaat.*[1]

Eine umfangreiche nationalpolitische Literatur entsteht in der intensiven Auseinandersetzung mit Napoleons Herrschaft; eingeleitet wird das politische Schrifttum schon durch Görres, der in der Zeitschrift »Aurora« 1804/05 die eigene Gegenwart als Verfallszeit deutet. Zu dieser Zeit sucht er allerdings den Weg in die Vergangenheit noch im Rückgriff auf Mythos und Sage. Der patriotische Enthusiasmus der späteren Romantik steht dann in seiner Engstirnigkeit in krassem Gegensatz zur geistigen Überlegenheit des frühromantischen Universalismus. Ein Zusammenhang zwischen früher und späterer Romantik ist auf diesem Gebiet kaum mehr gegeben. Preußisch-konservativ ging es bei Arnim, Brentano, Kleist und ihrer »Christlich-deutschen Tischgesellschaft« zu, die Juden und Philister nicht als Mitglieder zuließ. Es ist erstaunlich, wie Fichtes Idealismus in seinen »Reden an die deutsche Nation« in einem »praktikablen« Programm zurückgenommen wurde, indem er die Erneuerung der Nation durch Erziehung forderte. Ernst Moritz Arndt verfaßte zahlreiche Kriegslieder und setzte sich in vier voluminösen Bänden »Geist der Zeit« für die nationale Erhebung gegen Napoleon ein. Kleist fordert in seinem »Katechismus der Deutschen« bedingungslosen Kampf unter der Devise: Lieber tot als Sklave, »weil es Gott lieb ist, wenn Menschen ihrer Freiheit wegen sterben«. Die im Freiheitskampf gewonnene Gemeinschaft ging schließlich in konfessionellen Querelen wieder auseinander, und Eichendorff stellte fest, daß diese Art »moderner Vaterländerei« nur »ein imaginäres Deutschland« hervorgebracht habe, »das weder recht vernünftig noch recht historisch« gewesen sei.

Schon weit davon abgerückt müssen die sozialrevolutionären Unternehmungen und die politischen Einflußnahmen der Bettina von Arnim in den vierziger Jahren gesehen werden. Mit ihren Dokumenten über die Armut und dem Versuch, ein Armenbuch zu verfassen, hatte sie begriffen, was in der romantischen Geistesbewegung, deren Kind sie ja schließlich auch war, nur als dumpfe Ahnung und Bedrohung empfun-

den wurde: das Heraufkommen des industriellen Zeitalters
und seine unmittelbaren Folgen.

FRIEDRICH SCHLEGEL

Über die Französische Revolution

Zwei »Athenäum«-Fragmente spiegeln Schlegels Stellung
zur Französischen Revolution besonders deutlich; er sieht sie
eben nur als eine große Tendenz (vgl. Einleitung). Schlegel
geht über die herrschende Ansicht von der Französischen
Revolution als einem Urbild der Revolution hinaus und
bringt sie mit dem Grotesken, Willkürlichen und Paradoxen
zusammen (vgl. Kap. VI, 1, das Groteske in »Rede über die
Mythologie« und »Brief über den Roman«). Er sieht ferner
in den Franzosen deshalb nur eine »chemische« Nation, weil
sie sich noch in einer Zwischenform, in einer Vorstufe zur
organischen befindet – in der Bedeutung jenes anderen
»Athenäum«-Fragments: »Verstand ist mechanischer, Witz
ist chemischer, Genie organischer Geist.« Insofern war die
Revolution für die Frühromantik nicht die treibende Kraft
für neue Denkansätze, keine radikale Revolutionierung des
Geistes, Schlegel sah vielmehr in der Aufnahme traditionel-
ler Elemente und in der Selbstbeschränkung die eigentlich
neuen Kräfte.

Man kann die Französische Revolution als das größte und
merkwürdigste Phänomen der Staatengeschichte betrachten,
als ein fast universelles Erdbeben, eine unermeßliche Über-
schwemmung in der politischen Welt; oder als ein Urbild der
Revolutionen, als die Revolution schlechthin. Das sind die
gewöhnlichen Gesichtspunkte. Man kann sie aber auch be-
trachten als den Mittelpunkt und den Gipfel des französi-

schen Nationalcharakters, wo alle Paradoxien desselben zu-
sammengedrängt sind; als die furchtbarste Groteske des
Zeitalters, wo die tiefsinnigsten Vorurteile und die gewalt-
samsten Ahndungen desselben in ein grauses Chaos gemischt,
zu einer ungeheuren Tragikomödie der Menschheit so bizarr
als möglich verwebt sind. Zur Ausführung dieser histori-
schen Ansichten findet man nur noch einzelne Züge. [. . .]

Es ist natürlich, daß die Franzosen etwas dominieren im
Zeitalter. Sie sind eine chemische Nation, der chemische Sinn
ist bei ihnen am allgemeinsten erregt, und sie machen ihre
Versuche auch in der moralischen Chemie immer im großen.
Das Zeitalter ist gleichfalls ein chemisches Zeitalter. Revo-
lutionen sind universelle, nicht organische, sondern chemische
Bewegungen. Der große Handel ist die Chemie der großen
Ökonomie; es gibt wohl auch eine Alchemie der Art. Die
chemische Natur des Romans, der Kritik, des Witzes, der
Gesellikeit, der neuesten Rhetorik und der bisherigen
Historie leuchtet von selbst ein. Ehe man nicht zu einer Cha-
rakteristik des Universums und zu einer Einteilung der
Menschheit gelangt ist, muß man sich nur mit Notizen über
den Grundton und einzelne Manieren des Zeitalters begnü-
gen lassen, ohne den Riesen auch nur silhouettieren zu kön-
nen. Denn wie wollte man ohne jene Vorkenntnisse bestim-
men, ob das Zeitalter wirklich ein Individuum oder vielleicht
nur ein Kollisionspunkt andrer Zeitalter sei; wo es bestimmt
anfange und endige? Wie wäre es möglich, die gegenwärtige
Periode der Welt richtig zu verstehen und zu interpungieren,
wenn man nicht wenigstens den allgemeinen Charakter der
nächstfolgenden antizipieren dürfte? Nach der Analogie je-
nes Gedankens würde auf das chemische ein organisches
Zeitalter folgen, und dann dürften die Erdbürger des näch-
sten Sonnenumlaufs wohl bei weitem nicht so groß von uns
denken wie wir selbst, und vieles, was jetzt bloß angestaunt
wird, nur für nützliche Jugendübungen der Menschheit hal-
ten.

NOVALIS

Die Christenheit oder Europa

1799 für die Zeitschrift »Athenäum« geschrieben, löste der Aufsatz im Jenaer Kreis heftige Diskussionen aus; Goethe, als Schiedsrichter angerufen, verhinderte schließlich die Publikation. Laut einer Mitteilung von Tieck fand man die historische Ansicht angeblich zu schwach und nicht genügend fundiert. Die Mißverständnisse, denen der Aufsatz ausgesetzt war, rühren daher, daß er als Rede z. T. von polemischer Tendenz konzipiert ist. Grundidee ist die Demonstration, wie eine Lösung des durch die Französische Revolution hervorgerufenen Konflikts möglich werden soll. So werden die Errungenschaften der Aufklärung zwar im einzelnen als notwendig anerkannt, diese Epoche aber bereits als Verfallszeit einem glanzvollen Mittelalterbild gegenübergestellt, welches wiederum selbst im Widerspruch zu dem Mittelalterbild der Aufklärung steht. Reformation, Aufklärung, Französische Revolution haben zur religiösen Anarchie geführt (zur Spaltung Europas), diese als vorübergehender Zustand ist Vorbedingung für eine neue Christenheit. Die Vereinigung von Altem und Neuem, der antagonistischen Kräfte durch einen neuen progressiven Erziehungsplan der Kirche, ist Novalis' Hoffnung.

Es waren schöne glänzende Zeiten, wo Europa ein christliches Land war, wo *Eine* Christenheit diesen menschlich gestalteten Weltteil bewohnte; *Ein* großes gemeinschaftliches Interesse verband die entlegensten Provinzen dieses weiten geistlichen Reichs. – Ohne große weltliche Besitztümer lenkte und vereinigte *Ein* Oberhaupt, die großen politischen Kräfte. – Eine zahlreiche Zunft zu der jedermann den Zutritt hatte, stand unmittelbar unter demselben und vollführte seine Winke und strebte mit Eifer seine wohltätige Macht zu befestigen. Jedes Glied dieser Gesellschaft wurde allenthal-

ben geehrt, und wenn die gemeinen Leute Trost oder Hülfe, Schutz oder Rat bei ihm suchten, und gerne dafür seine mannigfaltigen Bedürfnisse reichlich versorgten, so fand es auch bei den Mächtigeren Schutz, Ansehn und Gehör, und alle pflegten diese auserwählten, mit wunderbaren Kräften ausgerüsteten Männer, wie Kinder des Himmels, deren Gegenwart und Zuneigung mannigfachen Segen verbreitete. Kindliches Zutrauen knüpfte die Menschen an ihre Verkündigungen. – Wie heiter konnte jedermann sein irdisches Tagewerk vollbringen, da ihm durch diese heilige Menschen eine sichere Zukunft bereitet, und jeder Fehltritt durch sie vergeben, jede mißfarbige Stelle des Lebens durch sie ausgelöscht, und geklärt wurde. Sie waren die erfahrnen Steuerleute auf dem großen unbekannten Meere, in deren Obhut man alle Stürme geringschätzen, und zuversichtlich auf eine sichre Gelangung und Landung an der Küste der eigentlichen vaterländischen Welt rechnen durfte.

Die wildesten, gefräßigsten Neigungen mußten der Ehrfurcht und dem Gehorsam gegen ihre Worte weichen. Friede ging von ihnen aus. – Sie predigten nichts als Liebe zu der heiligen, wunderschönen Frau der Christenheit, die mit göttlichen Kräften versehen, jeden Gläubigen aus den schrecklichsten Gefahren zu retten bereit war. Sie erzählten von längst verstorbenen himmlischen Menschen, die durch Anhänglichkeit und Treue an jene selige Mutter und ihr himmlisches, freundliches Kind, die Versuchung der irdischen Welt bestanden, zu göttlichen Ehren gelangt und nun schützende, wohltätige Mächte ihrer lebenden Brüder, willige Helfer in der Not, Vertreter menschlicher Gebrechen und wirksame Freunde der Menschheit am himmlischen Throne geworden waren. Mit welcher Heiterkeit verließ man die schönen Versammlungen in den geheimnisvollen Kirchen, die mit ermunternden Bildern geschmückt, mit süßen Düften erfüllt, und von heiliger erhebender Musik belebt waren. In ihnen wurden die geweihten Reste ehemaliger gottesfürchtiger Menschen dankbar, in köstlichen Behältnissen aufbewahrt. – Und

an ihnen offenbarte sich die göttliche Güte und Allmacht, die mächtige Wohltätigkeit dieser glücklichen Frommen, durch herrliche Wunder und Zeichen. So bewahren liebende Seelen, Locken oder Schriftzüge ihrer verstorbenen Geliebten, und nähren die süße Glut damit, bis an den wiedervereinigenden Tod. Man sammelte mit inniger Sorgfalt überall was diesen geliebten Seelen angehört hatte, und jeder pries sich glücklich der eine so tröstliche Reliquie erhalten oder nur berühren konnte. Hin und wieder schien sich die himmlische Gnade vorzüglich auf ein seltsames Bild, oder einen Grabhügel niedergelassen zu haben. – Dorthin strömten aus allen Gegenden Menschen mit schönen Gaben und brachten himmlische Gegengeschenke: Frieden der Seele und Gesundheit des Leibes, zurück. Emsig suchte diese mächtige friedenstiftende Gesellschaft, alle Menschen dieses schönen Glaubens teilhaftig zu machen und sandte ihre Genossen in alle Weltteile, um überall das Evangelium des Lebens zu verkündigen, und das Himmelreich zum einzigen Reiche auf dieser Welt zu machen. Mit Recht widersetzte sich das weise Oberhaupt der Kirche, frechen Ausbildungen menschlicher Anlagen auf Kosten des heiligen Sinns, und unzeitigen gefährlichen Entdeckungen im Gebiete des Wissens. So wehrte er den kühnen Denkern öffentlich zu behaupten, daß die Erde ein unbedeutender Wandelstern sei, denn er wußte wohl, daß die Menschen mit der Achtung für ihren Wohnsitz und ihr irdisches Vaterland, auch die Achtung vor der himmlischen Heimat und ihrem Geschlecht verlieren, und das eingeschränkte Wissen dem unendlichen Glauben vorziehn und sich gewöhnen würden alles Große und Wunderwürdige zu verachten, und als tote Gesetzwirkung zu betrachten. An seinem Hofe versammelten sich alle klugen und ehrwürdigen Menschen aus Europa. Alle Schätze flossen dahin, das zerstörte Jerusalem hatte sich gerächt, und Rom selbst war Jerusalem, die heilige Residenz der göttlichen Regierung auf Erden geworden. Fürsten legten ihre Streitigkeiten dem Vater der Christenheit vor, willig ihm ihre Kro-

nen und ihre Herrlichkeit zu Füßen, ja sie achteten es sich
zum Ruhm, als Mitglieder dieser hohen Zunft, den Abend
ihres Lebens in göttlichen Betrachtungen zwischen einsamen
Klostermauern zu beschließen. Wie wohltätig, wie angemes-
sen der innern Natur der Menschen, diese Regierung, diese
Einrichtung war, zeigte das gewaltige Emporstreben aller
andern menschlichen Kräfte, die harmonische Entwickelung
aller Anlagen; die ungeheure Höhe, die einzelne Menschen
in allen Fächern der Wissenschaften des Lebens und der
Künste erreichten und der überall blühende Handelsverkehr
mit geistigen und irdischen Waren, in dem Umkreis von
Europa und bis in das fernste Indien hinaus. –
Das waren die schönen wesentlichen Züge der echt katholi-
schen oder echt christlichen Zeiten. Noch war die Menschheit
für dieses herrliche Reich nicht reif, nicht gebildet genug. Es
war eine erste Liebe, die im Drucke des Geschäftlebens ent-
schlummerte, deren Andenken durch eigennützige Sorgen
verdrängt, und deren Band nachher als Trug und Wahn aus-
geschrien und nach spätern Erfahrungen beurteilt, – auf im-
mer von einem großen Teil der Europäer zerrissen wurde.
Diese innere große Spaltung, die zerstörende Kriege beglei-
teten, war ein merkwürdiges Zeichen der Schädlichkeit der
Kultur für den Sinn des Unsichtbaren, wenigstens einer
temporellen Schädlichkeit der Kultur einer gewissen Stufe.
Vernichtet kann jener unsterbliche Sinn nicht werden, aber
getrübt, gelähmt, von andern Sinnen verdrängt. – Eine län-
gere Gemeinschaft der Menschen vermindert die Neigungen,
den Glauben an ihr Geschlecht, und gewöhnt sie ihr ganzes
Dichten und Trachten, den Mitteln des Wohlbefindens allein
zuzuwenden, die Bedürfnisse und die Künste ihrer Befriedi-
gung werden verwickelter, der habsüchtige Mensch hat so
viel Zeit nötig sich mit ihnen bekannt zu machen und Fertig-
keiten in ihnen sich zu erwerben, daß keine Zeit zum stillen
Sammeln des Gemüts, zur aufmerksamen Betrachtung der
innern Welt übrig bleibt. – In Kollisions-Fällen scheint ihm
das gegenwärtige Interesse näher zu liegen, und so fällt die

schöne Blüte seiner Jugend, Glauben und Liebe ab, und macht den derbern Früchten, Wissen und Haben Platz. Man gedenkt des Frühlings im Spätherbst, wie eines kindischen Traums und hofft mit kindischer Einfalt, die vollen Speicher sollen auf immer aushalten. Eine gewisse Einsamkeit scheint dem Gedeihen der höhern Sinne notwendig zu sein, und daher muß ein zu ausgebreiteter Umgang der Menschen mit einander, manchen heiligen Keim ersticken und die Götter, die den unruhigen Tumult zerstreuender Gesellschaften, und die Verhandlungen kleinlicher Angelegenheiten fliehen, verscheuchen. Überdem haben wir ja mit Zeiten und Perioden zu tun, und ist diesen eine Oszillation, ein Wechsel entgegengesetzter Bewegungen nicht wesentlich? und ist diesen eine beschränkte Dauer nicht eigentümlich, ein Wachstum und ein Abnehmen nicht ihre Natur? aber auch eine Auferstehung, eine Verjüngung, in neuer, tüchtiger Gestalt, nicht auch von ihnen mit Gewißheit zu erwarten? fortschreitende, immer mehr sich vergrößernde Evolutionen sind der Stoff der Geschichte. – Was jetzt nicht die Vollendung erreicht, wird sie bei einem künftigen Versuch erreichen, oder bei einem abermaligen; vergänglich ist nichts was die Geschichte ergriff, aus unzähligen Verwandlungen geht es in immer reicheren Gestalten erneuet wieder hervor. Einmal war doch das Christentum mit voller Macht und Herrlichkeit erschienen, bis zu einer neuen Welt-Inspiration herrschte seine Ruine, sein Buchstabe mit immer zunehmender Ohnmacht und Verspottung. Unendliche Trägheit lag schwer auf der sicher gewordenen Zunft der Geistlichkeit. Sie war stehn geblieben im Gefühl ihres Ansehns und ihrer Bequemlichkeit, während die Laien ihr unter den Händen Erfahrung und Gelehrsamkeit entwandt und mächtige Schritte auf dem Wege der Bildung vorausgetan hatten. In der Vergessenheit ihres eigentlichen Amts, die Ersten unter den Menschen an Geist, Einsicht und Bildung zu sein, waren ihnen die niedrigen Begierden zu Kopf gewachsen, und die Gemeinheit und Niedrigkeit ihrer Denkungsart wurde durch ihre Kleidung

und ihren Beruf noch widerlicher. So fielen Achtung und Zutrauen, die Stützen dieses und jedes Reichs, allmählich weg, und damit war jene Zunft vernichtet, und die eigentliche Herrschaft Roms hatte lange vor der gewaltsamen Insurrektion stillschweigend aufgehört. Nur kluge, also auch nur zeitliche, Maßregeln hielten den Leichnam der Verfassung noch zusammen, und bewahrten ihn vor zu schleuniger Auflösung, wohin denn z. B. die Abschaffung der Priester-Ehe vorzüglich gehörte. – Eine Maßregel die analog angewandt auch dem ähnlichen Soldatenstand eine fürchterliche Konsistenz verleihen und sein Leben noch lange fristen könnte. Was war natürlicher, als daß endlich ein feuerfangender Kopf öffentlichen Aufstand gegen den despotischen Buchstaben der ehemaligen Verfassung predigte, und mit um so größerm Glück, da er selbst Zunft-Genosse war. –

Mit Recht nannten sich die Insurgenten Protestanten, denn sie protestierten feierlich gegen jede Anmaßung einer unbequemen und unrechtmäßig scheinenden Gewalt über das Gewissen. Sie nahmen ihr stillschweigend abgegebenes Recht auf Religions-Untersuchung, Bestimmung und Wahl, als vakant wieder einstweilen an sich zurück. Sie stellten auch eine Menge richtiger Grundsätze auf, führten eine Menge löblicher Dinge ein, und schafften eine Menge verderblicher Satzungen ab; aber sie vergaßen das notwendige Resultat ihres Prozesses; trennten das Untrennbare, teilten die unteilbare Kirche und rissen sich frevelnd aus dem allgemeinen christlichen Verein, durch welchen und in welchem allein die echte, dauernde Wiedergeburt möglich war. Der Zustand religiöser Anarchie darf nur vorübergehend sein, denn der notwendige Grund, eine Zahl Menschen lediglich diesem hohen Berufe zu widmen, und diese Zahl Menschen unabhängig von der irdischen Gewalt in Rücksicht dieser Angelegenheiten zu machen, bleibt in fortdauernder Wirksamkeit und Gültigkeit. – Die Errichtung der Konsistorien und die Beibehaltung einer Art Geistlichkeit half diesem Bedürfnisse nicht ab, und war kein zureichender Ersatz. Unglücklicher-

weise hatten sich die Fürsten in diese Spaltung gemischt, und viele benutzten diese Streitigkeiten zur Befestigung und Erweiterung ihrer landesherrlichen Gewalt und Einkünfte. Sie waren froh jenes hohen Einflusses überhoben zu sein und nahmen die neuen Konsistorien nun unter ihre landesväterliche Beschützung und Leitung. Sie waren eifrigst besorgt die gänzliche Vereinigung der protestantischen Kirchen zu hindern, und so wurde die Religion irreligiöserweise in Staats-Grenzen eingeschlossen, und damit der Grund zur allmählichen Untergrabung des religiösen kosmopolitischen Interesse gelegt. So verlor die Religion ihren großen politischen friedestiftenden Einfluß, ihre eigentümliche Rolle des vereinigenden, individualisierenden Prinzips, der Christenheit. Der Religionsfriede ward nach ganz fehlerhaften und religionswidrigen Grundsätzen abgeschlossen, und durch die Fortsetzung des sogenannten Protestantismus etwas durchaus Widersprechendes – eine Revolutions-Regierung permanent erklärt.

Indes liegt dem Protestantismus bei weitem nicht bloß jener reine Begriff zum Grunde, sondern Luther behandelte das Christentum überhaupt willkürlich, verkannte seinen Geist, und führte einen andern Buchstaben und eine andere Religion ein, nämlich die heilige Allgemeingültigkeit der Bibel, und damit wurde leider eine andere höchst fremde irdische Wissenschaft in die Religionsangelegenheit gemischt – die Philologie – deren auszehrender Einfluß von da an unverkennbar wird. Er wurde selbst aus dunkelm Gefühl dieses Fehlgriffs bei einem großen Teil der Protestanten zum Rang eines Evangelisten erhoben und seine Übersetzung kanonisiert.

Dem religiösen Sinn war diese Wahl höchst verderblich, da nichts seine Irritabilität so vernichtet, wie der Buchstabe. Im ehemaligen Zustande hatte dieser bei dem großen Umfange[,] der Geschmeidigkeit und dem reichhaltigen Stoff des katholischen Glaubens, so wie der Esoterisierung der Bibel und der heiligen Gewalt der Konzilien und des geist-

lichen Oberhaupts, nie so schädlich werden können; jetzt aber wurden diese Gegenmittel vernichtet, die absolute Popularität der Bibel behauptet, und nun drückte der dürftige Inhalt, der rohe abstrakte Entwurf der Religion in diesen Büchern desto merklicher, und erschwerte dem heiligen Geiste die freie Belebung, Eindringung und Offenbarung unendlich.

Daher zeigt uns auch die Geschichte des Protestantismus keine herrlichen großen Erscheinungen des Überirdischen mehr, nur sein Anfang glänzt durch ein vorübergehendes Feuer des Himmels, bald nachher ist schon die Vertrocknung des heiligen Sinns bemerklich; das Weltliche hat die Oberhand gewonnen, der Kunstsinn leidet sympathetisch mit, nur selten, daß hie und da ein gediegener, ewiger Lebensfunke hervorspringt, und eine kleine Gemeinde sich assimiliert. Er verlischt und die Gemeinde fließt wieder auseinander und schwimmt mit dem Strome fort. So Zinzendorf, Jacob Böhme und mehrere. Die Moderatisten behalten die Oberhand, und die Zeit nähert sich einer gänzlichen Atonie der höhern Organe, der Periode des praktischen Unglaubens. Mit der Reformation wars um die Christenheit getan. Von nun an war keine mehr vorhanden. Katholiken und Protestanten oder Reformierte standen in sektierischer Abgeschnittenheit weiter von einander, als von Mahomedanern und Heiden. Die übriggebliebenen katholischen Staaten vegetierten fort, nicht ohne den schädlichen Einfluß der benachbarten protestantischen Staaten unmerklich zu fühlen. Die neuere Politik entstand erst in diesem Zeitpunkt, und einzelne mächtige Staaten suchten den vakanten Universalstuhl, in einen Thron verwandelt, in Besitz zu nehmen.

Den meisten Fürsten schien es eine Erniedrigung sich nach einem ohnmächtigen Geistlichen zu genieren. – Sie fühlten zum erstenmal das Gewicht ihrer körperlichen Kraft auf Erden, sahen die himmlischen Mächte untätig bei Verletzung ihrer Repräsentanten, und suchten nun allgemach ohne Aufsehn vor den noch eifrig päpstlich gesinnten Untertanen das

lästige römische Joch abzuwerfen und sich unabhängig auf
Erden zu machen. – Ihr unruhiges Gewissen beruhigten
kluge Seelsorger, die nichts dabei verloren, daß ihre geist-
lichen Kinder die Disposition über das Kirchenvermögen
sich anmaßten.

Zum Glück für die alte Verfassung tat sich jetzt ein neu ent-
standener Orden hervor, auf welchen der sterbende Geist
der Hierarchie seine letzten Gaben ausgegossen zu haben
schien, der mit neuer Kraft das Alte zurüstete und mit wun-
derbarer Einsicht und Beharrlichkeit, klüger, als je vorher
geschehen, sich des päpstlichen Reichs und seiner mächtigern
Regeneration annahm. Noch war keine solche Gesellschaft in
der Weltgeschichte anzutreffen gewesen. Mit größerer Sicher-
heit des Erfolgs hatte selbst der alte römische Senat nicht
Pläne zur Welteroberung entworfen. Mit größerem Ver-
stand war an die Ausführung einer größeren Idee noch nicht
gedacht worden. Ewig wird diese Gesellschaft ein Muster
aller Gesellschaften sein, die eine organische Sehnsucht nach
unendlicher Verbreitung und ewiger Dauer fühlen, – aber
auch ewig ein Beweis, daß die unbewachte Zeit allein die
klügsten Unternehmungen vereitelt, und der natürliche
Wachstum des ganzen Geschlechts unaufhaltsam den künst-
lichen Wachstum eines Teils unterdrückt. Alles einzelne für
sich hat ein eigenes Maß von Fähigkeit, nur die Kapazität
des Geschlechts ist unermeßlich. Alle Pläne müssen fehlschla-
gen, die nicht auf alle Anlagen des Geschlechts vollständig
angelegte Pläne sind. Noch merkwürdiger wird diese Gesell-
schaft, als Mutter der sogenannten geheimen Gesellschaften,
eines jetzt noch unreifen, aber gewiß wichtigen geschicht-
lichen Keims. Einen gefährlichern Nebenbuhler konnte der
neue Lutheranismus, nicht Protestantismus, gewiß nicht er-
halten. Alle Zauber des katholischen Glaubens wurden unter
seiner Hand noch kräftiger, die Schätze der Wissenschaften
flossen in seine Zelle zurück. Was in Europa verloren war,
suchten sie in den andern Weltteilen, in dem fernsten Abend
und Morgen, vielfach wiederzugewinnen, und die aposto-

lische Würde und Beruf sich zuzueignen und geltend zu
machen. Auch sie blieben in den Bemühungen nach Populari-
tät nicht zurück, und wußten wohl wieviel Luther seinen de-
magogischen Künsten, seinem Studium des gemeinen Volks zu
verdanken gehabt hatte. Überall legten sie Schulen an, dran-
gen in die Beichtstühle, bestiegen die Katheder und beschäf-
tigten die Pressen, wurden Dichter und Weltweise, Minister
und Märtyrer, und blieben in der ungeheuren Ausdehnung
von Amerika über Europa nach China in dem wunderbar-
sten Einverständnis der Tat und der Lehre. Aus ihren Schu-
len rekrutierten sie mit weiser Auswahl ihren Orden. Gegen
die Lutheraner predigten sie mit zerstörendem Eifer und
suchten die grausamste Vertilgung dieser Ketzer, als eigent-
licher Genossen des Teufels, zur dringendsten Pflicht der
katholischen Christenheit zu machen. Ihnen allein hatten die
katholischen Staaten und insonderheit der päpstliche Stuhl
ihr langes Überleben der Reformation zu danken gehabt,
und wer weiß, wie alt die Welt noch aussehn würde, wenn
nicht schwache Obere, Eifersucht der Fürsten und andern
geistlichen Orden, Hofintrigen und andere sonderbare Um-
stände ihren kühnen Lauf unterbrochen und mit ihnen diese
letzte Schutzwehr der katholischen Verfassung beinah ver-
nichtet hätten. Jetzt schläft er, dieser furchtbare Orden, in
armseliger Gestalt an den Grenzen von Europa, vielleicht
daß er von daher sich, wie das Volk das ihn beschützt, mit
neuer Gewalt einst über seine alte Heimat, vielleicht unter
anderm Namen, verbreitet.

Die Reformation war ein Zeichen der Zeit gewesen. Sie war
für ganz Europa bedeutend, wenn sie gleich nur im wahr-
haft freien Deutschland öffentlich ausgebrochen war. Die
guten Köpfe aller Nationen waren heimlich mündig gewor-
den, und lehnten sich im täuschenden Gefühl ihres Berufs
um desto dreister gegen verjährten Zwang auf. Aus Instinkt
ist der Gelehrte Feind der Geistlichkeit nach alter Verfas-
sung; der gelehrte und der geistliche Stand müssen Vertil-
gungskriege führen, wenn sie getrennt sind; denn sie streiten

um Eine Stelle. Diese Trennung tat sich immer mehr hervor, und die Gelehrten gewannen desto mehr Feld, je mehr sich die Geschichte der europäischen Menschheit dem Zeitraum der triumphierenden Gelehrsamkeit näherte, und Wissen und Glauben in eine entschiedenere Opposition traten. Im Glauben suchte man den Grund der allgemeinen Stockung, und durch das durchdringende Wissen hoffte man sie zu heben. Überall litt der heilige Sinn unter den mannigfachen Verfolgungen seiner bisherigen Art, seiner zeitigen Personalität. Das Resultat der modernen Denkungsart nannte man Philosophie und rechnete alles dazu was dem Alten entgegen war, vorzüglich also jeden Einfall gegen die Religion. Der anfängliche Personalhaß gegen den katholischen Glauben ging allmählich in Haß gegen die Bibel, gegen den christlichen Glauben und endlich gar gegen die Religion über. Noch mehr – der Religions-Haß dehnte sich sehr natürlich und folgerecht auf alle Gegenstände des Enthusiasmus aus, verketzerte Phantasie und Gefühl, Sittlichkeit und Kunstliebe, Zukunft und Vorzeit, setzte den Menschen in der Reihe der Naturwesen mit Not obenan, und machte die unendliche schöpferische Musik des Weltalls zum einförmigen Klappern einer ungeheuren Mühle, die vom Strom des Zufalls getrieben und auf ihm schwimmend, eine Mühle an sich, ohne Baumeister und Müller und eigentlich ein echtes Perpetuum mobile, eine sich selbst mahlende Mühle sei.

Ein Enthusiasmus ward großmütig dem armen Menschengeschlechte übrig gelassen und als Prüfstein der höchsten Bildung jedem Aktionär derselben unentbehrlich gemacht. – Der Enthusiasmus für diese herrliche, großartige Philosophie und insbesondere für ihre Priester und ihre Mystagogen. Frankreich war so glücklich der Schoß und der Sitz dieses neuen Glaubens zu werden, der aus lauter Wissen zusammengeklebt war. So verschrien die Poesie in dieser neuen Kirche war, so gab es doch einige Poeten darunter, die des Effekts wegen, noch des alten Schmucks und der alten Lichter sich bedienten, aber dabei in Gefahr kamen, das neue

Weltsystem mit altem Feuer zu entzünden. Klügere Mitglieder wußten jedoch die schon warmgewordenen Zuhörer sogleich wieder mit kaltem Wasser zu begießen. Die Mitglieder waren rastlos beschäftigt, die Natur, den Erdboden, die menschlichen Seelen und die Wissenschaften von der Poesie zu säubern, – jede Spur des Heiligen zu vertilgen, das Andenken an alle erhebende Vorfälle und Menschen durch Sarkasmen zu verleiden, und die Welt alles bunten Schmucks zu entkleiden. Das Licht war wegen seines mathematischen Gehorsams und seiner Frechheit ihr Liebling geworden. Sie freuten sich, daß es sich eher zerbrechen ließ, als daß es mit Farben gespielt hätte, und so benannten sie nach ihm ihr großes Geschäft, Aufklärung. In Deutschland betrieb man dieses Geschäft gründlicher, man reformierte das Erziehungswesen, man suchte der alten Religion einen neuern vernünftigen, gemeinern Sinn zu geben, indem man alles Wunderbare und Geheimnisvolle sorgfältig von ihr abwusch; alle Gelehrsamkeit ward aufgeboten um die Zuflucht zur Geschichte abzuschneiden, indem man die Geschichte zu einem häuslichen und bürgerlichen Sitten- und Familien-Gemälde zu veredeln sich bemühte. – Gott wurde zum müßigen Zuschauer des großen rührenden Schauspiels, das die Gelehrten aufführten, gemacht, welcher am Ende die Dichter und Spieler feierlich bewirten und bewundern sollte. Das gemeine Volk wurde recht mit Vorliebe aufgeklärt, und zu jenem gebildeten Enthusiasmus erzogen, und so entstand eine neue europäische Zunft: die Philanthropen und Aufklärer. Schade daß die Natur so wunderbar und unbegreiflich, so poetisch und unendlich blieb, allen Bemühungen sie zu modernisieren zum Trotz. Duckte sich ja irgendwo ein alter Aberglaube an eine höhere Welt und sonst auf, so wurde gleich von allen Seiten Lärm geblasen, und wo möglich der gefährliche Funke durch Philosophie und Witz in der Asche erstickt; dennoch war Toleranz das Losungswort der Gebildeten, und besonders in Frankreich gleichbedeutend mit Philosophie. Höchst merkwürdig ist diese Geschichte des modernen

Unglaubens, und der Schlüssel zu allen ungeheuren Phäno-
menen der neuern Zeit. Erst in diesem Jahrhundert und be-
sonders in seiner letzten Hälfte beginnt sie und wächst in
kurzer Zeit zu einer unübersehlichen Größe und Mannigfaltig-
keit; eine zweite Reformation, eine umfassendere und eigen-
tümlichere war unvermeidlich, und mußte das Land zuerst
treffen, das am meisten modernisiert war, und am längsten
aus Mangel an Freiheit in asthenischem Zustande gelegen
hatte. Längst hätte sich das überirdische Feuer Luft gemacht,
und die klugen Aufklärungs-Pläne vereitelt, wenn nicht
weltlicher Druck und Einfluß denselben zustatten gekom-
men wären. In dem Augenblick aber, wo ein Zwiespalt unter
den Gelehrten und Regierungen, unter den Feinden der Reli-
gion und ihrer ganzen Genossenschaft entstand, mußte sie
wieder als drittes tonangebendes vermittelndes Glied her-
vortreten, und diesen Hervortritt muß nun jeder Freund
derselben anerkennen und verkündigen, wenn er noch nicht
merklich genug sein sollte. Daß die Zeit der Auferstehung
gekommen ist, und grade die Begebenheiten, die gegen ihre
Belebung gerichtet zu sein schienen und ihren Untergang zu
vollenden drohten, die günstigsten Zeichen ihrer Regenera-
tion geworden sind, dieses kann einem historischen Gemüte
gar nicht zweifelhaft bleiben. Wahrhafte Anarchie ist das
Zeugungselement der Religion. Aus der Vernichtung alles
Positiven hebt sie ihr glorreiches Haupt als neue Weltstifte-
rin empor. Wie von selbst steigt der Mensch gen Himmel
auf, wenn ihn nichts mehr bindet, die höhern Organe treten
von selbst aus der allgemeinen gleichförmigen Mischung und
vollständigen Auflösung aller menschlichen Anlagen und
Kräfte, als der Urkern der irdischen Gestaltung zuerst her-
aus. Der Geist Gottes schwebt über den Wassern und ein
himmlisches Eiland wird als Wohnstätte der neuen Men-
schen, als Stromgebiet des ewigen Lebens zuerst sichtbar
über den zurückströmenden Wogen.
Ruhig und unbefangen betrachte der echte Beobachter die
neuen staatsumwälzenden Zeiten. Kommt ihm der Staats-

umwälzer nicht wie Sisyphus vor? Jetzt hat er die Spitze des Gleichgewichts erreicht und schon rollt die mächtige Last auf der andern Seite wieder herunter. Sie wird nie oben bleiben, wenn nicht eine Anziehung gegen den Himmel sie auf der Höhe schwebend erhält. Alle eure Stützen sind zu schwach, wenn euer Staat die Tendenz nach der Erde behält, aber knüpft ihn durch eine höhere Sehnsucht an die Höhen des Himmels, gebt ihm eine Beziehung auf das Weltall, dann habt ihr eine nie ermüdende Feder in ihm, und werdet eure Bemühungen reichlich gelohnt sehn. An die Geschichte verweise ich euch, forscht in ihrem belehrenden Zusammenhang nach ähnlichen Zeitpunkten, und lernt den Zauberstab der Analogie gebrauchen.

Frankreich verficht einen weltlichen Protestantismus. Sollten auch weltliche Jesuiten nun entstehn, und die Geschichte der letzten Jahrhunderte erneuert werden? Soll die Revolution die französische bleiben, wie die Reformation die lutherische war? Soll der Protestantismus abermals widernatürlicherweise, als revolutionäre Regierung fixiert werden? Sollen Buchstaben Buchstaben Platz machen? Sucht ihr den Keim des Verderbens auch in der alten Einrichtung, dem alten Geiste? und glaubt euch auf eine bessere Einrichtung, einen bessern Geist zu verstehn? O! daß der Geist der Geister euch erfüllte, und ihr abließet von diesem törichten Bestreben die Geschichte und die Menschheit zu modeln, und eure Richtung ihr zu geben. Ist sie nicht selbständig, nicht eigenmächtig, so gut wie unendlich liebenswert und weissagend? Sie zu studieren, ihr nachzugehn, von ihr zu lernen, mit ihr gleichen Schritt zu halten, gläubig ihren Verheißungen und Winken zu folgen – daran denkt keiner.

In Frankreich hat man viel für die Religion getan, indem man ihr das Bürgerrecht genommen, und ihr bloß das Recht der Hausgenossenschaft gelassen hat, und zwar nicht in einer Person, sondern in allen ihren unzähligen individuellen Gestalten. Als eine fremde unscheinbare Waise muß sie erst die Herzen wiedergewinnen, und schon überall geliebt sein, ehe

sie wieder öffentlich angebetet und in weltliche Dinge zur freundschaftlichen Beratung und Stimmung der Gemüter gemischt wird. Historisch merkwürdig bleibt der Versuch jener großen eisernen Maske, die unter dem Namen Robespierre in der Religion den Mittelpunkt und die Kraft der Republik suchte; auch der Kaltsinn, womit die Theophilanthropie[,] dieser Mystizismus der neuern Aufklärung aufgenommen worden ist; auch die neuen Eroberungen der Jesuiten; auch die Näherung ans Morgenland durch die neuern politischen Verhältnisse.

Von den übrigen europäischen Ländern, außer Deutschland, läßt sich nur prophezeien, daß mit dem *Frieden* ein neues höheres religiöses Leben in ihnen zu pulsieren [beginnen] und bald alles andere weltliche Interesse verschlingen wird. In Deutschland hingegen kann man schon mit voller Gewißheit die Spuren einer neuen Welt aufzeigen. Deutschland geht einen langsamen aber sichern Gang vor den übrigen europäischen Ländern voraus. Während diese durch Krieg, Spekulation und Partei-Geist beschäftigt sind, bildet sich der Deutsche mit allem Fleiß zum Genossen einer höhern Epoche der Kultur, und dieser Vorschritt muß ihm ein großes Übergewicht über die andere[n] im Lauf der Zeit geben. In Wissenschaften und Künsten wird man eine gewaltige Gärung gewahr. Unendlich viel Geist wird entwickelt. Aus neuen, frischen Fundgruben wird gefördert. – Nie waren die Wissenschaften in besseren Händen, und erregten wenigstens größere Erwartungen; die verschiedensten Seiten der Gegenstände werden ausgespürt, nichts wird ungerüttelt, unbeurteilt, undurchsucht gelassen. Alles wird bearbeitet; die Schriftsteller werden eigentümlicher und gewaltiger, jedes alte Denkmal der Geschichte, jede Kunst, jede Wissenschaft findet Freunde, und wird mit neuer Liebe umarmt und fruchtbar gemacht. Eine Vielseitigkeit ohnegleichen, eine wunderbare Tiefe, eine glänzende Politur, vielumfassende Kenntnisse und eine reiche kräftige Phantasie findet man hie und da, und oft kühn gepaart. Eine gewaltige Ahndung

der schöpferischen Willkür, der Grenzenlosigkeit, der unendlichen Mannigfaltigkeit, der heiligen Eigentümlichkeit und der Allfähigkeit der innern Menschheit scheint überall rege zu werden. Aus dem Morgentraum der unbehülflichen Kindheit erwacht, übt ein Teil des Geschlechts seine ersten Kräfte an Schlangen, die seine Wiege umschlingen und den Gebrauch seiner Gliedmaßen ihm benehmen wollen. Noch sind alles nur Andeutungen, unzusammenhängend und roh, aber sie verraten dem historischen Auge eine universelle Individualität, eine neue Geschichte, eine neue Menschheit, die süßeste Umarmung einer jungen überraschten Kirche und eines liebenden Gottes, und das innige Empfängnis eines neuen Messias in ihren tausend Gliedern zugleich. Wer fühlt sich nicht mit süßer Scham guter Hoffnung? Das Neugeborne wird das Abbild seines Vaters, eine neue goldne Zeit mit dunkeln unendlichen Augen, eine prophetische wundertätige und wundenheilende, tröstende und ewiges Leben entzündende Zeit sein – eine große Versöhnungszeit, ein Heiland, der wie ein echter Genius unter den Menschen einheimisch, nur geglaubt nicht gesehen werden [kann], und unter zahllosen Gestalten den Gläubigen sichtbar, als Brot und Wein verzehrt, als Geliebte umarmt, als Luft geatmet, als Wort und Gesang vernommen, und mit himmlischer Wollust, als Tod, unter den höchsten Schmerzen der Liebe, in das Innre des verbrausenden Leibes aufgenommen wird.

Jetzt stehn wir hoch genug um auch jenen oberwähnten, vorhergegangenen Zeiten freundlich zuzulächeln und auch in jenen wunderlichen Torheiten merkwürdige Kristallisationen des historischen Stoffs zu erkennen. Dankbar wollen wir jenen Gelehrten und Philosophen die Hände drücken; denn dieser Wahn mußte zum Besten der Nachkommen erschöpft, und die wissenschaftliche Ansicht der Dinge geltend gemacht werden. Reizender und farbiger steht die Poesie, wie ein geschmücktes Indien dem kalten, toten Spitzbergen jenes Stubenverstandes gegenüber. Damit Indien in der Mitte

des Erdballs so warm und herrlich sei, muß ein kaltes starres Meer, tote Klippen, Nebel statt des gestirnvollen Himmels und eine lange Nacht, die beiden Enden unwirtbar machen. Die tiefe Bedeutung der Mechanik lag schwer auf diesen Anachoreten in den Wüsten des Verstandes; das Reizende der ersten Einsicht überwältigte sie, das Alte rächte sich an ihnen, sie opferten dem ersten Selbstbewußtsein das Heiligste und Schönste der Welt mit wunderbarer Verleugnung, und waren die ersten die wieder die Heiligkeit der Natur, die Unendlichkeit der Kunst, die Notwendigkeit des Wissens, die Achtung des Weltlichen, und die Allgegenwart des wahrhaft Geschichtlichen durch die Tat anerkannten, und verkündigten, und einer höhern, allgemeinern und furchtbarern Gespensterherrschaft, als sie selbst glaubten, ein Ende machten.
Erst durch genauere Kenntnis der Religion wird man jene fürchterlichen Erzeugnisse eines Religionsschlafs, jene Träume und Deliria des heiligen Organs besser beurteilen und dann erst die Wichtigkeit jenes Geschenks recht einsehen lernen. Wo keine Götter sind, walten Gespenster, und die eigentliche Entstehungszeit der europäischen Gespenster, die auch ihre Gestalt ziemlich vollständig erklärt, ist die Periode des Übergangs der griechischen Götterlehre in das Christentum. Also kommt auch, ihr Philanthropen und Enzyklopädisten, in die friedenstiftende Loge und empfangt den Bruderkuß, streift das graue Netz ab, und schaut mit junger Liebe die Wunderherrlichkeit der Natur, der Geschichte und der Menschheit an. Zu einem Bruder will ich euch führen, der soll mit euch reden, daß euch die Herzen aufgehn, und ihr eure abgestorbene geliebte Ahndung mit neuem Leibe bekleidet, wieder umfaßt und erkennt, was euch vorschwebte, und was der schwerfällige irdische Verstand freilich euch nicht haschen konnte.
Dieser Bruder ist der Herzschlag der neuen Zeit, wer ihn gefühlt hat zweifelt nicht mehr an ihrem Kommen, und tritt mit süßem Stolz auf seine Zeitgenossenschaft auch aus dem

Haufen hervor zu der neuen Schar der Jünger. Er hat einen neuen Schleier für die Heilige gemacht, der ihren himmlischen Gliederbau anschmiegend verrät, und doch sie züchtiger, als ein andrer verhüllt. – Der Schleier ist für die Jungfrau, was der Geist für den Leib ist, ihr unentbehrliches Organ dessen Falten die Buchstaben ihrer süßen Verkündigung sind; das unendliche Faltenspiel ist eine Chiffern-Musik, denn die Sprache ist der Jungfrau zu hölzern und zu frech, nur zum Gesang öffnen sich ihre Lippen. Mir ist er nichts als der feierliche Ruf zu einer neuen Urversammlung, der gewaltige Flügelschlag eines vorüberziehenden englischen Herolds. Es sind die ersten Wehen, setze sich jeder in Bereitschaft zur Geburt!

Das Höchste in der Physik ist jetzt vorhanden und wir können nun leichter die wissenschaftliche Zunft übersehn. Die Hülfsbedürftigkeit der äußern Wissenschaften ward in der letzten Zeit immer sichtbarer, je bekannter wir mit ihnen wurden. Die Natur fing an immer dürftiger auszusehn, und wir sahen deutlicher[,] gewöhnt an den Glanz unserer Entdeckungen, daß es nur ein geborgtes Licht war, und daß wir mit den bekannten Werkzeugen und den bekannten Methoden nicht das Wesentliche, das Gesuchte finden und konstruieren würden. Jeder Forscher mußte sich gestehn, daß eine Wissenschaft nichts ohne die andere sei, und so entstanden Mystifikationsversuche der Wissenschaften, und das wunderliche Wesen der Philosophie flog jetzt als rein dargestelltes wissenschaftliches Element zu einer symmetrischen Grundfigur der Wissenschaften an. Andere brachten die konkreten Wissenschaften in neue Verhältnisse, beförderten einen lebhaften Verkehr derselben untereinander, und suchten ihre naturhistorische Klassifikation aufs reine zu bringen. So währt es fort und es ist leicht zu ermessen, wie günstig dieser Umgang mit der äußern und innern Welt, der höhern Bildung des Verstandes, der Kenntnis der erstern und der Erregung und Kultur der letztern sein muß, und wie unter diesen Umständen die Witterung sich klären und

der alte Himmel und mit ihm die Sehnsucht nach ihm, die
lebendige Astronomie, wieder zum Vorschein kommen
muß.

Nun wollen wir uns zu dem politischen Schauspiel unsrer
Zeit wenden. Alte und neue Welt sind in Kampf begriffen,
die Mangelhaftigkeit und Bedürftigkeit der bisherigen
Staatseinrichtungen sind in furchtbaren Phänomenen offen-
bar geworden. Wie wenn auch hier wie in den Wissenschaf-
ten eine nähere und mannigfaltigere Konnexion und Berüh-
rung der europäischen Staaten zunächst der historische
Zweck des Krieges wäre, wenn eine neue Regung des bisher
schlummernden Europa ins Spiel käme, wenn Europa wieder
erwachen wollte, wenn ein Staat der Staaten, eine politische
Wissenschaftslehre, uns bevorstände! Sollte etwa die Hierar-
chie diese symmetrische Grundfigur der Staaten, das Prinzip
des Staatenvereins als intellektuale Anschauung des politi-
schen Ichs sein? Es ist unmöglich daß weltliche Kräfte sich
selbst ins Gleichgewicht setzen, ein drittes Element, das welt-
lich und überirdisch zugleich ist, kann allein diese Aufgabe
lösen. Unter den streitenden Mächten kann kein Friede ge-
schlossen werden, aller Friede ist nur Illusion, nur Waffen-
stillstand; auf dem Standpunkt der Kabinetter, des gemei-
nen Bewußtseins ist keine Vereinigung denkbar. Beide Teile
haben große, notwendige Ansprüche und müssen sie machen,
getrieben vom Geiste der Welt und der Menschheit. Beide
sind unvertilgbare Mächte der Menschenbrust; hier die An-
dacht zum Altertum, die Anhänglichkeit an die geschichtliche
Verfassung, die Liebe zu den Denkmalen der Altväter und
der alten glorreichen Staatsfamilie, und Freude des Gehor-
sams; dort das entzückende Gefühl der Freiheit, die unbe-
dingte Erwartung mächtiger Wirkungskreise, die Lust am
Neuen und Jungen, die zwanglose Berührung mit allen
Staatsgenossen, der Stolz auf menschliche Allgemeingültig-
keit, die Freude am persönlichen Recht und am Eigentum
des Ganzen, und das kraftvolle Bürgergefühl. Keine hoffe
die andere zu vernichten, alle Eroberungen wollen hier nichts

sagen, denn die innerste Hauptstadt jedes Reichs liegt nicht hinter Erdwällen und läßt sich nicht erstürmen.

Wer weiß ob des Kriegs genug ist, aber er wird nie aufhören, wenn man nicht den Palmenzweig ergreift, den allein eine geistliche Macht darreichen kann. Es wird so lange Blut über Europa strömen bis die Nationen ihren fürchterlichen Wahnsinn gewahr werden, der sie im Kreise herumtreibt und von heiliger Musik getroffen und besänftigt zu ehemaligen Altären in bunter Vermischung treten, Werke des Friedens vornehmen, und ein großes Liebesmahl, als Friedensfest, auf den rauchenden Walstätten mit heißen Tränen gefeiert wird. Nur die Religion kann Europa wieder aufwecken und die Völker sichern, und die Christenheit mit neuer Herrlichkeit sichtbar auf Erden in ihr altes friedenstiftendes Amt installieren.

Haben die Nationen alles vom Menschen – nur nicht sein Herz? – sein heiliges Organ? Werden sie nicht Freunde, wie diese, an den Särgen ihrer Lieben, vergessen sie nicht alles Feindliche, wenn das göttliche Mitleid zu ihnen spricht – und Ein Unglück, Ein Jammer, Ein Gefühl ihre Augen mit Tränen füllte? Ergreift sie nicht Aufopferung und Hingebung mit Allgewalt, und sehnen sie sich nicht Freunde und Bundesgenossen zu sein?

Wo ist jener alte, liebe, alleinseligmachende Glaube an die Regierung Gottes auf Erden, wo ist jenes himmlische Zutrauen der Menschen zu einander, jene süße Andacht bei den Ergießungen eines gottbegeisterten Gemüts, jener allesumarmende Geist der Christenheit?

Das Christentum ist dreifacher Gestalt. Eine ist das Zeugungselement der Religion, als Freude an aller Religion. Eine das Mittlertum überhaupt, als Glaube an die Allfähigkeit alles Irdischen, Wein und Brot des ewigen Lebens zu sein. Eine der Glaube an Christus, seine Mutter und die Heiligen. Wählt welche ihr wollt, wählt alle drei, es ist gleichviel, ihr werdet damit Christen und Mitglieder einer einzigen, ewigen, unaussprechlich glücklichen Gemeinde.

Angewandtes, lebendig gewordenes Christentum war der alte katholische Glaube, die letzte dieser Gestalten. Seine Allgegenwart im Leben[,] seine Liebe zur Kunst, seine tiefe Humanität, die Unverbrüchlichkeit seiner Ehen, seine menschenfreundliche Mitteilsamkeit, seine Freude an der Armut, Gehorsam und Treue machen ihn als echte Religion unverkennbar und enthalten die Grundzüge seiner Verfassung.

Er ist gereiniget durch den Strom der Zeiten, in inniger, unteilbarer Verbindung mit den beiden andern Gestalten des Christentums wird er ewig diesen Erdboden beglücken.

Seine zufällige Form ist so gut wie vernichtet, das alte Papsttum liegt im Grabe[1], und Rom ist zum zweitenmal eine Ruine geworden. Soll der Protestantismus nicht endlich aufhören und einer neuen, dauerhaftern Kirche Platz machen? Die andern Weltteile warten auf Europas Versöhnung und Auferstehung, um sich anzuschließen und Mitbürger des Himmelreichs zu werden. Sollte es nicht in Europa bald eine Menge wahrhaft heiliger Gemüter wieder geben, sollten nicht alle wahrhafte Religionsverwandte voll Sehnsucht werden, den Himmel auf Erden zu erblicken? und gern zusammentreten und heilige Chöre anstimmen?

Die Christenheit muß wieder lebendig und wirksam werden, und sich wieder eine sichtbare Kirche ohne Rücksicht auf Landesgrenzen bilden, die alle nach dem Überirdischen durstige Seelen in ihren Schoß aufnimmt und gern Vermittlerin der alten und neuen Welt wird.

Sie muß das alte Füllhorn des Segens wieder über die Völker ausgießen. Aus dem heiligen Schoße eines ehrwürdigen europäischen Konsiliums wird die Christenheit aufstehn, und das Geschäft der Religionserweckung, nach einem allumfassenden, göttlichen Plane betrieben werden. Keiner wird dann mehr protestieren gegen christlichen und weltlichen Zwang, denn das Wesen der Kirche wird echte Freiheit sein, und

1. *Der Kirchenstaat wurde im Februar 1798 in eine Republik umgewandelt. Papst Pius VI. stirbt im Exil in Valence, Napoleon verbietet, einen Nachfolger zu wählen.*

alle nötigen Reformen werden unter der Leitung derselben, als friedliche und förmliche Staatsprozesse betrieben werden.

Wann und wann eher? darnach ist nicht zu fragen. Nur Geduld, sie wird, sie muß kommen die heilige Zeit des ewigen Friedens, wo das neue Jerusalem die Hauptstadt der Welt sein wird; und bis dahin seid heiter und mutig in den Gefahren der Zeit, Genossen meines Glaubens, verkündigt mit Wort und Tat das göttliche Evangelium, und bleibt dem wahrhaften, unendlichen Glauben treu bis in den Tod.

HENRICH STEFFENS

Geb. 2. Mai 1773 in Stavanger (Norwegen), gest. 13. Februar 1845 in Berlin. Philosoph und Naturforscher. Professor in Halle a. d. Saale, wo er sich dem romantischen Kreis anschloß. Interessant sind vor allem seine in 10 Bänden verfaßten autobiographischen Aufzeichnungen *Was ich erlebte* (Breslau 1840–44).

National-Enthusiasmus

Steffens, der als Philosoph Schelling nahestand, war ein entschiedener Parteigänger Preußens, glaubte, daß nur auf einem nationalen Preußentum sich Heil und Erneuerung Deutschlands gründen könne. Er schilderte, wie er durch einen einseitigen Franzosenhaß überhaupt erst zu politischem Denken und politischer Tätigkeit kam. Ein theoretisches Fundament für seine Überlegungen fehlt ihm völlig. So muß man es auch mit der spontanen romantischen Reaktion bewerten, wenn er sagt, er sei ja auch auf dem Weg gewesen, Jakobiner zu werden. Es ist klar, daß für Steffens und seine Freunde darum nur der Enthusiasmus nationales Fühlen und Denken bestimmt. Hier weiß er sich mit seinen Freunden eins »in einem geheimen Bündnis«.

So fehlte es mir nicht an mannigfaltiger, tief geistiger Aufregung, aber diese sollte noch auf eine andere Weise entschieden gesteigert werden. Die politischen Verhältnisse dieser merkwürdigen Zeit sind so mannigfaltig auseinandergesetzt, von allen Seiten beleuchtet, daß, was ein fremder Gelehrter, der bis dahin nur für seine Studien lebte und sich wenig um die Politik bekümmerte, erfuhr, nur das sein konnte, was alle Welt wußte, und daher ohne allen Wert. Aber es war eine wirklich große Zeit, es war die frische Morgenröte einer mächtigen Gesinnung, die zwar, von einem furchtbaren Verhängnis ergriffen, scheinbar untergehen sollte, aber nur, um nach langer Prüfung gereinigt zur Befreiung der Völker und zur Grundlage einer neuen, noch in der ersten Entwickelung begriffenen Zeit wiederzuentstehen.

In den Kreisen, in welchen ich lebte, äußerte sich der National-Enthusiasmus, wie er aus den reinsten Quellen entsprang. Ich, der, als ein Fremder, die Verhältnisse Deutschlands zu Frankreich aus einem allgemeinen Gesichtspunkte betrachtet hatte, der ich, zwar mit den diplomatischen Verhandlungen wenig bekannt, dennoch die Resultate mit immer steigender Furcht verfolgt hatte, war, sowie die Gefahr sich Preußen nahte, keineswegs hoffnungsvoll, wie viele meiner Freunde gewesen; aber bestimmt schwebten mir die drohenden Verhältnisse nicht vor. Ob es Preußen gelingen würde, sich noch einige Jahre durchzuwinden, war mir nicht klar, und die tätige Gegenwart, in welcher ich lebte, war so heiter, daß sie die unbestimmt drohende Zukunft für mich verbarg. Mein Haß gegen die Richtung, in welcher Frankreich sich geistig ausgebildet hatte und politisch seine mit Vernichtung aller deutschen Nationalität drohende Gewalt entwickelte, war auf die entschiedenste Weise ausgesprochen. Was mir als Deutschlands höchste Bedeutung erschien, was mich aus meinem Vaterlande hiehergebracht hatte, meines innersten Lebens mächtiger Trieb, ward von Frankreich innerlich geringgeschätzt, äußerlich bekämpft. Mir war der Schatz, den ich bewahrte, ein Heiligtum; die Keime, die ich

entwickeln wollte, trugen, meiner Überzeugung nach, die
Verheißung einer geschichtlichen Zukunft in sich. Diese war,
wie ich mit Entschiedenheit voraussetzte, den drohenden
Feinden zwar der innern Bedeutung nach unbekannt und
verborgen: aber eine geheime Ahnung von der geistigen
Macht, die bestimmt war, was sie als das Höchste schätzten,
als ein Untergeordnetes zu behandeln und nur so zu dulden,
durchdrang die Französische Revolution, und was sie ver-
nichten, in Deutschland zertreten wollten, war eben mein
Heiligtum. Diesen Haß gegen das französische Volk verbarg
ich nicht, ich äußerte ihn nicht allein in Gesprächen, sondern
auch in meinen Vorträgen heftig, ja einseitig. Es war mir
darum zu tun, ihn fortzupflanzen und von der geistigen
Bewegung aus ein Heer gegen die Feinde zu bewaffnen. Ein
solches Heer nahm nun freilich wenig Rücksicht auf die
politischen Verhältnisse. Der Kampf selbst war noch mehr
ein innerer als äußerer; nach der damaligen Lage war es
eine Gesinnung, welche die Gewalt, die der Feind in unserem
Innersten behauptete, niederkämpfen wollte. Sie kannte, wie
die deutsche Literatur, keinen Unterschied der Staaten, sie
war notwendig eine allgemeine deutsche, nicht eine preußi-
sche. Damit der preußische Staat mir als ein geheiligtes
Vaterland erschien, mußte er selbst in Gefahr geraten, es
mußte mir klarwerden, daß mein Heiligtum an seine Ret-
tung geknüpft war. Und wie konnte dieses mir verborgen
bleiben? Schon vor unserer Abreise nach Berlin durch die
Gespräche mit Schleiermacher war ich auf eine solche Weise
für Preußen gewonnen, und die Begeisterung, die mich in
Berlin ergriff, entschied meine Gesinnung auf immer.
Die Frühlingstage waren äußerst heiter und anmutig, die
Bäume Unter den Linden entfalteten ihr erstes Grün, hier
versammelten sich in der Mittagsstunde die bedeutendsten
Männer. Wenn eine allgemeine Bewegung in den Gemütern
herrscht, wenn dasjenige, was Familien und beschränkte
Kreise bisher sondert, zurückgedrängt wird von einem all-
gemeinen mächtigen Interesse, dann sinken die Schranken,

durch welche wir uns getrennt und einander fremd erschienen, man wird vertraut, ohne sich früher gekannt zu haben
Ich begrüßte unter den Lustwandelnden Männer, die ich kaum vorübergehend in Gesellschaften gesehen hatte, und sie traten mir, als wären wir alte Freunde, vertraulich entgegen.

Preußens Lage war eine seltsame; Hannover war von preußischen Heeren besetzt; die Hannoveraner haßten die Preußen in diesem Augenblick fast heftiger noch als die Franzosen; denn bei ihnen waren nicht bloß Soldaten einquartiert, sondern auch das feindliche Heer in die innersten geschichtlichen Verhältnisse eingreifender Administratoren. Man erwartete die Kriegserklärung Englands. Rußland zürnte; Östreich, in seinem gefährlichen Kampfe von Preußen hülflos gelassen, war erbittert; der Staat schien unvermeidlich an Frankreich verkauft: und eben in diesem Augenblick regte sich jene Macht, die bestimmt war, Frankreich zu bekämpfen und zu besiegen. Alles, was edel und geistig vornehm in Preußen war, erschien zugleich aufs innigste mit England verbunden, eben als dieses Land im Begriff war, uns den Krieg zu erklären.

Wenn die engen Familienkreise, in welchen wir leben und von welchen aus unsere Tätigkeit ins Leben tritt, von den größeren Staatsverhältnissen getragen und gesichert werden, dann bilden die Bewegungen des Staates, seine Stellung gegen andere Staaten eine Macht, die uns beherrscht; sie tritt als ein Gebietendes der Geschichte und zugleich mit der gesetzmäßigen unveränderlichen Gewalt der Natur hervor: werden aber die Staaten selbst von solchen Verhältnissen ergriffen, so daß sie unsern eigenen unbestimmt schwankenden, mit unaufgelösten Widersprüchen kämpfenden Entschlüssen ähnlich werden, dann verlieren sie notwendig die gebietende Gewalt und treten in eine Art vertraulicher Nähe, und wir glauben noch, das beherrschen zu können, was uns auf eine solche Weise innerlich verwandt erscheint.

So geschah es denn, daß ich zum ersten Male in meinem Leben zu ahnen anfing, daß auch ich zu einer politischen Tätigkeit aufgefordert werden könnte. Bis jetzt war ich zwar nicht gleichgültig gegen die politischen Verhältnisse Europas, ich war auf dem Wege gewesen, Jakobiner zu werden, eine politische Gesinnung, wie sie sich nun gebildet hatte, stand selbst mit meinen übrigen wissenschaftlichen Ansichten in einer innigen Verbindung: aber alles war Doktrin, Theorie, Prinzip, Zukunft; von einer politischen Gegenwart, die mich zur Tätigkeit auffordern sollte, hatte ich bis dahin keine Ahnung.

Das aber, wodurch diese lebendig ward, war ein Widerspruch, der sich in der Lage des zum Kampf aufgeforderten Staates verbarg und der mir, wie so vielen, verhängnisvoll entgegentrat. Die Gewalt, die wir die gesetzgebende nennen könnten, weil sie die allgemein herrschende Gesinnung aussprach und die lebendigste Quelle der Begeisterung war, rührte sich nur noch, wie Quellen, die keinen Ausfluß haben, vom Gebirg bedeckt, im Innern. Es war die kriegerisch nationale Gesinnung, als das keimende Lebensprinzip des Volkes. Sie erschien aber leider nur als die für eine unbestimmte Zukunft gesetzgebende, jetzt zurückgedrängte Gewalt; die ausübende war von ihr noch geschieden. Zwar war das kühne, entschlossene, kriegerische Moment auch dieser ausübenden Gewalt nicht fremd, aber es war in eine Form hineingezwängt, die früher mächtig, jetzt alle höhere Bedeutung verloren hatte; diese exekutive Gewalt war die militärisch-garnisonartige, die sich aus den Invalidenreminiszenzen einer vergangenen Zeit nährte. Die national-kriegerische Gesinnung, die nicht laut werden durfte, spannte sich durch den äußern Druck immer mächtiger, immer elastischer, und es entwickelte sich ein stilles Bewußtsein, daß der volkstümlich-kriegerische Sinn auch das Militärische durchdringen und neu beleben müßte, wenn der Staat aus der jetzt abgelebten Form durch eine neue lebendige regeneriert werden sollte. Ein jeder wahre preußische Bürger fing jetzt an einzusehen,

daß alle höheren geistigen wie materiellen Interessen lediglich an eine kriegerische Gesinnung geknüpft waren. Mir ward es von jetzt an, ich möchte sagen, ein Axiom meines bürgerlichen Lebens, das mir Heiligste, daß Deutschland im eminentesten Sinne nur durch den preußischen Staat als solchen gerettet werden könne. Und ich darf es sagen, es gab von jetzt an keinen treueren preußischen Untertanen, der mehr bereit gewesen wäre, sein ganzes Dasein dem Staate zu opfern, als ich. Man kann wohl sagen, es gab in Preußen noch vor der unglücklichen Schlacht ein mächtiges geheimes Bündnis, obgleich keiner es genannt hatte, keiner sich mit deutlichem Bewußtsein als Mitglied desselben erkannte: diesem gehörte ich zu.

FRIEDRICH SCHLEGEL

Über eine merkwürdige Verteidigungsschrift der französischen Grundsätze

Im Juni 1808 folgte F. Schlegel seinem Bruder nach Wien, zunächst wegen archivarischer Forschungen, die den begonnenen Studien zur österreichischen Geschichte dienen sollten. Schlegel wollte aber auch eine feste Anstellung in Wien finden. Am Ende des Jahres wurde er von Metternich freundlich empfangen. Seit 29. März 1809 stand er mit Rang und Gehalt eines Hofsekretärs in österreichischen Diensten. Er machte den Feldzug von 1809 mit. Am 9. April erklärten die österreichischen Truppen Napoleon den Krieg und überschritten den Inn. Napoleon trieb die Österreicher zwischen Regensburg und Landshut zurück und zog in Wien ein (13. Mai). Es folgten Napoleons erste große Niederlagen bei Aspern und Eßling, sein Sieg bei Wagram und der Schönbrunner Friede am 14. Oktober. Die österreichische

*Armee zog sich nach Ungarn zurück. Nun war die einzig
relevante österreichische Zeitung, die »Wiener Zeitung«, in
der Hand Napoleons. Kaiser Franz suchte daraufhin Ersatz
mit der »Österreichischen Zeitung« (1809), die in Gaunersdorf (= Gaweinstal in Niederösterreich) und Ofen (heute zu
Budapest gehörend) verlegt wurde und auf Österreich und
Deutschland wirken sollte. F. Schlegel wurde als Redakteur
gebilligt. Aus dieser Zeit stammen drei Artikel. Der Rezension über die merkwürdige Verteidigungsschrift liegt das
Buch des bayerischen Barons von Aretin zugrunde »Über die
Gegner der großen Plane Napoleons besonders in Teutschland und Österreich« (Straßburg 1809). Schlegel berührt in
seiner Rezension eine Reihe von Themen, die für sein politisches Denken dieser Zeit wichtig sind. Er polemisiert gegen
die bayerische Sehweise, die Napoleon verherrlicht, der angeblich den Despotismus abschaffen und Frieden stiften
wolle. Schlegel richtet sich gerade gegen den militanten Despotismus, gegen den Zentralismus der politischen Konstitutionen und Napoleons Pläne zu einem Völker- und Weltstaat im Sinne einer neuen Universalmonarchie. Er kritisiert
ferner die Auswirkungen der Französischen Revolution auf
die Idee und Einheit der deutschen Nation.*

Die *erste* und größte Klasse der Anhänger der französischen
Regierung ist die der *furchtsamen Egoisten.* In Frankreich ist
ihre Denkart folgende: sie wissen zwar wohl und leugnen es
sich nicht, daß alle Maßregeln der Regierung mit der wahren
Wohlfahrt der Nation in geradem Widerspruch sind, der
Gedanke aber an die Gefahren, welche eine nochmalige
Änderung herbeiführen könnte, läßt sie jedes Unrecht erträglich finden, und macht sie willig dem Werk ihrer eignen
Hände jedes auch noch so schreckliche Opfer zu bringen. –
So denken neun Zehnteile der ganzen Bevölkerung Frankreichs und dieser allgemeinen Überzeugung verdankt die
französische Regierung eigentlich ihre Sicherheit. – In
Deutschland denken die furchtsamen Egoisten, »daß es nun

doch einmal nicht anders sei, daß aller Widerstand nichts helfe, und man sich also dem einmal bestimmten Schicksal nur unverzüglich unterwerfen müsse«. – Wenn dieser Glaube sich aller Gemüter immer mehr bemeistert, so wird es freilich am Ende wahr werden, grade weil es allgemein geglaubt und dadurch alle Kraft zum Widerstande gelähmt ward. Die Geschichte kann uns über die Gültigkeit einer solchen willkürlichen Voraussetzung am besten belehren, indem sie ähnliche Schreckbilder der Fantasie schon unzähligemal durch die Tat widerlegt hat. Bei jedem Eroberer der in der Geschichte auftrat, bei jedem erobernden Volke von den ältesten bis auf die neuesten Zeiten hat sich noch ein ähnlicher Schrecken und Glaube von Unwiderstehlichkeit der meisten Gemüter bemächtigt. Und dennoch fanden alle diese »großen Plane« einzelner Herrscher oder ganzer Völker noch jederzeit ihr Ziel; einige sehr *schnell* und ganz unerwartet, andere erst spät, nachdem schon ganze Reihen von Völkern zermalmt, mehrere Generationen von Glück und Kultur zerstört worden; und dies trat vorzüglich da ein, wo der Widerstand schwach oder ohne innern Zusammenhang war. – Die Katastrophe welche diese »großen Plane« ihrer Natur nach finden müssen, blieb nie aus; fast immer aber war der Ausgang unerwartet und durchaus anders als die Weisheit der Politiker ihn vorher bestimmt hatte; zum sichern Beweise, daß der Mensch zuerst nach dem Recht und der Ehre fragen, zunächst nach dem was Pflicht ist und nicht nach einer wahrscheinlichen Berechnung des Ausgangs, wozu er doch nicht imstande ist, sich bestimmen soll.

Daß es übrigens fast ohne Ausnahme Furcht und Besorgnis für die eigne Person ist, die sich hinter diese Allgemeingründe verbergen, ist kaum nötig zu erinnern. Daher nennen wir die Klasse der so Denkenden die *furchtsamen* Egoisten. Die zweite Klasse der Anhänger des Revolutionssystems ist die der *habsüchtigen*, entschlossenen *Egoisten*, die in dem allgemeinen Unglück nur den eigenen Vorteil vor Augen sehn. Auf der höchsten Stufe ist nichts, das sie nicht

zu erdulden oder auch auszuüben fähig wären, wenn ihnen
nur ihr Anteil an der Beute gewiß bleibt.

Die dritte und vielleicht gefährlichste Klasse ist die der
irreligiösen Fanatiker. Es sind nicht einzelne irreligiös Den-
kende, es ist eine fest verbundene Gesellschaft, von der wir
reden. Sie sind von einem glühenden und durchaus fanati-
schen Haß gegen die Religion beseelt und da sie recht gut
einsehen, daß alle alten Einrichtungen und Rechte doch mehr
oder minder auf ihr beruhen und mit ihr in Zusammenhang
stehn, so ist *Zerstörung alles Alten* das Ziel ihrer leiden-
schaftlichsten Wünsche, das sie durch alle nur ersinnliche
Mittel herbeizuführen suchen. Wenn nur die Zerstörung all-
gemein wird, wenn auch gar nichts Neues an die Stelle des
zerstörten Alten gesetzt wird, oder wenn auch das was einst-
weilen dafür gelten soll, so in sich untauglich und nichtig ist,
daß jedermann leicht voraussehen kann, wie bald es zerfal-
len werde, so ist ihnen dies nur um desto lieber, denn um so
gewisser und näher wird ihnen die Aussicht auf die er-
wünschte Zeit, wo *ihr Licht* endlich zur Alleinherrschaft ge-
langen, *ihre* Grundsätze und auch wohl *ihre* Personen alles
gelten, alles lenken und entscheiden werden.

Zur Schonung der Schwachen wird jedoch diese zum Zweck
notwendige allgemeine Auflösung und Zerstörung nicht mit
dem wahren Namen bezeichnet, sondern als *kosmopolitische*
Aufklärung und Bildung sehr anlockend geschildert, welches
ein so großes Gut sei, daß man so kleine Opfer als »Natio-
nalität« und Nationalcharakter, oder die Existenz der ge-
samten »alten Dynastien« leicht zum Opfer bringen könne!
(Das allgemeine Band, welches ehedem in Zeiten, da die
Religion noch mehr Einfluß hatte, die verschiedenen christ-
lichen Nationen verknüpfte; der weltbürgerliche Sinn, wel-
chen die Handelsverbindung mit den entfernten Weltteilen
erzeugt, oder die weltbürgerliche Bildung, welche eine allge-
meine gelehrte Kultur wie die in Deutschland herrschende
verbreitet, verlangen freilich solche Opfer nicht.) Die darge-
legten Grundsätze sind bekanntlich die der Sekte der Illu-

minaten. Ob nun die Denkart des Hrn. Verfassers Ch(arles) B(aron) d'A(retin) damit übereinstimme, inwiefern seine Bewunderung des Kaisers Napoleon überall aufrichtig, in welchen Stücken endlich er wirklich getäuscht sei oder bloß die andern täuschen wolle; das wird ein aufmerksamer Leser der merkwürdigen kleinen Schrift sich nun leicht selbst beantworten können.

Nur eine Bemerkung bleibt uns noch übrig. Ebenso unglücklich wie der Verfasser die verschiedenen Arten der Gegner des französischen Wesens klassifiziert, ebenso unrichtig gibt er auch den *Gegenstand* aller dieser ihm so verhaßten Oppositionen an. *Nicht* Napoleon und Napoleons Plane als solche sind es; das *französische* schon vor Napoleon deutlich entwickelte *revolutionäre und zerstörende System des militärischen Despotismus* ist es, wogegen die große europäische Opposition sich auflehnt. Das Personale der französischen Regierung gehört nur in dem Grade und in dem Maße mit dazu als es von diesem System ergriffen ist und es in Ausübung bringt. Auch möchte es dem Verfasser bei einer weniger willkürlichen und seichten Methode schwer werden, uns des Kaiser Napoleons Plane als Regent und Gesetzgeber zu enthüllen, da derselbe bis jetzt weder seine eigentümlichen Gedanken in diesen Fächern verraten noch auch ein eigentliches Interesse daran kundgegeben hat.

Auch die französische Nation ist nicht an und für sich ein Gegenstand dieser europäischen Opposition; denn wer würde wohl dieser so ausgezeichneten Nation, wenn nur die andern unbeeinträchtigt blieben, nicht gerne alle die Vorzüge gönnen, auf welche sie mit Recht Anspruch machen kann? Nur insoferne sie ihrem Charakter nach ein ebenso biegsames als furchtbares Werkzeug jenes verderblichen Systems werden konnte und wirklich geworden ist, gehört auch sie mit dazu. – Noch ein anderer nicht zu übersehender Bestandteil der gegen Europa feindlich wirkenden Macht bildet die große Klasse aller *Französischgesinnten.* Wir verstehn darunter alle von jenem unsittlichen System Ergriffene und

Beherrschte, mögen sie in einem Lande leben in welchem sie
immer wollen, mögen sie ihre Grundsätze aus französischen
oder aus deutschen Büchern geschöpft haben; alle diejenigen
welche nach dem Ausdrucke unsers Verfassers von »der
Liebe des Vaterlandes, der Begeisterung für Freiheit und
Religion« nichts wissen, von diesen »Schwachheiten« der
bisherigen großen Männer sich ganz frei und rein gemacht
haben; alle denen die Lehre des Egoismus für die höchste
Weisheit gilt; alle endlich, welche sei es im Kriege oder in
der Administration, in der Erziehung oder in der Regierung
des Volks die *moralischen* Triebfedern gar nicht verstehen
und nicht zu benutzen wissen, und alles durch eine bloß
mechanische Kunst und Berechnung auszurichten glauben,
was, wo der Egoismus herrschend ist, unfehlbar zur gegen-
seitigen Aufreibung und völligen Auflösung hinführen muß.

JOHANN GOTTLIEB FICHTE

Geb. 19. Mai 1762 in Rammenau (Oberlausitz), gest. 27. Januar 1814 in
Berlin. Studierte zunächst Theologie. Seit 1794 Professor in Jena. Dort
im Kreis der Frühromantiker, mit Friedrich Schlegel freundschaftliche
Beziehungen. 1799 entstand wegen seiner Abhandlung *Die Entwicklung
des Begriffs Religion* der sog. Atheismusstreit, in dessen Verlauf er aus
dem Amt entlassen wurde. Privatgelehrter in Berlin, 1810 erster ge-
wählter Rektor der Universität.

Werke: *Grundlage der gesamten Wissenschaftslehre* (1794); *Einige Vor-
lesungen über die Bestimmung des Gelehrten* (1794); *Die Bestimmung
des Menschen* (1800); *Reden an die deutsche Nation* (1808); *Die Tat-
sachen des Bewußtseins* (1817).

Vaterlandsliebe

*Fichtes »Reden an die deutsche Nation« wurden 1807/08 in
Berlin gehalten. Er forderte die Erneuerung der Nation
durch umfassende Erziehung. Zwischen 1814 und 1824
waren die Reden verboten.*

*Die Begriffe von Volk und Vaterland werden über die
Staatsidee gestellt. Vaterlandsliebe muß den Staat regieren;
unabhängig von gesellschaftlichen und sozialen Bindungen
ist sie das höchste Prinzip. Wenn* deutsch *für Fichte Bewußt-
werden des geistigen Ursprungs eines Volkes bedeutet, so
muß Vaterlandsliebe notwendig aus dem Wesen des Volkes
hervorgehen und aus dem Wesen der Liebe; sie erst führen
zur Erkenntnis des Sinns von Geschichte. Fichtes Verschie-
bung vom Kosmopolitismus, der auf frühromantischem
Universalismus gebaut war, zum Patriotismus, ist für ihn –
theoretisch zumindest – kein Widerspruch. Während der Kos-
mopolitismus aufs Totale zielt, den Zweck des Daseins im
Menschengeschlecht zu erreichen, muß der Patriotismus diese
Verwirklichung erst in einem Volk möglich machen.*

Die Liebe, die wahrhaftig Liebe sei und nicht bloß eine vor-
übergehende Begehrlichkeit, haftet nie auf Vergänglichem,
sondern sie erwacht und entzündet sich und ruht allein in
dem Ewigen. Nicht einmal sich selbst vermag der Mensch zu
lieben, es sei denn, daß er sich als Ewiges erfasse; außerdem
vermag er sich sogar nicht zu achten noch zu billigen. Noch
weniger vermag er etwas außer sich zu lieben, außer also,
daß er es aufnehme in die Ewigkeit seines Glaubens und
seines Gemüts und es anknüpfe an diese. Wer nicht zuvör-
derst sich als ewig erblickt, der hat überhaupt keine Liebe
und kann auch nicht lieben ein Vaterland, dergleichen es für
ihn nicht gibt. Wer zwar vielleicht sein unsichtbares Leben,
nicht aber eben also sein sichtbares Leben, als ewig erblickt,
der mag wohl einen Himmel haben und in diesem sein
Vaterland, aber hienieden hat er kein Vaterland, denn auch
dieses wird nur unter dem Bilde der Ewigkeit, und zwar der
sichtbaren und versinnlichten Ewigkeit erblickt, und er ver-
mag daher auch nicht sein Vaterland zu lieben. Ist einem
solchen keins überliefert worden, so ist er zu beklagen;
wem eins überliefert worden ist und in wessen Gemüte
Himmel und Erde, Unsichtbares und Sichtbares sich durch-

dringen und so erst einen wahren und gediegenen Himmel
erschaffen, der kämpft bis auf den letzten Blutstropfen, um
den teuren Besitz ungeschmälert wiederum zu überliefern an
die Folgezeit.
So ist es auch von jeher gewesen, ohnerachtet es nicht von
jeher mit dieser Allgemeinheit und mit dieser Klarheit aus-
gesprochen worden. Was begeisterte die Edlen unter den
Römern, deren Gesinnungen und Denkweise noch in ihren
Denkmalen unter uns leben und atmen, zu Mühen und Auf-
opferungen, zum Dulden und Tragen fürs Vaterland? Sie
sprechen es selbst oft und deutlich aus. Ihr fester Glaube war
es an die ewige Fortdauer ihrer Roma und ihre zuversicht-
liche Aussicht, in dieser Ewigkeit selber ewig mit fortzuleben
im Strome der Zeit. Inwiefern dieser Glaube Grund hatte
und sie selbst, wenn sie in sich selber vollkommen klar ge-
wesen wären, denselben gefaßt haben würden, hat er sie
auch nicht getäuscht. Bis auf diesen Tag lebet das, was wirk-
lich ewig war in ihrer ewigen Roma, und sie mit demselben,
in unsrer Mitte fort und wird in seinen Folgen fortleben bis
ans Ende der Tage.
Volk und Vaterland in dieser Bedeutung, als Träger und
Unterpfand der irdischen Ewigkeit und als dasjenige, was
hienieden ewig sein kann, liegt weit hinaus über den Staat,
im gewöhnlichen Sinne des Worts – über die gesellschaftliche
Ordnung, wie dieselbe im bloßen klaren Begriffe erfaßt und
nach Anleitung dieses Begriffs errichtet und erhalten wird.
Dieser will gewisses Recht, innerlichen Frieden, und daß
jeder durch Fleiß seinen Unterhalt und die Fristung seines
sinnlichen Daseins finde, solange Gott sie ihm gewähren
will. Dieses alles ist nur Mittel, Bedingung und Gerüst des-
sen, was die Vaterlandsliebe eigentlich will, des Aufblühens
des Ewigen und Göttlichen in der Welt, immer reiner, voll-
kommner und getroffener im unendlichen Fortgange. Eben
darum muß diese Vaterlandsliebe den Staat selbst regieren,
als durchaus oberste, letzte und unabhängige Behörde, zu-
vörderst, indem sie ihn beschränkt in der Wahl der Mittel

für seinen nächsten Zweck, den innerlichen Frieden. Für diesen Zweck muß freilich die natürliche Freiheit des einzelnen auf mancherlei Weise beschränkt werden, und wenn man gar keine andere Rücksicht und Absicht mit ihnen hätte, denn diese, so würde man wohltun, dieselbe so eng als immer möglich zu beschränken, alle ihre Regungen unter eine einförmige Regel zu bringen und sie unter immerwährender Aufsicht zu erhalten. Gesetzt, diese Strenge wäre nicht nötig, so könnte sie wenigstens für diesen alleinigen Zweck nicht schaden. Nur die höhere Ansicht des Menschengeschlechts und der Völker erweitert diese beschränkte Berechnung. Freiheit, auch in den Regungen des äußerlichen Lebens, ist der Boden, in welchem die höhere Bildung keimt; eine Gesetzgebung, welche diese letztere im Auge behält, wird der ersteren einen möglichst ausgebreiteten Kreis lassen, selber auf die Gefahr hin, daß ein geringerer Grad der einförmigen Ruhe und Stille erfolge und daß das Regieren ein wenig schwerer und mühsamer werde.

Um dies an einem Beispiele zu erläutern: man hat erlebt, daß Nationen ins Angesicht gesagt worden, sie bedürften nicht so vieler Freiheit als etwa manche andere Nation. Diese Rede kann sogar eine Schonung und Milderung enthalten, indem man eigentlich sagen wollte, sie könnte so viele Freiheit gar nicht ertragen, und nur eine hohe Strenge könnte verhindern, daß sie sich nicht untereinander selber aufrieben. Wenn aber die Worte also genommen werden, wie sie gesagt sind, so sind sie wahr unter der Voraussetzung, daß eine solche Nation des ursprünglichen Lebens und des Triebes nach solchem durchaus unfähig sei. Eine solche Nation, falls eine solche, in der auch nicht wenige Edlere eine Ausnahme von der allgemeinen Regel machten, möglich sein sollte, bedürfte in der Tat gar keiner Freiheit, denn diese ist nur für die höheren, über den Staat hinausliegenden Zwecke; sie bedarf bloß der Bezähmung und Abrichtung, damit die einzelnen friedlich nebeneinander bestehen und damit das Ganze zu einem tüchtigen Mittel für willkürlich zu setzende, außer

ihr liegende Zwecke zubereitet werde. Wir können unentschieden lassen, ob man irgendeiner Nation dies mit Wahrheit sagen könne; so viel ist klar, daß ein ursprüngliches Volk der Freiheit bedarf, daß diese das Unterpfand ist seines Beharrens als ursprünglich und daß es in seiner Fortdauer einen immer höher steigenden Grad derselben ohne alle Gefahr erträgt. Und dies ist das erste Stück in Rücksicht dessen die Vaterlandsliebe den Staat selbst regieren muß.

Sodann muß sie es sein, die den Staat darin regiert, daß sie ihm selbst einen höhern Zweck setzt denn den gewöhnlichen der Erhaltung des innern Friedens, des Eigentums, der persönlichen Freiheit, des Lebens und des Wohlseins aller. Für diesen höhern Zweck allein und in keiner andern Absicht bringt der Staat eine bewaffnete Macht zusammen. Wenn von der Anwendung dieser die Rede entsteht, wenn es gilt, alle Zwecke des Staats im bloßen Begriffe, Eigentum, persönliche Freiheit, Leben und Wohlsein, ja die Fortdauer des Staats selbst, auf das Spiel zu setzen, ohne einen klaren Verstandesbegriff von der sichern Erreichung des Beabsichtigten, dergleichen in Dingen dieser Art nie möglich ist, ursprünglich und Gott allein verantwortlich zu entscheiden: dann lebt am Ruder des Staates erst ein wahrhaft ursprüngliches und erstes Leben, und an dieser Stelle erst treten ein die wahren Majestätsrechte der Regierung, gleich Gott um höhern Lebens willen das niedere Leben daran zu wagen. In der Erhaltung der hergebrachten Verfassung, der Gesetze, des bürgerlichen Wohlstandes ist gar kein rechtes eigentliches Leben und kein ursprünglicher Entschluß. Umstände und Lage, längst vielleicht verstorbene Gesetzgeber haben diese erschaffen; die folgenden Zeitalter gehen gläubig fort auf der angetretenen Bahn und leben so in der Tat nicht ein eignes öffentliches Leben, sondern sie wiederholen nur ein ehemaliges Leben. Es bedarf in solchen Zeiten keiner eigentlichen Regierung. Wenn aber dieser gleichmäßige Fortgang in Gefahr gerät und es nun gilt, über neue, nie also dagewesene Fälle zu entscheiden, dann bedarf es eines Lebens, das aus

sich selber lebe. Welcher Geist nun ist es, der in solchen Fällen sich an das Ruder stellen dürfe, der mit eigner Sicherheit und Gewißheit und ohne unruhiges Hin- und Herschwanken zu entscheiden vermöge, der ein unbezweifeltes Recht habe, jedem, den es treffen mag, ob er nun selbst es wolle oder nicht, gebietend anzumuten und den Widerstrebenden zu zwingen, daß er alles, bis auf sein Leben, in Gefahr setze? Nicht der Geist der ruhigen bürgerlichen Liebe der Verfassung und der Gesetze, sondern die verzehrende Flamme der höheren Vaterlandsliebe, die die Nation als Hülle des Ewigen umfaßt, für welche der Edle mit Freuden sich opfert und der Unedle, der nur um des ersten willen da ist, sich eben opfern soll. Nicht jene bürgerliche Liebe der Verfassung ist es; diese vermag dies gar nicht, wenn sie bei Verstande bleibt. Wie es auch ergehen möge, da nicht umsonst regiert wird, so wird sich immer ein Regent für sie finden. Lasset den neuen Regenten sogar die Sklaverei wollen (und wo ist Sklaverei, außer in der Nichtachtung und Unterdrückung der Eigentümlichkeit eines ursprünglichen Volkes, dergleichen für jenen Sinn nicht vorhanden ist?) – lasset ihn auch die Sklaverei wollen – da aus dem Leben der Sklaven, ihrer Menge, sogar ihrem Wohlstande, sich Nutzung ziehen läßt, so wird, wenn er nur einigermaßen ein Rechner ist, die Sklaverei unter ihm erträglich ausfallen. Leben und Unterhalt wenigstens werden sie immer finden. Wofür sollten sie denn also kämpfen? Nach jenen beiden ist es die Ruhe, die ihnen über alles geht. Diese wird durch die Fortdauer des Kampfes nur gestört. Sie werden darum alles anwenden, daß dieser nur recht bald ein Ende nehme, sie werden sich fügen, sie werden nachgeben, und warum sollten sie nicht? Es ist ihnen ja nie um mehr zu tun gewesen, und sie haben vom Leben nie etwas Weiteres gehofft denn die Fortsetzung der Gewohnheit, dazusein unter erleidlichen Bedingungen. Die Verheißung eines Lebens auch hienieden über die Dauer des Lebens hienieden hinaus – allein diese ist es, die bis zum Tode fürs Vaterland begeistern kann.

HEINRICH VON KLEIST

Aus dem Katechismus der Deutschen

Der »Katechismus der Deutschen, abgefaßt nach dem Spanischen, zum Gebrauch für Kinder und Alte« sollte 1809 in einem von Kleist geplanten patriotischen Wochenblatt, »Germania«, erscheinen. Es kam nicht dazu, weil die Schlacht von Wagram (5. und 6. Juli 1809) sich zugunsten Napoleons entschieden hatte; Kleist mußte seinen Plan aufgeben. Der Katechismus, »abgefaßt nach dem Spanischen« (weil ein in Spanien verbreiteter Bürgerkatechismus als Vorlage gedient hatte), besteht aus 16 Dialogen zwischen Vater und Sohn. Es geht dabei um patriotische Gesinnung, Abgrenzung des Freund-Feind-Verhältnisses, um Napoleon als Buhmann, Erziehung zum Nationalcharakter und Verherrlichung der Monarchie. Martialisch ist besonders der Schluß: es sei besser, in der Schlacht zu fallen, denn als Sklave zu leben, das Sterben um der Freiheit willen sei Gott willkommen.

ERSTES KAPITEL

Von Deutschland überhaupt

Frage: Sprich, Kind, wer bist du?

Antwort: Ich bin ein Deutscher.

Frage: Ein Deutscher? Du scherzest. Du bist in Meißen geboren, und das Land, dem Meißen angehört, heißt Sachsen!

Antwort: Ich bin in Meißen geboren, und das Land, dem Meißen angehört, heißt Sachsen; aber mein Vaterland, das Land dem Sachsen angehört, ist Deutschland, und dein Sohn, mein Vater, ist ein Deutscher.

Frage: Du träumst! Ich kenne kein Land, dem Sachsen angehört, es müßte denn das rheinische Bundesland sein. Wo find ich es, dies Deutschland, von dem du sprichst, und wo liegt es?

Antwort: Hier, mein Vater. – Verwirre mich nicht.

Frage: Wo?

Antwort: Auf der Karte.

Frage: Ja, auf der Karte! – Diese Karte ist vom Jahr 1805.
– Weißt du nicht, was geschehn ist, im Jahr 1805, da der
Friede von Preßburg abgeschlossen war?

Antwort: Napoleon, der korsische Kaiser, hat es, nach dem
Frieden, durch eine Gewalttat zertrümmert.

Frage: Nun? Und gleichwohl wäre es noch vorhanden?

Antwort: Gewiß! – Was fragst du mich doch.

Frage: Seit wann?

Antwort: Seit Franz der Zweite, der alte Kaiser der Deut-
schen, wieder aufgestanden ist, um es herzustellen, und
der tapfre Feldherr, den er bestellte, das Volk aufgerufen
hat, sich an die Heere, die er anführt, zur Befreiung des
Landes, anzuschließen.

ZWEITES KAPITEL

Von der Liebe zum Vaterlande

Frage: Du liebst dein Vaterland, nicht wahr, mein Sohn?

Antwort: Ja, mein Vater; das tu ich.

Frage: Warum liebst du es?

Antwort: Weil es mein Vaterland ist.

Frage: Du meinst, weil Gott es gesegnet hat mit vielen
Früchten, weil viele schöne Werke der Kunst es schmük-
ken, weil Helden, Staatsmänner und Weise, deren Namen
anzuführen kein Ende ist, es verherrlicht haben?

Antwort: Nein, mein Vater; du verführst mich.

Frage: Ich verführte dich?

Antwort: – Denn Rom und das ägyptische Delta sind, wie
du mich gelehrt hast, mit Früchten und schönen Werken
der Kunst, und allem, was groß und herrlich sein mag,
weit mehr gesegnet, als Deutschland. Gleichwohl, wenn
deines Sohnes Schicksal wollte, daß er darin leben sollte,

würde er sich traurig fühlen, und es nimmermehr so lieb haben, wie jetzt Deutschland.

Frage: Warum also liebst du Deutschland?

Antwort: Mein Vater, ich habe es dir schon gesagt!

Frage: Du hättest es mir schon gesagt?

Antwort: Weil es mein Vaterland ist.

DRITTES KAPITEL

Von der Zertrümmerung des Vaterlandes

Frage: Was ist deinem Vaterlande jüngsthin widerfahren?

Antwort: Napoleon, Kaiser der Franzosen, hat es, mitten im Frieden, zertrümmert, und mehrere Völker, die es bewohnen, unterjocht.

Frage: Warum hat er dies getan?

Antwort: Das weiß ich nicht.

Frage: Das weißt du nicht?

Antwort: – Weil er ein böser Geist ist.

Frage: Ich will dir sagen, mein Sohn: Napoleon behauptet, er sei von den Deutschen beleidigt worden.

Antwort: Nein, mein Vater, das ist er nicht.

Frage: Warum nicht?

Antwort: Die Deutschen haben ihn niemals beleidigt.

Frage: Kennst du die ganze Streitfrage, die dem Kriege, der entbrannt ist, zum Grunde liegt?

Antwort: Nein, keineswegs.

Frage: Warum nicht?

Antwort: Weil sie zu weitläufig und umfassend ist.

Frage: Woraus also schließest du, daß die Sache, die die Deutschen führen, gerecht sei?

Antwort: Weil Kaiser Franz von Österreich es versichert hat.

Frage: Wo hat er dies versichert?

Antwort: In dem, von seinem Bruder, dem Erzherzog Karl, an die Nation erlassenen Aufruf.

Frage: Also, wenn zwei Angaben vorhanden sind, die eine

von Napoleon, dem Korsenkaiser, die andere von Franz,
Kaiser von Österreich: welcher glaubst du?

Antwort: Der Angabe Franzens, Kaisers von Österreich.

Frage: Warum?

Antwort: Weil er wahrhaftiger ist.

VIERTES KAPITEL

Vom Erzfeind

Frage: Wer sind deine Feinde, mein Sohn?

Antwort: Napoleon, und solange er ihr Kaiser ist, die Fran-
zosen.

Frage: Ist sonst niemand, den du hassest?

Antwort: Niemand, auf der ganzen Welt.

Frage: Gleichwohl, als du gestern aus der Schule kamst, hast
du dich mit jemand, wenn ich nicht irre, entzweit?

Antwort: Ich, mein Vater? – Mit wem?

Frage: Mit deinem Bruder. Du hast es mir selbst erzählt.

Antwort: Ja, mit meinem Bruder! Er hatte meinen Vogel
nicht, wie ich ihm aufgetragen hatte, gefüttert.

Frage: Also ist dein Bruder, wenn er dies getan hat, dein
Feind, nicht Napoleon, der Korse, noch die Franzosen, die
er beherrscht?

Antwort: Nicht doch, mein Vater! – Was sprichst du
da?

Frage: Was ich da spreche?

Antwort: Ich weiß nicht, was ich darauf antworten soll.

Frage: Wozu haben die Deutschen, die erwachsen sind, jetzt
allein Zeit?

Antwort: Das Reich, das zertrümmert ward, wiederherzu-
stellen.

Frage: Und die Kinder?

Antwort: Dafür zu beten, daß es ihnen gelingen möge.

Frage: *Wenn* das Reich wiederhergestellt ist: was magst du
dann mit deinem Bruder, der deinen Vogel nicht fütterte,
tun?

Antwort: Ich werde ihn schelten; wenn ich es nicht vergessen habe.

Frage: Noch besser aber ist es, weil er dein Bruder ist?

Antwort: Ihm zu verzeihn.

FÜNFTES KAPITEL

Von der Wiederherstellung Deutschlands

Frage: Aber sage mir, wenn ein fremder Eroberer ein Reich zertrümmert, mein Sohn: hat irgend jemand, wer es auch sei, das Recht, es wiederherzustellen?

Antwort: Ja, mein Vater; das denk ich.

Frage: Wer hat ein solches Recht, sag an?

Antwort: Jedweder, dem Gott zwei Dinge gegeben hat: den guten Willen dazu und die Macht, es zu vollbringen.

Frage: Wahrhaftig? – Kannst du mir das wohl beweisen?

Antwort: Nein, mein Vater; das erlaß mir.

Frage: So will ich es dir beweisen.

Antwort: Das will ich *dir* erlassen, mein Vater.

Frage: Warum?

Antwort: Weil es sich von selbst versteht.

Frage: Gut! – Wer nun ist es in Deutschland, der die Macht und den guten Willen und mithin auch das Recht hat, das Vaterland wiederherzustellen?

Antwort: Franz der Zweite, der alte Kaiser der Deutschen.

SECHSTES KAPITEL

Von dem Krieg Deutschlands gegen Frankreich

Frage: Wer hat diesen Krieg angefangen, mein Sohn?

Antwort: Franz der Zweite, der alte Kaiser der Deutschen.

Frage: In der Tat? – Warum glaubst du dies?

Antwort: Weil er seinen Bruder, den Erzherzog Karl, ins Reich geschickt hat, mit seinen Heeren, und die Franzosen, da sie bei Regensburg standen, angegriffen hat.

Frage: Also, wenn ich mit Gewehr und Waffen neben dir

stehe, den Augenblick erlauernd, um dich zu ermorden, und
du, ehe ich es vollbracht habe, den Stock ergreifst, um mich
zu Boden zu schlagen; so hast du den Streit angefangen?

Antwort: Nicht doch, mein Vater; was sprach ich!

Frage: Wer also hat den Krieg angefangen?

Antwort: Napoleon, Kaiser der Franzosen.

SECHZEHNTES KAPITEL
Schluß

Frage: Aber sage mir, mein Sohn, wenn es dem hochherzigen
Kaiser von Österreich, der für die Freiheit Deutschlands
die Waffen ergriff, nicht gelänge, das Vaterland zu be-
freien: würde er nicht den Fluch der Welt auf sich laden,
den Kampf überhaupt unternommen zu haben?

Antwort: Nein, mein Vater.

Frage: Warum nicht?

Antwort: Weil Gott der oberste Herr der Heerscharen ist,
und nicht der Kaiser, und es weder in seiner, noch in sei-
nes Bruders, des Erzherzog Karls Macht steht, die Schlach-
ten so, wie sie es wohl wünschen mögen, zu gewinnen.

Frage: Gleichwohl ist, wenn der Zweck des Kriegs nicht
erreicht wird, das Blut vieler tausend Menschen nutzlos
geflossen, die Städte verwüstet und das Land verheert
worden.

Antwort: Wenn gleich, mein Vater.

Frage: Was; wenn gleich! – Also auch, wenn alles unter-
ginge, und kein Mensch, Weiber und Kinder mit einge-
rechnet, am Leben bliebe, würdest du den Kampf noch
billigen?

Antwort: Allerdings, mein Vater.

Frage: Warum?

Antwort: Weil es Gott lieb ist, wenn Menschen, ihrer Frei-
heit wegen, sterben.

Frage: Was aber ist ihm ein Greuel?

Antwort: Wenn Sklaven leben.

ERNST MORITZ ARNDT

Geb. 26. Dezember 1769 in Schoritz auf Rügen, gest. 29. Januar 1860 in Bonn. Bauernsohn. 1810/11 Professor in Greifswald; 1812 als Privatsekretär des Freiherrn vom Stein in Petersburg, 1812–15 Verfasser zahlreicher gegen Napoleon gerichteter Flugschriften und Lieder. 1818 Professor der Geschichte in Bonn. 1820 wegen seiner politischen Ansichten des Amtes enthoben und erst von Friedrich Wilhelm IV. 1840 wiedereingesetzt. Abgeordneter der deutschen Nationalversammlung von 1848/49.

Werke: *Geist der Zeit* (1806–18); *Lieder für Teutsche* (1813); *Der Rhein. Teutschlands Strom, aber nicht Teutschlands Grenze* (1813).

Was mußt du jetzt tun, deutsches Volk?

Arndt, glühender Verfechter einer politischen Einheit und Freiheit der Deutschen, besonders bekannt durch seine patriotischen Lieder für Deutsche (»Der Gott, der Eisen wachsen ließ«, 1813), unterstützte die Reformen des Freiherrn vom Stein. Er wollte die deutsche Seele wachrütteln, Gemütskräfte wecken, appellierte an den Mut eines großen Volkes und geißelte die Schwärmer und Mystiker.

Alles zu sagen tut nicht not. Ich will dir nur einiges auslegen; dann wirst du auch das übrige verstehen, und Gott, von welchem die Gedanken und Taten der Menschen zuerst und zuletzt kommen, wird es dir zuletzt weiter offenbaren und dir aushelfen, daß du nicht gar untergehest.

Zuerst verachte und hasse diese vielseitigen Schwätzer, diese Alldeutler und Allklügler. Sie sind deine größte Pest und beschwatzen dich zur Torheit und Dummheit und Knechtschaft. Ich zeige sie dir nach ihren Arten und Graden, damit du sie erkennen und die Träumer und Schwächlinge belächeln, die Buben und Verräter bestrafen kannst.

Es ist eine wunderbare Zeit, worin wir geboren sind. Wenige Menschen sind besonnen und kräftig, die meisten, auch viele gute, gehen in neblichter Irre umher. Das verdanken wir zum Teil dem Unglück, daß wir alles Gefühl und allen

Stolz und Mut eines großen Volkes verloren hatten und unter so vielen kleinen Fürsten und Herren von dem großen und hohen Leben auf das kleine und niedrige gerichtet wurden. Zum Teil aber liegt es auch dunkel in der Zeit, daß, wann etwas Neues und Außerordentliches werden soll, die Herzen der Menschen erstarrt und verstockt werden.

Manche der Allseitigen sind unschuldig. Viele der ersten und edelsten deutschen Geister und Genien, weil ihnen die hohe und begeisternde Idee eines großen Vaterlandes und eines großen Volkes fehlt und weil ihre stolze Liebe sich an die einzelne Elendigkeit, die jede kleine und große deutsche Hauptstadt zeigt, nicht binden kann, verlassen diese Erde und ihr Volk ganz und tändeln und spielen mit Träumen, Gesichten und Idealen, die ihnen erhabener dünken als dieses Leben, weil das vereinzelte und verkleinerte ihnen im Staube zu kriechen oder nur mit flitterhaftem Bettelprunk zu flunkern scheint. Und diese, die dem Vaterlande heilbringende und erhaltende Helfer und Träger hätten werden können, wenden sich von ihm und von der Erde und von ihrem heiligen Dienst und verachten alles irdische Wirken, weil sie die Glorie und Majestät des Lebens in Taten nie erkannt haben. Daher die Unendlichkeit von Mondsüchtigen und Mystikern und Schwärmern in Deutschland und das ganze, zahllose Heer von flatterhaftigen und lüsternen Gauklern, welche die Adepten und Eingeweiheten machen und den höheren Geistern nachspielen, aber in welchen kein Ernst und keine Liebe ist.

Manche von jenen Allseitigen sind dumm; denn weil die Deutschen das geistreichste und idealischeste Volk Europens sind, so müssen sie auch die dummsten und albernsten Menschen unter sich haben – denn so stehen die Gegensätze der Natur –, und in der Tat, sie haben sie. Kein Volk in der Weltgeschichte hat eine solche Legion des Nachbeter- und Nachäfferreichs gehabt als die Deutschen. Jede deutsche Nachtigall erweckt sogleich das Geschrei von tausend Krähen, und jeden Unkenton begleiten zehntausend Froschkeh-

len. Daher das Unheil, daß, sobald ein strahlender Gedanke, eine kühne Ansicht irgendeines Dinges hervorspringt, die quäkende und krächzende Menge sogleich tost und nicht eher abläßt, als bis sie dieselben zur Gemeinheit hinabgeschwatzt hat. Jene deutsche Allgemeinheit des Geistes, die wir anbeten, ist durch diese zur Gemeinheit, jener fromme Weltbürgersinn zum schnatternden Judensinn erniedrigt, ja die Deutschen selbst sind dadurch fast in Allerweltjuden verwandelt. Das haben diese Leierspieler jeder Töne, diese feilen Bänkelsänger gesungen und geklungen, daß die Deutschen keinen zornigen Gott, keine heiße Liebe, keinen kühnen Haß, keinen brausenden und begeisterten Wahnsinn mehr haben, daß sie kein Leben mehr haben; daß sie gegen ihre Feinde demütig, gegen ihre Freunde gleichgültig, gegen alle Welt und alle Menschen gütig und gerecht, nur gegen sich selbst immer grausam und ungerecht sind; daß sie dies ganze matte und nichtige Leben ohne Saft und Kraft, ohne Sinn und Seele, ohne Wildheit und Stolz, daß sie dies träumerische, fischige und froschige Leben ertragen können. Und sie klügeln und gaukeln sich jede Stunde noch vor, auch wenn man ihren Rücken zum Steigbügel und ihren Nacken zum Schemel macht, wie glückselig, menschlich, edel sie sind. Geht es ihnen glücklich und siegreich, so beweisen sie sogleich, Sieg und Glück könne nicht lange bleiben, also herrsche der Wechsel aller irdischen Dinge; geht es ihnen unglücklich und knechtisch, so erinnern sie, welche Tugenden das Unglück entwickele, und wie fromm und demütig die Knechtschaft mache; kurz, für alle Farben und alle Gestalten, für alle Verschiedenheiten und alle Ähnlichkeiten immer Entschuldigungen, Verschönerungen, Beleuchtungen und Ansichten, die bemänteln, erklären, deuteln und drehen, was alle andere Sterbliche als Gülck oder Unglück, Tugend oder Laster geradezu segnen oder verfluchen. Ja, kommt der schwarze Teufel aus der Hölle und sagt ihnen, *ich* will euer gnädiger Herr und Kaiser von Deutschland sein, sie haben die nächste Stunde einen Stammbaum fertig, worin sie sein

Recht zum deutschen Thron und die angeborne Milde und
Gerechtigkeit seines Gemütes beweisen und worin sie dartun,
er sei von weißen Eltern geboren, zeige schon weiße Flecke
und Streifen an seinem Leibe und werde zur Freude seiner
glückseligen Untertanen binnen kurzem ganz weiß sein.
Höhne und verspotte ich? Nein, wahrlich nicht; so ist nicht
die Empfindung meines Herzens und das Gefühl der Zeit,
worin wir leben. Unsere Nichtigkeit und Dummheit ist so
groß, wir rühmen uns unserer Väter und ihrer Art und
Tugend; aber solches war bei unsern Vätern nicht und
konnte ihnen nimmer widerfahren, weil sie Gott und die
Liebe im Herzen trugen.
So elendig und dumm sind die meisten derjenigen, die sich
zu Deutern und Verkündigern der Zeit aufwerfen und das
arme Volk zweifelhaft, zaghaft und verwirrt machen. Aber
viele auch sind Bösewichter und Buben, die aus bewußter
Ehrsucht und Eigennutz, aus Furcht und Schmeichelei das
Schlechteste und Schändlichste predigen und das Grausamste
und Tyrannischste entschuldigen und, was alle edle und freie
Völker vom Anbeginn der Welt verflucht und verabscheut
haben, zum Segen und Heil der Zeitgenossen deuten wol-
len.
Haben nicht deutsche Männer Napoleon Bonaparte, den
hinterlistigsten, treulosesten, herrschsüchtigsten und grau-
samsten aller Tyrannen, die je die Geschichte gemeldet hat,
den Weltbefreier und Weltbeglücker, den Stifter und Wie-
derhersteller deutscher Freiheit und Glorie, den Verjünger
und Träger des Zeitalters, den Heiland der Erde, das Rüst-
zeug der Vorsehung, den Anführer und Ausführer neuer
Herrlichkeiten genannt? Haben sie ihn nicht einen großen,
gütigen und menschlichen Helden genannt? Dies ist nicht
bloße Träumerei und leerer Wahn, dies ist nicht Lug und
Trug des Herzens, Verkehrtheit und Erkaltung des ganzen
Gemütes. Die solches tun konnten, hatten kein deutsches
Gefühl in ihrer Brust, sie fühlten den heiligen Zorn für die
Gerechtigkeit und Freiheit nicht mehr in ihren geizigen und

verödeten Herzen. Denn wie konnten Deutsche dies? Deutsche, die nichts sind und nichts können, wenn sie nicht redlich, treu und wahrhaftig sein wollen und wenn sie Redlichkeit, Einfalt, Wahrheit und Güte nicht als die Tugenden obenanstellen, die bei ihnen zu dem Namen *großer Mann* berechtigen? Hätten Italiener und Griechen Bonaparten gelobt, ihnen könnte vielleicht verziehen werden – nimmer einem Deutschen, denn er wollte gerade die Tugend verderben, wodurch sein Volk allein herrlich sein kann: er hatte kein deutsches Herz und wollte die deutschen Herzen verführen. Darum sollte er nimmer leben unter Deutschen, die allein durch Redlichkeit und Treue etwas sein können.

BETTINA VON ARNIM

Geb. 4. April 1785 in Frankfurt a. M., gest. 20. Januar 1859 in Berlin. Neben Rahel Varnhagen die herausragendste Frauengestalt der Romantik, Schwester von Clemens Brentano, lernte 1806 Goethes Mutter in Frankfurt kennen und 1807 Goethe in Weimar. Seit 1811 mit Achim von Arnim verheiratet, aus der Ehe gingen sieben Kinder hervor. Nach dem Tod ihres Mannes 1831 setzte Bettinas eigentliche Tätigkeit als Schriftstellerin und Herausgeberin des Nachlasses von Arnim und vor allem als sozial engagierte Frau ein.

Werke: *Goethes Briefwechsel mit einem Kinde* (1835); *Dies Buch gehört dem König* (mit einem Anhang von Dokumenten über die Armut, 1843).

Dokumente über die Armut

Im heraufkommenden Industrialismus und Pauperismus kämpfte Bettina von Arnim für bessere Lebensbedingungen der Armen, insbesondere der Weber. Im Anhang zu ihrem Werk »Dies Buch gehört dem König« 1843, das sie durch Vermittlung Wilhelm von Humboldts König Wilhelm IV. widmen durfte, stehen die ersten Dokumente über die Armut, gesehen von »einem jungen Schweizer im Vogtland«. Dort heißt es u. a.:

Der Weber *Naumann* ist schon sieben Wochen für 3 Tlr. 15 Sgr. im Schuldarrest. Der Exekutor ging persönlich mit ihm zum Armendirektor und stellte diesem vor, daß der Armendirektion, wenn sie jene Schuld nicht tilge, eine Frau mit sechs kleinen Kindern auf den Hals falle. Doch umsonst: man läßt den armen Mann im Gefängnis sitzen und reicht der brotlosen Familie monatlich 4 Tlr. Unterstützung. Es zeigt sich an diesem Beispiele deutlich, wie ungeschickt die Armenfonds benutzt werden. Anstatt den rechten Augenblick der Unterstützung kennenzulernen und zu benutzen, verwendet man die Gelder auf *Almosen, die noch keinem Armen aufgeholfen haben.* Aus diesem wird das Mietgeld bestritten und das übrige genügt nicht, die Familie vor großem Hunger zu sichern. Die junge Frau des Hausbesitzers erzählte mir, daß die Kinder tagelang hungern und sie das kleinste schon oft an ihrer Brust genährt habe.

Schneider, von Hirschlanden bei Zürich, hat den russischen Feldzug mitgemacht und wohnt seit 1813 in Berlin. Von neun Kindern hat er die zwei jüngsten bei sich. Er leidet an einem doppelten Bruchschaden. Seine Frau ist alt und kränklich. Beide suchen Knochen und Papier. Heute haben sie auf diesem Wege 2 Sgr. 4 Pf. verdient. Vor einem Jahre erhielten sie 2 Tlr. Unterstützung von der Armendirektion. Vor zwei Jahren hat *Schneider* jemanden um ein Almosen angesprochen; er bekam 3 Pf., wurde von einem Polizeidiener erwischt und auf sechs Monat eingesperrt.
In der gleichen Stube wohnt eine alte Witwe, welche ebenfalls Knochen sucht.

Kornewitz ist ein Soldatenkind und hat in seiner Jugend mehrere Feldzüge mitgemacht. Nachher wurde er bei der Post als Schirrmeister angestellt, vor acht Jahren aber abgesetzt, weil er infolge eines Nervenfiebers wahnsinnig geworden sei. Er und seine Frau behaupten, daß ein gewisser R.-Rat B., welchem *Kornewitz* einmal das Übergewicht nicht

verheimlichen wollte, die Absetzung bewirkt habe. Das Postamt hat ihm monatlich 8 Tlr. Pension ausgesetzt. Von dreizehn Kindern leben sechs, fünf sind noch unerzogen und wohnen bei den Eltern.

Der Weber *Weber* ist achtundfunfzig Jahre alt, seit Mitte November vorigen Jahres ohne Arbeit. Hausgeräte und Kleider sind verkauft. Die Kinder sind vor Hunger blaß.

Der Weber *Beneke* ist vierzehn Wochen ohne Arbeit. Er liegt krank im Bette. Die vier Kinder scheinen großen Mangel zu leiden. Die Frau gestand mir, daß sie durch Betteln die Ihrigen ernähre. Von der Armendirektion hat sie einmal 2 Tlr. bekommen.
Im gleichen Zimmer wohnt unentgeltlich der alte *Warich*. Er sucht Knochen und Papier. –
Auf die Polizei und die Armendirektion kommen die Leute nicht gut zu sprechen. Jene verlange, daß man die Armen auf die Gasse stelle, damit sie in den Ochsenkopf[1] gebracht werden können. Der Armendirektor wolle da nicht angreifen, wo viele Dürftige beisammen wohnen. Es sei merkwürdig, daß sich ein Armendirektor erhängt habe und sein Nachfolger wegen Veruntreuung der Gelder abgesetzt worden sei und nun selbst bettle.

Das Armenbuch

1844 versuchte Bettina, eine umfassende Arbeit über den Zustand der Armen zusammenzustellen; so unterstützt sie ein schlesischer Fabrikant mit einer Liste der ärmsten Weber. Durch einen Zeitungsaufruf in den großen Blättern des Landes erhält sie weitere Dokumente und Zuschriften zahlreicher Notleidender. Dann brach der Weberaufstand aus, und

1. So wurde in Berlin das Arbeitshaus genannt, da es früher das Zeichen eines Ochsen oder Ochsenkopfes führte.

Bettina hätte in Zusammenhang mit der Revolte gebracht
werden können, so konnte sie die geplante Arbeit nicht wei-
ter vorantreiben. Aber eine Anzahl von Vorstudien liegt
dennoch vor. Der folgende Abschnitt stammt aus dem Nach-
wort zum Armenbuch. 1842 stellte die Potsdamer Regierung
eine Preisfrage, ob die Klage über die Armut überhaupt be-
rechtigt sei. Bettina entgegnet dieser Frage mit kritischer
Schärfe.

Der Reiche weiß nichts vom Armen, er hängt vom Äußern
ab, aber nicht vom Vaterland. Alles Äußere hängt mit ihm
selber zusammen, sein feiner Rock darf seine feine Seele
nicht kompromittieren, er fühlt sich selbst durch den Rock
ausgezeichnet und erhaben über die schuftige Menge. Sein
Streben ist Auszeichnung, selbst unter seinesgleichen, seines
Pferdes Rasse muß mit seiner Rasse akkordieren, selbst
durch den Reitknecht muß seine feinere Komplexion hin-
durchleuchten, und jeder geringste Deut seines äußern Le-
bens muß alles er selber sein. Blicke und Gebärden sind die
Demonstrationen seiner gemachten Standesgesetze; Treue,
Tapferkeit, Ehrfurcht, Diensteifer sind Gewandstücke seiner
Luxusnatur, in denen er seine Seele als die ihm selber gefäl-
lige Person darstellt. Seine Taten sind Repräsentation ihm
beliebiger Helden- und Tugendszenen, die seiner Karriere
Relief geben. –
Das ist die Gebildtheit des Reichen. Sie entspringt aus dem
Luxus, nicht aus dem Bedürfnis des Geistesleben! Treibt aus
diesem die Wurzel der Vaterlandstugenden? – Oder der
Selbsterkenntnis, der Erhöhung und Vorbereitung des Un-
sterblichen? Den Reichen stürzt sein eignes Geisteselend in
den Abgrund. Wie steht der Arme dieser Rockseele gegen-
über?
Wie aber jene Autoritäten, die den Staat bilden mit ihrer
Übersicht und Einsicht, im Berechnen des Zufälligen und
Notwendigen sich tüchtig machen, in des Regenten Willen
und Neigung die eigne Absicht geschickt einzufädlen, mit

der sie den Grundriß legen zur Geschichte unserer Tage, die
dem Zeitgeist die Schwingen bricht und nach Abschätzung
dessen, was sein soll und nicht sein soll, ihn erlahmt mit
Füßen tritt. So prangt [er] vor der Welt, eine Nation zu
züglen. Dies Staatsphänomen, das durch künstliche Prärogative[1] des Herrschers Vertrauen gefangen hält zum Nachteil
der Volksentwicklung, das, um seiner Repräsentationsscheinheiligkeit Spuren einzuprägen, die fruchtbaren Keime, welche die Natur in deinen Schoß gelegt hat, o Vaterland, alle
unterrajolt[2], und durch vorwegnehmende Anmaßung des
Begriffs die Stufen der Geschichtsannalen hinanzusteigen
beliebt, gegen die himmlischen Konstellationen Krieg führend, mit seinem wettermachenden Hexenstab irreleitende
Nebel erzeugt und Temperaturen, die dem jungen Hoffnungsgrün die Wurzeln abfaulen, und es schmeichelt [ihm]
die dürre Heide, ein furchtbar stummes Bild seiner eisernen
Gewalt, aber seiner Geistesohnmacht. – Wer könnte je Zweifel wecken in diesen stockenden Begriffen? Was könnte ein
solcher Eigendünkel in sich unterdrücken oder verdammen,
als etwa diesen Zweifel selbst? – Ja, dieser Dünkel erstickt
wirklich jene Zweifel in sich, jene Keime des ursprünglichen
Gewissens, das unaustilgbar in des Menschen Busen haftet,
um immer aufs Neue der Unsterblichkeit Bahn zu brechen.
Er erstickt als Brut des Teufels, was seiner Willkür sich in
den Weg legt; nämlich die Weisheit der Unschuld, die unermüdet und rachelos dem Elend die verschütteten Lebenswege wieder aufgräbt, die erwürgt er. –

Wer ist nun aber der, von dem dies Phänomen der Staatsverwaltung die Frage beantwortet erwartet, die zwar irrtümlich als eine untergeordnete betrachtet wird? – Die aber
die einzige ist, welche ihm zu schaffen macht und die er
nicht mit seinem christlichen Mantel zu decken vermag. –
Der Arme wird nicht gefragt, denn der ist der Verbrecher

1. Vorrechte des Staatsoberhauptes (z. B. Begnadigung).
2. rajolen, rigolen, (den Boden) tief lockern.

dieser Verlegenheit, und er kann sein eigen Urteil nicht fällen. – Den Reichen geht es nichts an, denn er ist durch eine ungeheure Kluft vom Armen geschieden, die er nicht ausgefüllt wünscht. Er würde grade lieber mit Sack und Pack sein Vaterland verleugnen, als daß der Arme ihm gegenüber dieselben Rechte der menschlichen Gesellschaft in Anspruch nehme. So wären wir den Reichen los, vielleicht wär' es das Beste, wenn man den Reichen bei seinem Tode lieber gleich mit seiner ganzen Habe in den Sarg legte, wie den Bärnhäuter³. Vielleicht entdeckte man außer dem gesuchten gepriesnen Reichtum edlere Quellen der Selbsthülfe, wär' der Reichtum uns aus dem Weg geschafft.

Wer soll nun diese Frage aufnehmen? – Etwa der, welcher ungefährdet vom Staat seine Karriere macht? Vermöge seiner Studien, streng innerhalb der festgestellten Gesetzespferche demselben Unsinn seinen Witz verkauft, bis er sich ihm unentbehrlich gemacht hat, um das Zutrauen des Herrschers zu umgarnen, seinem Scharfblick die Augen zu verbinden, ihm die Ohren zu verstopfen gegen die Wahrheit, die über ihre gespensterhafte Verlogenheit hinausragt, und ihm zuruft:

Ich bin Ich und nicht zu leugnen! – Ja, er ist derselbe, dem diese Notfragen übergeben sind. Er ist der vom Staat erzogne, seinen Maximen entsprechende einstige Träger derselben, der aus ebenso hohlen Gründen nach endlosem Zeitraum versteinerter Inkonsequenzen eine verstandlose dumpfe Antwort verlautet. Was haben sie gewonnen, diese Frag- und Antwortlose, unterdessen der Strom des Elendes 10 Jahre hinabführte? –

Warum frägt nun die Staatsautorität, die voraussehen mußte das Ungemach und Verderben – und ihm zuvorkommen mußte? Warum ließ er es sich auf den Hals rücken? –

3. *Das Märchen vom Bärenhäuter, einem verwahrlosten Naturmenschen, geht auf Grimmelshausen zurück. Brentano erzählte die Geschichte vom Ursprung des ersten Bärenhäuters altdeutsch-scherzhaft nach, und Arnim verwendet die Gestalt in seiner »Isabella von Ägypten«.*

Glaubt er vom eignen Zögling orientiert werden zu können, der doch nur aussprechen darf, was diese Inkonsequenz nicht widerlegt. Kann er allein nicht mehr beantworten, was er selber zu bedenken ursprünglich berufen ist? – Hat er die Quellen nicht in seinem Bereich? – Leitet er sie nicht mit seiner Kombination, ist ihm nicht übertragen, die Möglichkeiten zu verwirklichen, da er allein alle bindende Gesetze gibt? Und allen freien Willen drängt? – Sollte das Reich, die Nation nicht erblühen durch seine weise Vorkehrungen? Warum fragt er jetzt, da die Not ihn zwingt? Ist er von dieser Not nicht Rechenschaft schuldig? – Wie kann er überhaupt fragen, da er selber mitten im Begriff der Dinge, in der Berechnung aller Anlagen, im Bewußtsein, wohin diese Anlagen führen sollen, im Gewebe weit ausgreifender Pläne der weise Meister ist, der den Faden leitet?

An welche Geisteskraft appelliert er also? – An die, welche bisher in den Bann getan war vielleicht? – Und wenn nun endlich die Antwort gefunden wäre, müßte sie nicht tief beschämen die Autorität, die bei so wichtigen Krisen erst von denen Belehrung annehmen müßte, die er zu lenken, zu verfolgen mit dem Eigensinn der Willkür sich nicht entblödet? – Ja wär' es nicht die tiefste Schmach, der gewaltigste Beweis der Usurpation, dessen Kenntnis und Reife zu verneinen, von dem allein wieder die Vermittlung der Rettung abhängt? – Darum ist es allerdings eine Vertretung der Frage, daß keine Antwort auf sie gefunden wurde und jeder Ausweg entweder schon versucht, oder ein Ding der Unmöglichkeit, oder unvereinbar mit den nicht mitgeteilten Absichten und Interessen, die der Gesamtheit ein Geheimnis sind.

Diese Fragen wurden daher nur als Preisaufgaben gemacht, um den Beweis an den Tag zu legen, daß jedem Wirken der Art Vorschub getan sei, daß es aber Übel gebe, die man mit derselben Geduld wie unheilbare Übel tragen, oder ausrotten müsse wie die Spartaner.

Wenn wir einen Ballast von Volk haben, das nicht arbeits-
fähig gemacht kann werden, so hat ihn jeder Staat und jede
Stadt. Wenn von den neugebornen Kindern 2 Dritteil dem
Tod verfallen, aus Mangel. Wenn tüchtige Naturen Spitz-
buben müssen werden. Wenn die Last der Nahrungssorgen
auf unmündige Kinder lastet, die von Natur eine edle Bil-
dung hatten, endlich als Krüppel elend vegetieren, wenn der
ganze Menschenstamm dadurch herunterkommt. Wenn dies
und alles, was damit zusammenhängt, in Betracht gezogen
wird, so kann der Staat und jede Antwort nur dabei stehen-
bleiben, gegen Übermacht des Elendes könne nur ange-
kämpft werden, soweit die Kräfte des Bestehenden reichen.
Der Wille des einmal Festgestellten verwendet sich ganz so
weit er reicht. Allein, was nicht zu bekämpfen ist, das ist
Geschick, dem ist nicht auszuweichen. – Drum als sich ohn-
längst die Aufforderung eines Laien vernehmen ließ, um
alles zu einem Zweck zu vereinen[4], da haben die Hohen-
priester des Staates ihren eignen Ohren nicht getraut, daß
ohne ihre Zustimmung eine solche Aufforderung ergehen
könnte, und sie ist männiglich verdunkelt worden, diese
Illumination erhabner Vorsätze, denn keine Antwort ist
diesem reinen Willen begegnet.
Sollte nun ein unmündiger Laie sich erdreisten, diesem er-
habnen Laien sich anzuschließen! was wird er da fragen? –
Kann der Reiche des Armen Rechte verwalten, seinen Tätig-
keitskreis erweitern, seine geistige wie leibliche Kräfte eman-
zipieren; kann er ihn stützen, tragen und steigern zu jener
Freiheitshöhe, wo er als selbständig mitwirkende Staatskraft
keiner Hülfe mehr bedarf, so wird die Antwort dies mit
Recht verneinen, und selbst die Hohenpriester werden dies
eingestehen, obschon es eine ihrer Ressourcen[5] war, durch
Anpumpen der Reichen der Armen Langmut noch weiter
hinauszuspinnen.

4. *Der Laie, der im Namen des Schwanenordens dazu aufrief, sich zum
Zweck der Armutsbekämpfung zu vereinigen, also wohl der König.*
5. *Hilfsmittel.*

Also die Reichen können nicht der Armen Gut verwalten? –
Was der Reiche tut, ist Wohltat, nicht Pflicht. Verläßt er den
Armen, so verletzt er nicht seine Pflicht gegen ihn, denn
nicht ihm gehört seine Kraft, sein Vermögen, sein Geist. Er
gehört seinen eignen Angelegenheiten. Er prangt als Staats-
blüte. Denn mit was könnte der Arme ihm lohnen und durch
welche Ansprüche kann er den Reichen verantwortlich ma-
chen für seine Existenz! – Also darin war's gefehlt, die Ver-
mögenden aufzufordern, sich dem Schwanenorden anzu-
schließen. Was der Reiche tut, ist Wohltat, nicht Pflicht. Ist
aber Wohltat nicht ein gänzliches Ausschließen aller Rechte?
Wollt Ihr den Armen abhängig machen von der Laune Eurer
Güte, wollt Ihr ihn erhalten in den Fesseln der Dankesskla-
verei? – Soll er mit seinen Anlagen, körperlichen und geisti-
gen, Euch verpfändet sein für die Lebensfrist, und soll er nie
zur allein selig machenden Religion kommen des Gemein-
wohles? Soll er dafür Euch dankbar sein, daß Ihr nach
Eurem Ermessen ihn alle Wege falscher Spekulationen er-
proben lasset, die Ihr bei guter Laune und aus Selbstbespiegl-
lung allenfalls mit Vergnügen für ihn macht, und wie bald
werdet Ihr's müde, besonders wenn es nicht gelingt. Ihr
macht Euch ja auch daraus ein Verdienst, daß man Euren
Rat nicht befolgen konnte. Ihr meint, der Arme ist zu
dumm, zu ungeschickt, meinen Geist zu benützen, man muß
ihn laufen lassen. Wollt Ihr die Opfer, die Ihr bringt, gleich
einer Ringmauer um Euch aufpacken, um geschieden zu sein
von dem, der Wohltaten empfängt, und dem, der sie aus-
teilt? Fragt Euch! ob Ihr ein Leben solcher Abhängigkeit
führen möchtet von denen, die Ihr in Eure Mildtätigkeit-
klauen gepackt haltet und sie zum Wappenhalter Eures Ver-
dienststammbaumes macht. Nun also meint Ihr, daß aber
zwei Drittel der Menschenschar das tragen könne und müsse,
nämlich das Joch der Verpflichtung gegen Euch, für Nutz-
nießung der vier Elemente. Das, was Ihr erniedrigend achtet
für Euch, nämlich in Abhängigkeit der Wohltat zu stehen,
wovor Euer Stolz ganz naturgemäß zurückschaudert, das

soll andern zustehen! – Warum? – Wollt Ihr Eure Neben-
menschen nicht ebenso über den Stand vor andern sich zu
demütigen erhaben wissen, wie Euch selbst? – Sollen sie
durchaus Eurer Mildtat sich unterwerfen und in diesem Zu-
stand der Erniedrigung verharren? Ist das der erste Grund-
stein, den Ihr zum Heil der Armutsmenschheit gelegt habt,
so wisset, daß der zusammenstürzen wird und muß.

Letzt sagt ein Leutnant von hohem Adel vor mir, er tadle,
daß der Hochselige König einem jüngern Offizier so leicht
erlaubt habe zu heiraten und ihm allenfalls dazu 300 Tlr
geschenkt mit dem Bemerken, daß, wenn er in so knappen
Umständen zu riskieren den Mut habe, eine Familie durch-
zubringen, so müsse man ihn gewähren lassen und gern hülf-
reiche Hand leisten. Nun bekomme aber der Leutnant Kin-
der, beide haben das Gefühl ihres Standes, und ihr Seelen-
adel leide nicht, daß sie sich herabwürdigen, um allenfalls
ein Handwerk zu ergreifen, einem Offizier könne es nur
schmerzlich sein, die Söhne in einer Position unter ihm zu
wissen, und es sei daher besser, der Vater habe lieber keine
Familie gegründet; ich erwiderte hierauf, das Mißliche hier-
bei liege gänzlich im Vorurteil, ja, meint er, er gestehe es ein,
daß es ein Vorurteil sein könne, allein, dies Vorurteil hänge
mit seiner ganzen Existenz zusammen und er werde es nie
aufgeben. – Dies Vorurteil will eben keiner aufgeben, den-
jenigen unter sich herabzuwürdigen, der um seine produk-
tive Existenz ringen muß! – Und weil solche, die den Mut
nicht haben noch das Talent, noch die allein aus vaterländi-
scher Kraft entspringende Energie dazu, so halten sie diesen
edlen Schwung freier Selbsttätigkeit mit dem Vorurteil der
Schmach nieder! O wieviel weniger Hochgeboren seid Ihr,
die Ihr im Schlamm untertäniger Heuchelei watet, um den
Born der Gnade für Euch auszuschöpfen, während jene
andre das weit edlere Vorurteil haben: durch Kraft und
Ausdauer, und ohne Niedergeschlagenheit, die Schicksals-
stürme durchzukämpfen, um mit der eignen Anstrengung
dem Staat wie gesundes rasches tätiges Blut in den Adern zu

hüpfen und ihm die Elastizität unverkümmerter Jugend-
kraft zu geben. – Ist das demjenigen nicht genügend, der
als Leutnant nicht möchte einen Handwerker zum Sohn
haben?
O Ihr Leutnante, Ihr seid arm, und doch habt Ihr Vor-
urteile gegen den, der sich selbst zu helfen imstande sein
würde, der sein ganzes Leben hindurch alle Kräfte seines
körperlichen wie geistigen Vermögens daraufhin verwen-
dete, um selbständig einen Herd zu bauen, aus eigner Kraft
eine Familie zu gründen, diese früh zur Selbständigkeit zu
gewöhnen, nämlich dem Staat nicht zur Last zu fallen, son-
dern ihm zu dienen. – Ihr aber verkümmert lieber in Euch
selber, tut Verzicht auf das lebendige Leben im Staate.

Brief an Kronprinz Karl von Württemberg 1841
(Konzept)

*Der Brief zeigt eine raffinierte Mischung aus weiblicher
Diplomatie und aufgeklärter politischer Gesinnung. Der
Kronprinz wird in seiner Stellung unangetastet gelassen,
weil Bettina die Monarchie noch nicht angreift; jedoch will
sie vom Kronprinzen eben nicht die* monarchische *Gnade
und Freizügigkeit, sie wünscht, daß »das reine Prinzip« des
Handelns »die Überzeugung der Gesamtheit« ist, daß also
der Kronprinz als Herrscher nur legitimiert ist, wenn er im
Sinne des Volkes spricht. Man kann diese Haltung aller-
dings noch nicht »sozialistisch«, allenfalls »sozial« nennen;
denn die monarchistische Herrschaftsstruktur bleibt dennoch
unangetastet.*

Lieber Kronprinz
Der hier beigefügte Brief war bei mir wohl verwahrt, da
ich ihn – dem in Ihrem Brief ausgedrückten Willen gemäß,
ihn selbst wiederzubringen – bei meiner Rückkehr mit Dank
übergeben wollte; freilich glaubte ich nicht, daß ich mich so

lange verspäten werde. Eine große Abspannung des Geistes
verhinderte mich, so leicht zu arbeiten als sonst, und so hab
ich beinah zwei Monate verwendet zu dem, was ich sonst
hätte in 8 Tagen fertig bringen [können]. Es ist ein kleines
Buch von Jugendaufsätzen, die gedruckt werden sollen und
dem König zugeeignet, was er mir in diesem Frühjahr durch
Herrn von Humboldt erlaubte. Da ich nun diese zerstreuten
Blätter mit Muse durchsehe, ergibt sich, daß sie gleich der
Magnetnadel nach einem Pol zuweisen, nach dem wir nicht
steuern, und daß vielleicht von allen Menschen am wenig-
sten dem König ihr Inhalt zusagen werde. Indes, große
Herrn lesen nicht, was man ihnen zueignet, und das mit
Recht, sie würden sonst viel Flausen in den Kopf bekommen
oder turbiert werden mit Zweifel und Gespenstern der Lan-
genweile. Ich habe also meinen Jugendideen diese ihnen ge-
gönnte Zelebrität, die so gut paßt, als wenn ich einem Kind
in der Wiege den Hosenbandorden anhänge, im öffentlichen
Druck anzuhängen als ein Gnadengeschenk des Königs; nicht
daß ich *ihm* etwas schenkte. Es sind übrigens auch so absurde
Ideen, daß sie meinem Ofen hier zu vergleichen sind, der
vor lauter Hitze gesprungen ist. Ich war halt in meiner Ju-
gend in *einer* Verwunderung über alles Weltgeschichtliche und
konnte nie begreifen warum, wenn man vor Durst ver-
schmachtet, man nicht an den Ziehbrunnen früher ging,
um Wasser zu schöpfen, ehe man zu matt war. Allemal ist's zu
spät, wenn die Erkenntnis kommt; es ist gleichsam, als müsse
jede geistige Tendenz erst in letzten Zügen liegen, ehe die
Eigenheit ihrer Natur ihr einleuchte. Wie im Tode dem Men-
schen auch erst deutlich wird, was er hätte *sollen* und *wollen*.
So wird auch einmal das ewige Rechthaben sich in Unrecht-
haben auflösen. Irrtum ist aber noch keine Unsterblichkeit,
obschon er den lebendigen Geist der Wahrheit näherbringen
kann. Aber Rechthabenwollen im Unrecht, das ist gradezu
der Tod. –
Ich kann gar noch nicht auf die vertrauliche Fährte kommen
mit Ihnen, wo mir alles unbezollt über die Grenze poltert,

immer habe ich noch die Idee, eine gewisse Anschauung dessen, was um Sie her vorgehe, sei noch zu unmündig (das heißt unschuldig), um mir recht zu geben. Ich kann mir denken, Sie halten mich für ungerecht, wenn ich Ihnen mit deutlichen Farben die *Verrücktheiten* (nein, nicht mehr Vorurteile), denn es sind eigensüchtige Verkehrtheiten, mit denen man ins große Weltensystem des Geistes einzugreifen beliebt, wenn ich Ihnen diese in ihrer vollen Albernheit mit ihrer Karikatur des Seelenadels vormalte! Vielleicht sind Sie wie ein Kind, freundlich dem freundlichen Gesicht, und achten nicht des falschen Toupets, das die Stirne der Heuchelei krönt, und würden mich anfeinden als einen Verleumder. Aber wahrhaftig, vor Ihnen Verstecken zu spielen, dessen was ich täglich mit der unverholensten Überzeugung wahrnehme, das würde ja eine doppelte Lüge sein. – Ich weiß wohl, Ihr Fürsten werdet so früh in die Zuchthausgelahrtheit der Politik eingeweiht, Eure Herzen werden beschnitten, nur um mit der Güte, die Euch angeboren war, einen Kontrakt abzuschließen, daß sie sich in nichts mische, sondern nur als Pagode auf dem Sims Eures Kamin stehe und da so lang freundlich nicke auf ein unvermerktes Anstoßen der Politik, als der Suplikant der Menschheit vor Euch steht, ist er draus, so steht auch die nickende Pagode still; aber mit ihr wie natürlich auch der Verstand der Güte, und eben das ist eine falsche Politik. Denn wir brauchten keine individuelle Güte, hätten wir ihren Geist, dann wär' alles um unserer selbst willen getan, was wir andern tun. Dieser evangelische Machtspruch ist wohl nie in seinem echten Sinn genommen worden, wie denn keine Wahrheit des Evangeliums je in der Erkenntnis aufblühte, sie werden immerdar verkannt und mißbraucht werden, solang die heiligen Freiheitsrechte des Geistes in Bann getan sind; ebenfalls eine Maßregel der falschen Politik. – Aber ohne Freiheit blüht kein Geist, und was nützt es, die goldne Regeln der Lebensweisheit als christliches Aushängeschild vorne auf der Brust zu tragen, wenn es innen aussieht wie in einer

Spitzbubenherberge. Lieber Kronprinz! es gibt zwei Wege
für die Fürsten, sich Unsterblichkeit zu erlangen, die eine im
Mund des Aberwitzes, wo jeder dumme Staatsesel meint,
Mitverdienst zu haben, wo jeder, ohne zu bedenken, ob er
auch wirklich klug sei, an den Rechten der Menschheit mä-
kelt, wo einer meint, weil es ihm heute nacht im ersten
Nachtschweiß eingefallen sei, so müsse es am Reich durchge-
setzt werden. Ein andrer hat ein besondres Pläsier, vom Bock
hochzufahren, nun steigt der Hochmutsbock aufs höchste
und von daherab wird das Menschengeschlecht mit doppel-
tem Zügel in Trab gebracht, biegt es gut um die Ecke, stol-
pert nicht, schlägt nie aus, dann ist der Staatskutscher zu-
frieden, ja ihm wird der Ruhm, ein unsterblicher Kutscher
zu sein. Indessen muß das Schicksal, das große Gewaltige
ihm einstweilen den Rücken drehen oder sich schlafen legen;
denn er fiele vom Bock und also von seiner Höhe, sollte es
ihm beim Umbiegen seines Gespannes unerwartet begegnen.
In tausend unverschämten kompromittierlichen Erscheinun-
gen bildet sich diese erste Klasse der eingebildeten Recht-
haberei, es ist allemal Tyrannei. Wer zufällig in eine Grube
fällt, dem kann man versuchen, wieder herauszuhelfen. Wer
aber mit Überzeugung sich auf einen Misthaufen setzt, er
sei ein bequemes Polster, und so können aller Schwürigkei-
ten eines holperigen Wegs überhoben die Tage im sanften
Ablaß der Sünden, der alltäglich wie das Manna in der
Wüste vom Himmel regne, dahinfließen, wie ist dem von
diesem Misthaufen herunterzuhelfen? Wenn man nun einen
so jungen Kronprinzen vor sich sieht, der gleichsam wie eine
junge Saat grünt von lieblichen Regungen des Geistes wie
des Herzens, wenn man dann bedenkt, daß die allbereits zu
Gespenstern gewordnen Thronkarikaturen ihm und seiner
menschlichen Bestimmung mit der kaltblütigsten Unver-
schämtheit ein X für ein U machen, wie soll man da nicht
Zweifel hegen, ob er in diesem falschen Netz der Staats-
und Menschenvorurteile nicht eingefangen werde, ob er am
heiligen Naturrecht, was die Weisheit ihm in den Busen ge-

schrieben, festhaltend, werde den Vorurteilen lächelnd und singend auf den Kopf treten, ob er kühn genug sein werde, für eine heilige Überzeugung durchs Feuer zu gehen. Kurz: ob er diesen andern Weg der echten Unsterblichkeit einschlagen werde, der auf die Höhen führt des freien Überblicks, wo keiner mehr braucht eine falsche Größe zu heucheln, sondern wo das reine Prinzip die Überzeugung der Gesamtheit ist, wo der Fürst dem Volk die segensreichste Erscheinung und Macht ist, dem Volk; weil er der Volksgeist selber ist. Volksgeist! – Was ist das, lieber Kronprinz? – Es ist das Reich – und welcher Fürst in dem nicht waltet, der hat kein Recht, keine Personalität, keine Selbstheit, sondern er ist Usurpator seiner Würde, seiner heiligen Verantwortungen vor Gott und hat nicht Selbstheit, sondern Selbstischkeit. – Von wo aus entwickelt sich der Geist, und wo hat er seine bleibende Stätte? im Busen des Volkes. Denn wenn er sie da nicht hätte, wo sollte er wirksam sein? Wie kann der Geist aber Lichtblüte werden? – Wahrlich nur in der Freiheit des Denkens. Wer will nun dem Geist eine Satzung aufbürden, sei's der Gesetzesdespotie, sei's des Aberglaubens, sei es auch der albernen, höchst närrischen Karikatur Bildung der äußern Menschheit oder auch (und dies ist die verkehrteste Tyrannei) der Religions*übung* oder auch ihrer Unbegreiflichkeit der Glaubensartikel. Wem bürde ich diese Glaubensartikel auf? – dem Geist? – Das ist doch wohl unmöglich. Der Geist nimmt nichts an, was er nicht begreift; denn er ist der Begriff selber. Wie komme ich nun dann an, um meinen unverstandnen, unverstehlichen Glaubensdespot als Regenten der Menschheit einzusetzen, da es im gesunden Menschensinn unmöglich ist; es muß also notwendig im Reich der Gleisnerei sein. Unterdessen liegen die zarten Geisteskeime wie unter Felsenlast gedrückt von diesem falschen Despotismus, und der Reiz nach wahrem Gotteslicht wird erstickt; dieses Licht ist Vernunft, ist Harmonie aller Menschenkräfte, ist mangellose Schönheit. Es wird wer weiß wie lange noch entbehrt werden müssen! – so lange noch, bis das

Ideal der Menschheit dem kindlichen Herzen einleuchte, das sein Heldentum drein setzt, in diesem Ideal seine Kräfte zu entwickln. Ich mute Ihnen, lieber Kronprinz, nichts Geringers zu, als dieser Held zu sein. Es ist nichts Einfacheres, als Ihrem Instinkt zu folgen, diesen nie durch leidenschaftliche Selbstsucht zu erlähmen, damit er entschiedner die Menschennatur in Ihnen vollende. Der Instinkt kann die Willkür nicht ertragen, weil seine göttliche Eigentümlichkeit nicht will gestört sein, also er kann kein unverstandnes Glaubensprinzip sich aufbürden lassen, es würde ihn erdrücken, und statt aus eignem Geist zu handeln, würde er einer unverstandnen Zauberformel seine Wahrheit und seine Überzeugung opfern. Einer Zauberformel zwar, die auch aus menschlichem Widerspruch und innerem wie äußeren Streit hervorging und endlich zur belastenden Gesetzlichkeit wurde. War diese Zauberformel göttliche Eingebung, göttliche Verheißung, göttliches Gesetz? so mußte sie vermöge ihrer über den Menschen schwebenden Gottheitsnatur den Menschengeist entwickln, er mußte frei denken lernen und frei wie der Geist Gottes aus eignem Vermögen schauen und begreifen, und also müßte er mündig geworden sein heute und Selbstdenker, wie das im wirklichen Leben in jeder wahrhaftigen Seele sich ergibt. Sie auch sind mündig, Sie wollen selbst denken, Sie prüfen jedes Argument, was man Ihnen vorträgt, Sie nehmen es nicht an, wenn Ihre höhere Überzeugung widerspricht. Wie käm es denn nun, daß im einzig erleuchtenden Geist der Unendlichkeit keine Denkkraft sich entwickln dürfe? daß diese Denkkraft passiv sich verhalten müsse, grade in der Entwicklung der Selbstbewußtheit. – Wie elend! nur das zu denken? – Haben wir den Gott umsonst in der Brust? muß er schweigen, wenn der Aberglaube, die Vorurteile, die Staatspolitik (die dreibeinige, unter die man immer wie ich unter meinen Fußschemel hier ein paar Backsteine stützen muß) und der hochmütige Unsinn sprechen? – der keine Klugheit vertragen kann, weil sie seine Ignoranz beschämt. – Ist das Weltall ein alter Kasten, in

dem man nach Belieben eine Katastereinrichtung trifft? – sind Flächenräume vielleicht den Höhen gleichzustellen? oder vielmehr überwiegend? – Einmal haben Sie mir gesagt (ich vergeß es Ihnen nicht), was Ihr kleines Land zu rechnen sei gegen Preußen? – Aber fühlen Sie denn nicht im eignen Busen anschwellen den Geist, der alles übersehe auf der Höhe? – Wenn der Geist Deines Landes hoch liegt, wenn Du auf dieser Höhe das platte Land von Preußen mit scharfem Blick übersiehst, so übersieht auch der Volksgeist das platte Land und richtet den Blick hinauf zu Deiner Höhe. –

Ich mag nichts mehr sagen, ich könnte Ihnen zu stark werden, denn eben jetzt werd ich zornig, wenn ich mir denk, daß es eine Möglichkeit wär', um der leidigen Vorurteile willen, die in der Welt grassieren, Sie Ihren heiligen Beruf schüchtern verleugnen würden.

Ei, das wär' zum Verzweiflen, wenn der Funke der Wahrheit nimmer könnte im Herrscherherzen zur leuchtenden Fackel werden, erstens dem Volksgeist, denn der geht voran aller Herrscherwürde und dann den übrigen Potentaten. Ja, denen möchten Sie mit dem einfachen Prinzip der Menschliebe, der Geisteswürde, des Vertrauens in die Stimme der Wahrheit, imponieren, das ist, was ich von Ihnen zu erwarten mich berechtigt fühle, eben weil ich Sie liebe; denn was sollt' ich sonst in Ihnen lieben? Der deutsche Boden brennt einem überall unter den Füßen, weil alle Eigensucht des Menschen mit dem Geist kämpft, der im deutschen Volk so nahe der Mündigkeit ist, und . . .

JOSEPH VON EICHENDORFF

Der Adel und die Revolution

*Die Betrachtungen »Der Adel und die Revolution« und
»Halle und Heidelberg« (daraus der Auszug »Moderne
Vaterländerei«) erscheinen in Eichendorffs Werken unter
der Rubrik »Erlebtes« und sind kritische Retrospektiven auf
eine Zeit, deren letzter Repräsentant Eichendorff selbst ist.
In »Der Adel und die Revolution« kritisiert Eichendorff die
verschiedenen Gruppen des Adels, die Landjunker, die Prä-
tentiösen (gebildeter Stadtadel), die Extremen, die jede
Mode mitmachten. Dieser Adel könne nicht mehr das Funda-
ment einer möglichen Regeneration werden. Eichendorff
wendet sich gegen die radikale Zerstörung der Vergangen-
heit und interpretiert einseitig die Französische Revolution
als Kampf der Religion gegen die Freigeister. Wie schon
Novalis, so sieht auch er die tragende Idee für eine neue
Einheit des Staates bzw. der Nation im Christentum. Die
Romantik habe Kräfte hervorgebracht, die im Rückgriff auf
die Vergangenheit das Bewahrende dem wilden Darauflos-
experimentieren entgegengestellt hätten. Da weder revolu-
tionäres Experiment noch Romantik sich staatspolitisch
durchsetzen konnten, kam nur jene moderne Vaterländerei,
die ein imaginäres Deutschland beschwor, zustande. Einer
der Hauptschuldigen an diesem Zustand: der Protestantis-
mus.*

Man kann sich daher heutzutage schwer noch einen Begriff
machen von dem Schreck und der ungeheueren Verwirrung,
die der plötzliche Knalleffekt durch das ganze Philisterium
verbreitete, als nun die Mine in Frankreich wirklich explo-
dierte. Die Landjunker wollten gleich aus der Haut fahren
und den Pariser Drachen ohne Barmherzigkeit spießen und
hängen. Die Prätentiösen lächelten vornehm und ungläubig
und ignorierten den impertinenten Pöbelversuch, Welt-

geschichte machen zu wollen; ja es galt eine geraume Zeit
unter ihnen für plebejisch, nur davon zu sprechen. Die Ex-
tremen dagegen, die ohnedem zu Hause damals nicht viel
mehr zu verlieren hatten, erfaßten die Revolution als ein
ganz neues und höchst pikantes Amusement und stürzten
sich häufig kopfüber in den flammenden Krater. – Es ist
überhaupt ein Irrtum, wenn man den Adel jener Zeit als die
ausschließlich konservative Partei bezeichnen will. Er hatte,
wie wir gesehen, damals nur noch ein schwaches Gefühl und
Bewußtsein seiner ursprünglichen Bedeutung und Bestim-
mung, eigentlich nur noch eine vage Tradition zufälliger
Äußerlichkeiten und folglich selbst keinen rechten Glauben
mehr daran. Überdies war das Neue in Deutschland noch
keineswegs bis zum Volke gedrungen, es war lediglich eine
Geheimwissenschaft der sogenannten gebildeten Klassen und
daher häufig von Adeligen vertreten. Unter ihnen befanden
sich viele ernste und hochgestimmte Naturen, die überall zu-
letzt den Ausschlag geben; aber grade diese, da sie die Un-
rettbarkeit des Alten einsahen, waren dem Neuen zuge-
wandt. Und diese hatten den schlimmsten Stand. Den Land-
junkern waren sie zu gelehrt und durchaus unverständlich,
den Prätentiösen zu bürgerlich, den Extremen zu schulmei-
sterlich; sie wurden von allen ihren Standesgenossen als Re-
negaten desavouiert, was sie denn freilich in gewissem Sinne
auch wirklich waren. Aus diesen Sonderbündlern sind später,
als die Revolution zur Tat geworden, einige höchst denk-
würdige Charaktere hervorgegangen. So der rastlos un-
ruhige Freiheitsfanatiker Baron Grimm, unablässig wie der
Sturmwind die Flammen schürend und wendend, bis sie über
ihm zusammenschlugen und ihn selbst verzehrten. So auch
der berühmte Pariser Einsiedler Graf Schlabrendorf, der in
seiner Klause die ganze soziale Umwälzung wie eine große
Welttragödie unangefochten, betrachtend, richtend und häu-
fig lenkend, an sich vorübergehen ließ. Denn er stand so
hoch über allen Parteien, daß er Sinn und Gang der Geister-
schlacht jederzeit klar überschauen konnte, ohne von ihrem

wirren Lärm erreicht zu werden. Dieser prophetische Magier trat noch jugendlich vor die große Bühne, und als kaum die Katastrophe abgelaufen, war ihm der greise Bart bis an den Gürtel gewachsen.

Wenn auf den unwirtbaren Eisgipfeln der Theorie die Lawine fertig und gehörig unterwaschen ist, so reicht der Flug eines Vogels, der Schall eines Wortes hin, um, Felsen und Wälder entwurzelnd, das Land zu verschütten; und dieses Wort hieß: Freiheit und Gleichheit. Das Alte war in der allgemeinen Meinung auf einmal zertrümmert, der goldene Faden aus der Vergangenheit gewaltsam abgerissen. Aber unter Trümmern kann niemand wohnen, es mußte notwendig auf anderen Fundamenten neugebaut werden, und von da ab begann das verzweifelte Experimentieren der vermeintlichen Staatskünstler, das noch bis heut die Gesellschaft in beständiger fieberhafter Bewegung erhält. Es wiederholte sich abermals der uralte Bau des babylonischen Turmes mit seiner ungeheuren Sprachenverwirrung, und die Menschheit ging fortan in die verschiedenen Stämme der Konservativen, Liberalen und Radikalen auseinander. Es waren aber vorerst eigentlich nur die Leidenschaften, die unter der Maske der Philosophie, Humanität oder sogenannten Untertanentreue wie Drachen mit Lindwürmern auf Tod und Leben gegeneinander kämpften; denn die Ideen waren plötzlich Fleisch geworden und wußten sich in dem ungeschlachten Leibe durchaus noch nicht zurechtzufinden.

Fassen wir jedoch diesen Kampf der entfesselten und gärenden Elemente schärfer ins Auge, so bemerken wir den der Religion gegen die Freigeisterei, als das eigentlich bewegende Grundprinzip, offenbar im Vordertreffen, denn die Veränderungen der religiösen Weltansicht machen überall die Geschichte. Hier aber war der Kampf zunächst ein sehr ungleicher. Der kleine Landadel trieb großenteils die Religion nur noch wie ein löbliches Handwerk und blamierte sich damit nicht wenig vor den weitausgreifenden Fortschrittsmännern. Die vermeintlich gebildeteren Adelsklassen dagegen,

denen die Lächerlichkeit jederzeit als die unverzeihlichste
Todsünde erschien, hatten, schon längst mit den freigeisteri-
schen französischen Autoren heimlich fraternisierend, die
neue Aufklärung als notwendige Mode- und Anstandssache,
gleichsam als moderne Gasbeleuchtung ihrer Salons, still-
schweigend bei sich aufgenommen und erschraken jetzt zu
spät vor den ganz unanständigen Konsequenzen, da ihre
Franzosen plötzlich Gott abschafften und die nackte Ver-
nunft leibhaftig auf den Altar stellten. Wie aber sollten sie
so halbherzig, und nachdem sie die rechte Waffe selbst aus
der Hand gegeben, sich nun den ungestümen Drängern ent-
gegenstemmen? Es konnte nicht anders sein: die neue Welt
schritt über ihre ganz verblüfften Köpfe hinweg, ohne nach
ihnen zu fragen. Christus galt fortan für einen ganz guten,
nur leider etwas überspannten Mann, dem sich jeder Gebil-
dete wenigstens vollkommen ebenbürtig dünkte. Es war eine
allgemeine Seligsprechung der Menschheit, die durch ihre
eigene Kraft und Geistreichigkeit kurzweg sich selbst zu er-
lösen unternahm; mit einem Wort: der vor lauter Hochmut
endlich tollgewordene Rationalismus, welcher in seiner prak-
tischen Anwendung eine Religion des Egoismus prokla-
mierte.

Hatte man aber hiermit alles auf die subjektive Eigenmacht
gestellt, so kam es natürlich nun darauf an, diese Eigenmacht
auch wirklich zu einer Weltkraft zu entwickeln; und daraus
folgte von selbst der gewaltige Stoß der neuen Pädagogik
gegen die alte Edukation. Diese war bisher wesentlich eine
partikuläre Standeserziehung gewesen, das Individuum ging
in seinem bestimmten Stande, alle Stände aber in der allge-
meinen Idee des Christentums auf. Jetzt dagegen sollte auch
hier die bloße Natur frei walten, jeder Knabe sollte seine
subjektive Art oder Unart ungeniert herausbilden, gleichsam
spielend sich selbst erziehn, man wollte lauter Rousseausche
Emile, das Endziel war der »starke Mensch«.

Moderne Vaterländerei

Das vorige Jahrhundert wird mit Recht als das Zeitalter der Geisterrevolution bezeichnet. Allein damals wurden nur erst Parole und Feldgeschrei ausgeteilt, es war nur der erste Ausbruch des großen Kampfes, der sich unter wechselnden Evolutionen an das neunzehnte Jahrhundert vererbt hat und noch bis heute nicht ausgefochten ist. Die deutschen Universitäten aber sind die Werbeplätze und Übungslager dieses von Generation zu Generation sich erneuernden Kriegsheeres. Von Wittenberg ging einst die Reformation aus, von Halle die Wolfsche Lehre[1], von Königsberg die Kantsche, von Jena die Fichtesche und Schellingsche Philosophie; lauter unsichtbare Gedankenkatastrophen, die einen wesentlichen und entscheidenderen Einfluß auf das Gesamtleben ausgeübt haben, als sich die Staatskünstler träumen ließen.

Bekanntlich ist unser Jahrhundert unter dem Gestirn der Aufklärung geboren. Kant hatte soeben die philosophische Arbeit seiner Vorgänger streng geordnet und, da er dieselbe in seiner großartigen Wahrheitsliebe für das Ganze als unzureichend erkannte, die Welt lieber sogleich in zwei Provinzen geteilt: in die durch menschliche Erfahrung wahrnehmbare, die er sich glorreich erobert, und in die Terra incognita des Unsichtbaren, die er mit der nur dem Genie eigenen heiligen Scheu auf sich beruhen ließ. Seine Schüler aber wollten klüger sein als der Meister und *alles* aufklären; eine Art chinesischer Schönmalerei ohne allen Schatten, der doch das Bild erst wahrhaftig lebendig macht. Sie setzten daher nun ihren lichtseligen Verstand ganz allgemein als alleinigen Weltbeherrscher ein; es sollte fortan nur noch einen Vernunftstaat, nur Vernunftreligion, Vernunftpoesie usw. geben. Da jedoch jene zweite dunkle Provinz höchst unvernünftig mit ihrer Phantasie, mit ihrem Glauben, ihren Volksgefühlen und Traditionen gegen dieses unerhörte Regiment

1. *nach Christian Wolff (1679–1754), dem führenden Philosophen der deutschen Aufklärung.*

zu rebellieren unternahm, so machten sie sich's bequem, in-
dem sie das Geheimnisvolle und Unerforschliche, das sich
durch das ganze menschliche Dasein hindurchzieht, ohne
weiteres als störend und überflüssig negierten. Kein Wunder
demnach, daß das deutsche Leben und das deutsche Reich,
das grade auf diesen unsichtbaren Fundamenten vorzugs-
weise geruht, sich nun nach allen Seiten hin bedenklich
senkte und zuletzt so lebensgefährliche Risse bekam, daß es
von Polizei wegen abgetragen werden mußte. Und so war
denn in der Tat der ganze alte Bau schon im Anfange unse-
res Jahrhunderts in sich zusammengebrochen; der Sturm der
Französischen Revolution und der nachfolgenden Fremd-
herrschaft hat nur den unnützen Schutt auseinandergefegt.
Allein auf freiem Felde können dauernd nur Wilde wohnen,
über die man sich bei aller Naturvergötterung doch so un-
endlich erhaben fühlte. Das begriffen alle, und so entstand
damals sofort ein unerhörtes Treiben, Klopfen, Hämmern
und Richten, als wäre alle Welt plötzlich Freimaurer gewor-
den. Aber der Neubau förderte nicht, weil sie über Funda-
ment, Grund- und Aufriß fortwährend untereinander zank-
ten. Am geschäftigsten und vergnügtesten nämlich zeigten
sich zunächst die alten zähen Enzyklopädisten, die jetzt auf
dem völlig kahlgefegten Bauplatze endlich ganz freie Hand
hatten. Diese wußten wirklich nicht, daß seit Erschaffung
der Erde schon mancherlei Bemerkenswertes darauf sich zu-
getragen; sie wollten daher schlechterdings die Welt ganz
von neuem anfangen und abstrakt konstruieren. Als Mate-
rial hierzu trockneten sie vorerst alle Seelenkräfte auf, um
sie in ihren philosophischen Herbarien gehörig zu klassifi-
zieren, und daraus gingen damals die zahllosen neuen Ge-
setzbücher mit ihren Urrechten und Menschenveredelungen
hervor. Sie waren, was sie freilich am wenigsten sein wollten,
eigentlich gutmütige Phantasten, wie ja jederzeit grade bei
den Nüchternsten das bißchen defekte Phantasie am häufig-
sten überschnappt, welches der gesunden nicht leicht begeg-
net. Es ist hiernach auch sehr begreiflich, daß in dieser alles

verwischenden Gleichmacherei ohne Nationalität und Ge-
schichte ein kühner Geist wie Napoleon den Gedanken einer
ganz gleichförmigen europäischen Universalmonarchie fas-
sen konnte.

Aber diesen Transzendentalen[2] gegenüber oder vielmehr
direkt entgegen arbeiteten gleichzeitig ganz andere Bauleute:
die Freischar der Romantiker, die in Religion, Haus und
Staat auf die Vergangenheit wieder zurückgingen; also
eigentlich die historische Schule. Das deutsche Leben sollte
aus seinen verschütteten geheimnisvollen Wurzeln wieder
frisch ausschlagen, das ewig Alte und Neue wieder zu Be-
wußtsein und Ehren kommen. – Da jedoch beide Parteien
einander keineswegs hinreichend gewachsen waren, so nahm
bei solchem Stoß und Gegenstoß späterhin die ganze Sache
eine diagonale Richtung. Es entstand die aus beiden wider-
strebenden Elementen wunderlich komponierte moderne
Vaterländerei; ein imaginäres Deutschland, das weder recht
vernünftig noch recht historisch war.

2. *Kants Begriff* ›transzendental‹ = *was der Erfahrung vorhergeht, sie
bedingt, Erkenntnisart von Gegenständen, wird von Eichendorff hier ab-
wertend für die Rationalisten und Enzyklopädisten gebraucht.*

VI. »Poetik« und Kritik

1. Romanlehre und Poesie

Die Romanlehre der Romantik wird in den ästhetischen Untersuchungen als ihre weitestreichende Leistung bezeichnet; sie gibt nicht nur Auskunft über sämtliche Gattungen, sondern enthält auch die Theorie der romantischen Dichtung. Im »Athenäum« finden sich zur Romanlehre das »Gespräch über die Poesie« mit dem »Brief über den Roman«; vor allem hat die Auseinandersetzung mit Goethes »Wilhelm Meister« die poetologischen Probleme weitergeführt. Wichtig sind hier Novalis' poetische Fragmente, seine kontroverse Auseinandersetzung mit »Wilhelm Meister«, Friedrich Schellings Bemerkungen in seiner »Philosophie der Kunst« und Jean Pauls »Vorschule der Ästhetik«.

Wenn es zu einer Theorie des Romans käme, müßte eine solche Theorie, wie F. Schlegel meint, selbst ein Roman sein, in dem der Zusammenhang von »Poesie«, »Mythologie«, »Arabeske«, »Groteske« deutlich wird. Dann wäre bewiesen: »Ein Roman ist ein romantisches Buch«, wobei das Romantische ausdrücklich als Element der Poesie, nicht als Gattung verstanden wird. Der Roman in seiner Mischung der Gattungen bedeutet nicht Verwirrung der Grenzen, sondern artistisch universale Dichtung. Die Vorstellung Schlegels, daß der Roman auf Geschichte gründet, wird von Novalis und Arnim weiterverfolgt. Bei Novalis bietet die Realität des Lebens das Material zum Roman, er entsteht »aus Mangel der Geschichte«, während bei Arnim der geschichtliche Stoff Dichtung inspiriert, so, daß Dichtung aus Geschichte hervorgeht, jedoch die Geschichte erst zur wahren Geschichte führt.

Die Welt des Märchens erscheint als die höhere Realität; in ihr wird die Darstellung des goldenen Zeitalters erst mög-

*lich. Welche Funktion damit das Märchen z. B. innerhalb des
Romans einnimmt, wird genauer im Teilband »Romantik II«
zu zeigen sein.
Es muß aber insgesamt bedacht werden, daß die Theorien
der Dichtkunst in der Romantik nicht immer durch die Pra-
xis eingelöst worden sind. Gerade Novalis' Fragmente sind
seiner Zeit weit voraus, wenn vom Machen des Gedichts die
Rede ist, von den Ideenassoziationen oder vom Zufall. Auch
von A. W. Schlegels Vorlesungsstunde über Poesie, die be-
reits von einem Dichtungsprozeß als Poesie der Poesie
spricht, führt der Weg weniger zu romantischen Erzeugnis-
sen als zur Moderne ins 20. Jahrhundert.
Anders ist es mit dem Gespräch, das E. T. A. Hoffmann mit
dem Hund Berganza in »Phantasiestücke in Callots Manier«
führt. Der Zusammenhang von Leben und Kunst und die
Hervorhebung des Phantastischen als das romantisch Origi-
nelle gibt Hinweise auf das dualistische Prinzip, auf die
Durchdringung von Phantastischem und Realistischem, das
Hoffmanns Dichtung bestimmt.*

FRIEDRICH SCHLEGEL

Rede über die Mythologie

*Die »Rede über die Mythologie« aus dem »Gespräch über
die Poesie«, 1800 im »Athenäum« erschienen, fordert einen
neuen Mittelpunkt, wie es die Mythologie für die Alten
war, damit neue Poesie möglich wird. »Das künstlichste aller
Kunstwerke« muß alle anderen umfassen, das »unendliche
Gedicht« die Keime aller Gedichte; das Chaos, das scheinbar
dadurch entsteht, ist höchste produktive Ordnung, und es
wird die Aufgabe der Poesie sein, den Menschen ins ur-
sprüngliche Chaos der Natur zu versetzen. Darin sieht*

Schlegel einen revolutionären Akt, der allein das Zeitalter
verändern könne; der Idealismus, »das große Phänomen
des Zeitalters«, ist die Kraft, in der das Ich alle Realität in
der Tiefe des Geistes erfaßt und mit Unendlichkeit erfüllt.
In heutigem Sprachgebrauch ausgedrückt, ist die Forderung
Schlegels nach einem Zentrum, das nur in der neuen Mytho-
logie aufgefunden werden kann, der »ideologische« Stand-
ort der Frühromantik.

Bei dem Ernst, mit dem ihr die Kunst verehrt, meine
Freunde, will ich euch auffordern, euch selbst zu fragen:
Soll die Kraft der Begeisterung auch in der Poesie sich
immerfort einzeln versplittern und, wenn sie sich müde ge-
kämpft hat gegen das widrige Element, endlich einsam ver-
stummen? Soll das höchste Heilige immer namenlos und
formlos bleiben, im Dunkel dem Zufall überlassen? Ist die
Liebe wirklich unüberwindlich, und gibt es wohl eine Kunst,
die den Namen verdiente, wenn diese nicht die Gewalt hat,
den Geist der Liebe durch ihr Zauberwort zu fesseln, daß er
ihr folge und auf ihr Geheiß und nach ihrer notwendigen
Willkür die schönen Bildungen beseelen muß? –
Ihr vor allen müßt wissen, was ich meine. Ihr habt selbst ge-
dichtet, und ihr müßt es oft im Dichten gefühlt haben, daß
es euch an einem festen Halt für euer Wirken gebrach, an
einem mütterlichen Boden, einem Himmel, einer lebendigen
Luft.
Aus dem Innern herausarbeiten das alles muß der moderne
Dichter, und viele haben es herrlich getan, aber bis jetzt nur
jeder allein, jedes Werk wie eine neue Schöpfung von vorn
an aus Nichts.
Ich gehe gleich zum Ziel. Es fehlt, behaupte ich, unsrer
Poesie an einem Mittelpunkt, wie es die Mythologie für die
der Alten war, und alles Wesentliche, worin die moderne
Dichtkunst der antiken nachsteht, läßt sich in die Worte zu-
sammenfassen: Wir haben keine Mythologie. Aber, setze ich
hinzu, wir sind nahe daran, eine zu erhalten, oder vielmehr

es wird Zeit, daß wir ernsthaft dazu mitwirken sollen, eine hervorzubringen.

Denn auf dem ganz entgegengesetzten Wege wird sie uns kommen wie die alte ehemalige, überall die erste Blüte der jugendlichen Phantasie, sich unmittelbar anschließend und anbildend an das Nächste, Lebendigste der sinnlichen Welt. Die neue Mythologie muß im Gegenteil aus der tiefsten Tiefe des Geistes herausgebildet werden; es muß das künstlichste aller Kunstwerke sein, denn es soll alle andern umfassen, ein neues Bette und Gefäß für den alten ewigen Urquell der Poesie und selbst das unendliche Gedicht, welches die Keime aller andern Gedichte verhüllt.

Ihr mögt wohl lächeln über dieses mystische Gedicht und über die Unordnung, die etwa aus dem Gedränge und der Fülle von Dichtungen entstehn dürfte. Aber die höchste Schönheit, ja die höchste Ordnung ist denn doch nur die des Chaos, nämlich eines solchen, welches nur auf die Berührung der Liebe wartet, um sich zu einer harmonischen Welt zu entfalten, eines solchen wie es auch die alte Mythologie und Poesie war. Denn Mythologie und Poesie, beide sind eins und unzertrennlich. Alle Gedichte des Altertums schließen sich eines an das andre, bis sich aus immer größern Massen und Gliedern das Ganze bildet; alles greift ineinander, und überall ist ein und derselbe Geist nur anders ausgedrückt. Und so ist es wahrlich kein leeres Bild, zu sagen: die alte Poesie sei ein einziges, unteilbares, vollendetes Gedicht. Warum sollte nicht wieder von neuem werden, was schon gewesen ist? Auf eine andre Weise versteht sich. Und warum nicht auf eine schönere, größere? –

Ich bitte euch, nur dem Unglauben an die Möglichkeit einer neuen Mythologie nicht Raum zu geben. Die Zweifel von allen Seiten und nach allen Richtungen sollen mir willkommen sein, damit die Untersuchung desto freier und reicher werde. Und nun schenkt meinen Vermutungen ein aufmerksames Gehör! Mehr als Vermutungen kann ich euch nach der Lage der Sache nicht geben wollen. Aber ich hoffe, diese

Vermutungen sollen durch euch selbst zu Wahrheiten werden. Denn es sind, wenn ihr sie dazu machen wollt, gewissermaßen Vorschläge zu Versuchen.

Kann eine neue Mythologie sich nur aus der innersten Tiefe des Geistes wie durch sich selbst herausarbeiten, so finden wir einen sehr bedeutenden Wink und eine merkwürdige Bestätigung für das, was wir suchen, in dem großen Phänomen des Zeitalters, im Idealismus! Dieser ist auf eben die Weise gleichsam wie aus Nichts entstanden, und es ist nun auch in der Geisterwelt ein fester Punkt konstituiert, von wo aus die Kraft des Menschen sich nach allen Seiten mit steigender Entwicklung ausbreiten kann, sicher, sich selbst und die Rückkehr nie zu verlieren. Alle Wissenschaften und alle Künste wird die große Revolution ergreifen. Schon seht ihr sie in der Physik wirken, in welcher der Idealismus eigentlich schon früher für sich ausbrach, ehe sie noch vom Zauberstabe der Philosophie berührt war. Und dieses wunderbare große Faktum kann euch zugleich ein Wink sein über den geheimen Zusammenhang und die innre Einheit des Zeitalters. Der Idealismus, in praktischer Ansicht nichts anders als der Geist jener Revolution, die großen Maximen derselben, die wir aus eigner Kraft und Freiheit ausüben und ausbreiten sollen, ist in theoretischer Ansicht, so groß er sich auch hier zeigt, doch nur ein Teil, ein Zweig, eine Äußerungsart von dem Phänomen aller Phänomene, daß die Menschheit aus allen Kräften ringt, ihr Zentrum zu finden. Sie muß, wie die Sachen stehn, untergehn oder sich verjüngen. Was ist wahrscheinlicher, und was läßt sich nicht von einem solchen Zeitalter der Verjüngung hoffen? – Das graue Altertum wird wieder lebendig werden, und die fernste Zukunft der Bildung sich schon in Vorbedeutungen melden. Doch das ist nicht das, worauf es mir zunächst hier ankommt: denn ich möchte gern nichts überspringen und euch Schritt vor Schritt bis zur Gewißheit der allerheiligsten Mysterien führen. Wie es das Wesen des Geistes ist, sich selbst zu bestimmen und im ewigen Wechsel aus sich herauszugehn

und in sich zurückzukehren; wie jeder Gedanke nichts anders ist, als das Resultat einer solchen Tätigkeit: so ist derselbe Prozeß auch im Ganzen und Großen jeder Form des Idealismus sichtbar, der ja selbst nur die Anerkennung jenes Selbstgesetzes ist, und das neue, durch die Anerkennung verdoppelte Leben, welches die geheime Kraft desselben durch die unbeschränkte Fülle neuer Erfindung, durch die allgemeine Mitteilbarkeit und durch die lebendige Wirksamkeit aufs herrlichste offenbart. Natürlich nimmt das Phänomen in jedem Individuum eine andre Gestalt an, wo denn oft der Erfolg hinter unsrer Erwartung zurückbleiben muß. Aber was notwendige Gesetze für den Gang des Ganzen erwarten lassen, darin kann unsre Erwartung nicht getäuscht werden. Der Idealismus in jeder Form muß auf eine oder die andre Art aus sich herausgehn, um in sich zurückkehren zu können und zu bleiben, was er ist. Deswegen muß und wird sich aus seinem Schoß ein neuer, ebenso grenzenloser Realismus erheben, und der Idealismus also nicht bloß in seiner Entstehungsart ein Beispiel für die neue Mythologie, sondern selbst auf indirekte Art Quelle derselben werden. Die Spuren einer ähnlichen Tendenz könnt ihr schon jetzt fast überall wahrnehmen; besonders in der Physik, der es an nichts mehr zu fehlen scheint, als an einer mythologischen Ansicht der Natur.

Auch ich trage schon lange das Ideal eines solchen Realismus in mir, und wenn es bisher nicht zur Mitteilung gekommen ist, so war es nur, weil ich das Organ dazu noch suche. Doch weiß ich, daß ichs nur in der Poesie finden kann, denn in Gestalt der Philosophie oder gar eines Systems wird der Realismus nie wieder auftreten können. Und selbst nach einer allgemeinen Tradition ist es zu erwarten, daß dieser neue Realismus, weil er doch idealischen Ursprungs sein und gleichsam auf idealischem Grund und Boden schweben muß, als Poesie erscheinen wird, die ja auf der Harmonie des Ideellen und Reellen beruhen soll.

Spinoza, scheint mirs, hat ein gleiches Schicksal wie der gute

alte Saturn der Fabel. Die neuen Götter haben den Herr-
lichen vom hohen Thron der Wissenschaft herabgestürzt. In
das heilige Dunkel der Phantasie ist er zurückgewichen, da
lebt und haust er nun mit den andern Titanen in ehrwürdi-
ger Verbannung. Haltet ihn hier! Im Gesang der Musen ver-
schmelze seine Erinnrung an die alte Herrschaft in eine leise
Sehnsucht. Er entkleide sich vom kriegerischen Schmuck des
Systems, und teile dann die Wohnung im Tempel der neuen
Poesie mit Homer und Dante und geselle sich zu den Laren
und Hausfreunden jedes gottbegeisterten Dichters.
In der Tat, ich begreife kaum, wie man ein Dichter sein
kann, ohne den Spinoza zu verehren, zu lieben und ganz der
seinige zu werden. In Erfindung des einzelnen ist eure eigne
Phantasie reich genug; sie anzuregen, zur Tätigkeit zu reizen
und ihr Nahrung zu geben, nichts geschickter als die Dich-
tungen andrer Künstler. Im Spinoza aber findet ihr den
Anfang und das Ende aller Phantasie, den allgemeinen
Grund und Boden, auf dem euer Einzelnes ruht, und eben
diese Absonderung des Ursprünglichen, Ewigen der Phanta-
sie von allem Einzelnen und Besondern muß euch sehr will-
kommen sein. Ergreift die Gelegenheit und schaut hin! Es
wird euch ein tiefer Blick in die innerste Werkstätte der
Poesie gegönnt. Von der Art wie die Phantasie des Spinoza,
so ist auch sein Gefühl. Nicht Reizbarkeit für dieses und je-
nes, nicht Leidenschaft, die schwillt und wieder sinket; aber
ein klarer Duft schwebt unsichtbar sichtbar über dem Gan-
zen, überall findet die ewige Sehnsucht einen Anklang aus
den Tiefen des einfachen Werks, welches in stiller Größe den
Geist der ursprünglichen Liebe atmet.
Und ist nicht dieser milde Widerschein der Gottheit im Men-
schen die eigentliche Seele, der zündende Funken aller
Poesie? – Das bloße Darstellen von Menschen, von Leiden-
schaften und Handlungen macht es wahrlich nicht aus, so
wenig wie die künstlichen Formen; und wenn ihr den alten
Kram auch millionenmal durcheinander würfelt und über-
einander wälzt. Das ist nur der sichtbare äußere Leib, und

wenn die Seele erloschen ist, gar nur der tote Leichnam der Poesie. Wenn aber jener Funken des Enthusiasmus in Werke ausbricht, so steht eine neue Erscheinung vor uns, lebendig und in schöner Glorie von Licht und Liebe.

Und was ist jede schöne Mythologie anders als ein hieroglyphischer Ausdruck der umgebenden Natur in dieser Verklärung von Phantasie und Liebe?

Einen großen Vorzug hat die Mythologie. Was sonst das Bewußtsein ewig flieht, ist hier dennoch sinnlich geistig zu schauen und festgehalten, wie die Seele in dem umgebenden Leibe, durch den sie in unser Auge schimmert, zu unserm Ohre spricht.

Das ist der eigentliche Punkt, daß wir uns wegen des Höchsten nicht so ganz allein auf unser Gemüt verlassen. Freilich, wem es da trocken ist, dem wird es nirgends quillen; und das ist eine bekannte Wahrheit, gegen die ich am wenigsten gesonnen bin, mich aufzulehnen. Aber wir sollen uns überall an das Gebildete anschließen und auch das Höchste durch die Berührung des Gleichartigen, Ähnlichen oder bei gleicher Würde Feindlichen entwickeln, entzünden, nähren, mit einem Worte: bilden. Ist das Höchste aber wirklich keiner absichtlichen Bildung fähig, so laßt uns nur gleich jeden Anspruch auf irgendeine freie Ideenkunst aufgeben, die alsdann ein leerer Name sein würde.

Die Mythologie ist ein solches Kunstwerk der Natur. In ihrem Gewebe ist das Höchste wirklich gebildet; alles ist Beziehung und Verwandlung, angebildet und umgebildet, und dieses Anbilden und Umbilden eben ihr eigentümliches Verfahren, ihr innres Leben, ihre Methode, wenn ich so sagen darf.

Da finde ich nun eine große Ähnlichkeit mit jenem großen Witz der romantischen Poesie, der nicht in einzelnen Einfällen, sondern in der Konstruktion des Ganzen sich zeigt, und den unser Freund uns schon so oft an den Werken des Cervantes und des Shakespeare entwickelt hat. Ja, diese künstlich geordnete Verwirrung, diese reizende Symmetrie

von Widersprüchen, dieser wunderbare ewige Wechsel von
Enthusiasmus und Ironie, der selbst in den kleinsten Glie-
dern des Ganzen lebt, scheinen mir schon selbst eine indirekte
Mythologie zu sein. Die Organisation ist dieselbe, und gewiß
ist die Arabeske die älteste und ursprüngliche Form der
menschlichen Phantasie. Weder dieser Witz noch eine My-
thologie können bestehn ohne ein erstes Ursprüngliches und
Unnachahmliches, was schlechthin unauflöslich ist, was nach
allen Umbildungen noch die alte Natur und Kraft durch-
schimmern läßt, wo der naive Tiefsinn den Schein des Ver-
kehrten und Verrückten oder des Einfältigen und Dummen
durchschimmern läßt. Denn das ist der Anfang aller Poesie,
den Gang und die Gesetze der vernünftig denkenden Ver-
nunft aufzuheben und uns wieder in die schöne Verwir-
rung der Phantasie, in das ursprüngliche Chaos der mensch-
lichen Natur zu versetzen, für das ich kein schöneres Sym-
bol bis jetzt kenne, als das bunte Gewimmel der alten Göt-
ter.

Warum wollt ihr euch nicht erheben, diese herrlichen Gestal-
ten des großen Altertums neu zu beleben? – Versucht es nur
einmal, die alte Mythologie voll vom Spinoza und von je-
nen Ansichten, welche die jetzige Physik in jedem Nachden-
kenden erregen muß, zu betrachten, wie euch alles in neuem
Glanz und Leben erscheinen wird.

Aber auch die andern Mythologien müssen wieder erweckt
werden nach dem Maß ihres Tiefsinns, ihrer Schönheit und
ihrer Bildung, um die Entstehung der neuen Mythologie zu
beschleunigen. Wären uns nur die Schätze des Orients so
zugänglich wie die des Altertums! Welche neue Quelle von
Poesie könnte uns aus Indien fließen, wenn einige deutsche
Künstler mit der Universalität und Tiefe des Sinns, mit dem
Genie der Übersetzung, das ihnen eigen ist, die Gelegenheit
besäßen, welche eine Nation, die immer stumpfer und bruta-
ler wird, wenig zu brauchen versteht. Im Orient müssen wir
das höchste Romantische suchen, und wenn wir erst aus der
Quelle schöpfen können, so wird uns vielleicht der Anschein

von südlicher Glut, der uns jetzt in der spanischen Poesie so reizend ist, wieder nur abendländisch und sparsam erscheinen.

Überhaupt muß man auf mehr als einem Wege zum Ziel dringen können. Jeder gehe ganz den seinigen, mit froher Zuversicht, auf die individuellste Weise, denn nirgends gelten die Rechte der Individualität – wenn sie nur das ist, was das Wort bezeichnet: unteilbare Einheit, innrer lebendiger Zusammenhang – mehr als hier, wo vom Höchsten die Rede ist; ein Standpunkt, auf welchem ich nicht anstehen würde zu sagen, der eigentliche Wert, ja die Tugend des Menschen sei seine Originalität. –

Und wenn ich einen so großen Akzent auf den Spinoza lege, so geschieht es wahrlich nicht aus einer subjektiven Vorliebe (deren Gegenstände ich vielmehr ausdrücklich entfernt gehalten habe) oder um ihn als Meister einer neuen Alleinherrschaft zu erheben; sondern weil ich an diesem Beispiel am auffallendsten und einleuchtendsten meine Gedanken vom Wert und der Würde der Mystik und ihrem Verhältnis zur Poesie zeigen konnte. Ich wählte ihn wegen seiner Objektivität in dieser Rücksicht als Repräsentanten aller übrigen. Ich denke darüber so: Wie die Wissenschaftslehre nach der Ansicht derer, welche die Unendlichkeit und die unvergängliche Fülle des Idealismus nicht bemerkt haben, wenigstens eine vollendete Form bleibt, ein allgemeines Schema für alle Wissenschaft, so ist auch Spinoza auf ähnliche Weise der allgemeine Grund und Halt für jede individuelle Art von Mystizismus; und dieses, denke ich, werden auch die bereitwillig anerkennen, die weder vom Mystizismus noch vom Spinoza sonderlich viel verstehn.

Ich kann nicht schließen, ohne noch einmal zum Studium der Physik aufzufordern, aus deren dynamischen Paradoxien jetzt die heiligsten Offenbarungen der Natur von allen Seiten ausbrechen.

Und so laßt uns denn, beim Licht und Leben! nicht länger zögern, sondern jeder nach seinem Sinn die große Entwicke-

lung beschleunigen, zu der wir berufen sind. Seid der Größe
des Zeitalters würdig, und der Nebel wird von euren Augen
sinken; es wird helle vor euch werden. Alles Denken ist ein
Divinieren, aber der Mensch fängt erst eben an, sich seiner
divinatorischen Kraft bewußt zu werden. Welche unermeß-
lichen Erweiterungen wird sie noch erfahren; und eben jetzt.
Mich deucht, wer das Zeitalter, das heißt jenen großen Pro-
zeß allgemeiner Verjüngung, jene Prinzipien der ewigen Re-
volution verstünde, dem müßte es gelingen können, die Pole
der Menschheit zu ergreifen und das Tun der ersten Men-
schen, wie den Charakter der Goldnen Zeit, die noch kom-
men wird, zu erkennen und zu wissen. Dann würde das
Geschwätz aufhören, und der Mensch inne werden, was er
ist, und würde die Erde verstehn und die Sonne.
Dieses ist, was ich mit der neuen Mythologie meine.

Brief über den Roman

*Ein geschlossener Abschnitt aus »Gespräch über die Poesie«,
zuerst gedruckt im »Athenäum« 1800. Hier werden einige
wichtige Schlüsselbegriffe für die Poetik der Romantik ge-
liefert; vor allem unter Hinweis auf die Romane Jean Pauls.
Das Groteske – bei Jean Paul: buntes Allerlei – wird gegen
die Kritik, es sei von kränklichem Witz, verteidigt. Seine
»Grotesken und Bekenntnisse« werden von Schlegel als »die
einzigen romantischen Erzeugnisse unseres unromantischen
Zeitalters« bezeichnet. Die Arabeske erscheint als wesent-
liche Form der Poesie (vgl. auch »Rede über die Mytho-
logie«). Das Sentimentale, das, was das geistige Gefühl an-
spricht, wird gegen Trivialvorstellungen verteidigt. Wieder-
um in Hinblick auf Jean Paul sagt Schlegel, »denn nach
meiner Ansicht und nach meinem Sprachgebrauch ist eben
das romantisch, was uns einen sentimentalen Stoff in einer
phantastischen Form darstellt«. Des weiteren findet sich der
Satz »ein Roman ist ein romantisches Buch«. Er bedeutet die*

*Weiterführung des 116. Fragments, also die Vermischung
aller Gattungen und Formen, wodurch auch Kritik und
Theorie Gegenstand des Romans werden können.*

Ich muß, was ich gestern zu Ihrer Verteidigung zu sagen
schien, zurücknehmen, liebe Freundin! und Ihnen so gut als
völlig Unrecht geben. Sie selbst geben es sich am Ende des
Streites darin, daß Sie sich so tief eingelassen, weil es gegen
die weibliche Würde sei, aus dem angebornen Element von
heiterm Scherz und ewiger Poesie zu dem gründlichen oder
schwerfälligen Ernst der Männer sich, wie Sie es richtig
nannten, herabzustimmen. Ich stimme Ihnen gegen Sie selbst
bei, daß Sie Unrecht haben. Ja, ich behaupte noch außerdem,
daß es nicht genug sei, Unrecht anzuerkennen; man muß es
auch büßen, und die, wie mirs scheint, ganz zweckmäßige
Buße dafür, daß Sie sich mit der Kritik gemein gemacht
haben, soll nun sein, daß Sie sich die Geduld abnötigen,
diese kritische Epistel über den Gegenstand des gestrigen
Gesprächs zu lesen.
Ich hätte es gleich gestern sagen können, was ich sagen will;
oder vielmehr ich konnte es nicht, meiner Stimmung und der
Umstände wegen. Mit welchem Gegner hatten Sie zu tun,
Amalia? Freilich versteht er das, wovon die Rede war, recht
sehr wohl und wie sichs für einen tüchtigen Virtuosen nicht
anders gebührt. Er würde also darüber sprechen können so
gut wie irgendeiner, wenn er nur überhaupt sprechen könnte.
Dieses haben ihm die Götter versagt; er ist, wie ich schon
sagte, ein Virtuose und damit gut; die Grazien sind leider
ausgeblieben[1]. Da er nun so gar nicht ahnden konnte, was
Sie im innersten Sinne meinten, und das äußerliche Recht so
ganz auf seiner Seite war, so hatte ich nichts Angelegeners,
als mit ganzer Stärke für Sie zu streiten, damit nur das ge-
sellige Gleichgewicht nicht völlig zerstört würde. Und über-
dem ists mir natürlicher, wenn es ja sein muß, schriftliche

1. *die Grazien sind leider ausgeblieben:* Zitat aus Goethes *»Torquato
Tasso«, Tasso zur Kennzeichnung Antonios.*

Belehrungen zu geben als mündliche, die nach meinem Ge-
fühl die Heiligkeit des Gesprächs entweihen.

Das unsrige fing damit an, daß Sie behaupteten, Friedrich
Richters Romane seien keine Romane, sondern ein buntes
Allerlei von kränklichem Witz. Die wenige Geschichte sei zu
schlecht dargestellt, um für Geschichte zu gelten, man müsse
sie nur erraten. Wenn man aber auch alle zusammennehmen
und sie rein erzählen wolle, würde das doch höchstens Be-
kenntnisse geben. Die Individualität des Menschen sei viel
zu sichtbar, und noch dazu eine solche!

Das letzte übergehe ich, weil es doch wieder nur Sache der
Individualität ist. Das bunte Allerlei von kränklichem Witz
gebe ich zu, aber ich nehme es in Schutz und behaupte dreist,
daß solche Grotesken und Bekenntnisse noch die einzigen
romantischen Erzeugnisse unsers unromantischen Zeitalters
sind.

Lassen Sie mich bei dieser Gelegenheit ausschütten, was ich
lange auf dem Herzen habe!

Mit Erstaunen und mit innerm Grimm habe ich oft den Die-
ner die Haufen zu Ihnen hereintragen sehn. Wie mögen Sie
nur mit Ihren Händen die schmutzigen Bände berühren? –
Und wie können Sie den verworrnen, ungebildeten Redens-
arten den Eingang durch Ihr Auge in das Heiligtum der
Seele verstatten? – Stundenlang Ihre Phantasie an Menschen
hingeben, mit denen von Angesicht zu Angesicht nur wenige
Worte zu wechseln Sie sich schämen würden? – Es
frommt wahrlich zu nichts, als nur die Zeit zu töten und die Imagi-
nation zu verderben! Fast alle schlechten Bücher haben Sie
gelesen von Fielding bis zu La Fontaine. Fragen Sie sich
selbst, was Sie davon gehabt haben. Ihr Gedächtnis selbst
verschmäht das unedle Zeug, was eine fatale Jugendgewohn-
heit Ihnen zum Bedürfnis macht und was so emsig herbei-
geschafft werden muß, wird sogleich rein vergessen.

Dagegen erinnern Sie sich noch vielleicht, daß es eine Zeit
gab, wo Sie den Sterne liebten, sich oft ergötzten, seine
Manier anzunehmen, halb nachzuahmen, halb zu verspotten.

Ich habe noch einige scherzhafte Briefchen der Art von Ihnen, die ich sorgsam bewahren werde. – Sternes Humor hat Ihnen also doch einen bestimmten Eindruck gegeben; wenngleich eben keine idealisch schöne, so war es doch eine Form, eine geistreiche Form, die Ihre Phantasie dadurch gewann, und ein Eindruck, der uns so bestimmt bleibt, den wir so zu Scherz und Ernst gebrauchen und gestalten können, ist nicht verloren; und was kann einen gründlicheren Wert haben als dasjenige, was das Spiel unsrer innern Bildung auf irgendeine Weise reizt oder nährt.

Sie fühlen es selbst, daß Ihr Ergötzen an Sternes Humor rein war und von ganz andrer Natur als die Spannung der Neugier, die uns oft ein durchaus schlechtes Buch in demselben Augenblick, wo wir es so finden, abnötigen kann. Fragen Sie sich nun selbst, ob Ihr Genuß nicht verwandt mit demjenigen war, den wir oft bei Betrachtung der witzigen Spielgemälde empfanden, die man Arabesken nennt. – Auf den Fall, daß Sie sich selbst nicht von allem Anteil an Sternes Empfindsamkeit freisprechen können, schicke ich Ihnen hier ein Buch, von dem ich Ihnen aber, damit Sie gegen Fremde vorsichtig sind, voraussagen muß, daß es das Unglück oder das Glück hat, ein wenig verschrien zu sein. Es ist Diderots *Fatalist*. Ich denke, es wird Ihnen gefallen, und Sie werden die Fülle des Witzes hier ganz rein finden von sentimentalen Beimischungen. Es ist mit Verstand angelegt und mit sicher Hand ausgeführt. Ich darf es ohne Übertreibung ein Kunstwerk nennen. Freilich ist es keine hohe Dichtung, sondern nur eine – Arabeske. Aber eben darum hat es in meinen Augen keine geringen Ansprüche; denn ich halte die Arabeske für eine ganz bestimmte und wesentliche Form oder Äußerungsart der Poesie.

Ich denke mir die Sache so. Die Poesie ist so tief in dem Menschen gewurzelt, daß sie auch unter den ungünstigsten Umständen immer noch zuzeiten wild wächst. Wie wir nun fast bei jedem Volk Lieder, Geschichten im Umlauf, irgendeine Art wenngleich rohe Schauspiele im Gebrauch finden:

so haben selbst in unserm unphantastischen Zeitalter, in den eigentlichen Ständen der Prosa, ich meine die sogenannten Gelehrten und gebildeten Leute, einige Einzelne eine seltne Originalität der Phantasie in sich gespürt und geäußert, obgleich sie darum von der eigentlichen Kunst noch sehr entfernt waren. Der Humor eines Swift, eines Sterne, meine ich, sei die Naturpoesie der höhern Stände unsers Zeitalters.

Ich bin weit entfernt, sie neben jene Großen zu stellen; aber Sie werden mir zugeben, daß, wer für diese, für den Diderot Sinn hat, schon besser auf dem Wege ist, den göttlichen Witz, die Phantasie eines Ariost, Cervantes, Shakespeare verstehn zu lernen als ein andrer, der auch noch nicht einmal bis dahin sich erhoben hat. Wir dürfen nun einmal die Forderungen in diesem Stück an die Menschen der jetzigen Zeit nicht zu hoch spannen, und was in so kränklichen Verhältnissen aufgewachsen ist, kann selbst natürlicherweise nicht anders als kränklich sein. Dies halte ich aber, solange die Arabeske kein Kunstwerk, sondern nur ein Naturprodukt ist, eher für einen Vorzug, und stelle Richtern also auch darum über Sterne, weil seine Phantasie weit kränklicher, also weit wunderlicher und phantastischer ist. Lesen Sie nur überhaupt den Sterne einmal wieder. Es ist lange her, daß Sie ihn nicht gelesen haben, und ich denke, er wird Ihnen etwas anders vorkommen wie damals. Vergleichen Sie dann immer unsern Deutschen mit ihm. Er hat wirklich mehr Witz, wenigstens für den, der ihn witzig nimmt: denn er selbst könnte sich darin leicht unrecht tun. Und durch diesen Vorzug erhebt sich selbst seine Sentimentalität in der Erscheinung über die Sphäre der engländischen Empfindsamkeit.

Wir haben noch einen äußern Grund, diesen Sinn für das Groteske in uns zu bilden und uns in dieser Stimmung zu erhalten. Es ist unmöglich, in diesem Zeitalter der Bücher nicht auch viele, sehr viele schlechte Bücher durchblättern, ja sogar lesen zu müssen. Einige unter diesen sind, darauf darf man mit einiger Zuversicht rechnen, glücklicherweise immer von der albernen Art, und da kommt es wirklich nur auf uns

an, sie unterhaltend zu finden, indem wir sie nämlich als witzige Naturprodukte betrachten. Laputa[2] ist nirgends oder überall, liebe Freundin; es kommt nur auf einen Akt unsrer Willkür und unsrer Phantasie an, so sind wir mitten darin. Wenn die Dummheit eine gewisse Höhe erreicht, zu der wir sie jetzt, wo sich alles schärfer sondert, meistens gelangen sehn, so gleicht sie auch in der äußern Erscheinung der Narrheit. Und die Narrheit, werden Sie mir zugeben, ist das Lieblichste, was der Mensch imaginieren kann, und das eigentliche letzte Prinzip alles Amüsanten. In dieser Stimmung kann ich oft ganz allein für mich über Bücher, die keinesweges dazu bestimmt scheinen, in ein Gelächter verfallen, was kaum wieder aufhören will. Und es ist billig, daß die Natur mir diesen Ersatz gibt, da ich über so manches, was jetzt Witz und Satire heißt, durchaus nicht mitlachen kann. Dagegen werden mir nun gelehrte Zeitungen z. B. zu Farcen, und diejenige, welche sich die allgemeine nennt, halte ich mir ganz ausdrücklich, wie die Wiener den Kasperle. Sie ist, aus meinem Standpunkte angesehen, nicht nur die mannigfaltigste von allen, sondern auch in jeder Rücksicht die unvergleichlichste: denn nachdem sie aus der Nullität in eine gewisse Plattheit gesunken und aus dieser ferner in eine Art von Stumpfheit übergegangen war, ist sie zuletzt auf dem Wege der Stumpfheit endlich in jene närrische Dummheit verfallen.

Dieses ist im ganzen für Sie schon ein zu gelehrter Genuß. Wollen Sie aber, was Sie leider nicht mehr lassen können, in einem neuen Sinn tun, so will ich nicht mehr über den Bedienten schelten, wenn er die Haufen aus der Leihbibliothek bringt. Ja, ich erbiete mich selbst, für dieses Bedürfnis Ihr Geschäftsträger zu sein und verspreche, Ihnen eine Unzahl der schönsten Komödien aus allen Fächern der Literatur zu senden.

Ich nehme den Faden wieder auf: denn ich bin gesonnen,

2. *Insel der Mathematiker in Swifts* »Gullivers Reisen«.

Ihnen nichts zu schenken, sondern Ihren Behauptungen
Schritt vor Schritt zu folgen.

Sie tadelten Jean Paul auch, mit einer fast wegwerfenden
Art, daß er sentimental sei.

Wollten die Götter, er wäre es in dem Sinne, wie ich das
Wort nehme und es seinem Ursprunge und seiner Natur
nach glaube nehmen zu müssen. Denn nach meiner Ansicht
und nach meinem Sprachgebrauch ist eben das romantisch,
was uns einen sentimentalen Stoff in einer phantastischen
Form darstellt.

Vergessen Sie auf einen Augenblick die gewöhnliche, übel
berüchtigte Bedeutung des Sentimentalen, wo man fast alles
unter dieser Benennung versteht, was auf eine platte Weise
rührend und tränenreich ist und voll von jenen familiären
Edelmutsgefühlen, in deren Bewußtsein Menschen ohne Cha-
rakter sich so unaussprechlich glücklich und groß fühlen.

Denken Sie dabei lieber an Petrarca oder an Tasso, dessen
Gedicht gegen das mehr phantastische Romanzo des Ariost
wohl das sentimentale heißen könnte; und ich erinnre mich
nicht gleich eines Beispiels, wo der Gegensatz so klar und
das Übergewicht so entschieden wäre wie hier.

Tasso ist mehr musikalisch, und das Pittoreske im Ariost ist
gewiß nicht das schlechteste. Die Malerei ist nicht mehr so
phantastisch, wie sie es bei vielen Meistern der veneziani-
schen Schule, wenn ich meinem Gefühl trauen darf, auch im
Correggio und vielleicht nicht bloß in den Arabesken des
Raffael, ehedem in ihrer großen Zeit war. Die moderne
Musik hingegen ist, was die in ihr herrschende Kraft des
Menschen betrifft, ihrem Charakter im ganzen so treu ge-
blieben, daß ichs ohne Scheu wagen möchte, sie eine senti-
mentale Kunst zu nennen.

Was ist denn nun dieses Sentimentale? Das, was uns an-
spricht, wo das Gefühl herrscht, und zwar nicht ein sinn-
liches, sondern das geistige. Die Quelle und Seele aller dieser
Regungen ist die Liebe, und der Geist der Liebe muß in der
romantischen Poesie überall unsichtbar sichtbar schweben;

das soll jene Definition sagen. Die galanten Passionen, denen man in den Dichtungen der Modernen, wie Diderot im Fatalisten so lustig klagt, von dem Epigramm bis zur Tragödie nirgends entgehn kann, sind dabei grade das wenigste, oder vielmehr sie sind nicht einmal der äußre Buchstabe jenes Geistes, nach Gelegenheit auch wohl gar nichts oder etwas sehr Unliebliches und Liebloses. Nein, es ist der heilige Hauch, der uns in den Tönen der Musik berührt. Er läßt sich nicht gewaltsam fassen und mechanisch greifen, aber er läßt sich freundlich locken von sterblicher Schönheit und in sie verhüllen; und auch die Zauberworte der Poesie können von seiner Kraft durchdrungen und beseelt werden. Aber in dem Gedicht, wo er nicht überall ist oder überall sein könnte, ist er gewiß gar nicht. Er ist ein unendliches Wesen, und mitnichten haftet und klebt sein Interesse nur an den Personen, den Begebenheiten und Situationen und den individuellen Neigungen: für den wahren Dichter ist alles dieses, so innig es auch seine Seele umschließen mag, nur Hindeutung auf das Höhere, Unendliche, Hieroglyphe der einen ewigen Liebe und der heiligen Lebensfülle der bildenden Natur.

Nur die Phantasie kann das Rätsel dieser Liebe fassen und als Rätsel darstellen; und dieses Rätselhafte ist die Quelle von dem Phantastischen in der Form aller poetischen Darstellung. Die Phantasie strebt aus allen Kräften sich zu äußern, aber das Göttliche kann sich in der Sphäre der Natur nur indirekt mitteilen und äußern. Daher bleibt von dem, was ursprünglich Phantasie war, in der Welt der Erscheinungen nur das zurück, was wir Witz nennen.

Noch eines liegt in der Bedeutung des Sentimentalen, was grade das Eigentümliche der Tendenz der romantischen Poesie im Gegensatz der antiken betrifft. Es ist darin gar keine Rücksicht genommen auf den Unterschied von Schein und Wahrheit, von Spiel und Ernst. Darin liegt der große Unterschied. Die alte Poesie schließt sich durchgängig an die Mythologie an, und vermeidet sogar den eigentlich histori-

schen Stoff. Die alte Tragödie sogar ist ein Spiel, und der
Dichter, der eine wahre Begebenheit, die das ganze Volk
ernstlich anging, darstellte, ward bestraft. Die romantische
Poesie hingegen ruht ganz auf historischem Grunde, weit
mehr als man es weiß und glaubt. Das erste beste Schauspiel,
das Sie sehn, irgendeine Erzählung, die Sie lesen: wenn eine
geistreiche Intrige darin ist, können Sie fast mit Gewißheit
darauf rechnen, daß wahre Geschichte zum Grunde liegt,
wenngleich vielfach umgebildet. Boccaccio ist fast durchaus
wahre Geschichte, ebenso andre Quellen, aus denen alle
romantische Erfindung hergeleitet ist.
Ich habe ein bestimmtes Merkmal des Gegensatzes zwischen
dem Antiken und dem Romantischen aufgestellt. Indessen
bitte ich Sie doch, nun nicht sogleich anzunehmen, daß mir
das Romantische und das Moderne völlig gleich gelte. Ich
denke, es ist etwa ebenso verschieden, wie die Gemälde des
Raffael und Correggio von den Kupferstichen, die jetzt
Mode sind. Wollen Sie sich den Unterschied völlig klar
machen, so lesen Sie gefälligst etwa die *Emilia Galotti*, die
so unaussprechlich modern und doch im geringsten nicht
romantisch ist, und erinnern sich dann an Shakespeare, in
den ich das eigentliche Zentrum, den Kern der romantischen
Phantasie setzen möchte. Da suche und finde ich das Ro-
mantische, bei den ältern Modernen, bei Shakespeare, Cer-
vantes, in der italienischen Poesie, in jenem Zeitalter der
Ritter, der Liebe und der Märchen, aus welchem die Sache
und das Wort selbst herstammt. Dieses ist bis jetzt das ein-
zige, was einen Gegensatz zu den klassischen Dichtungen des
Altertums abgeben kann; nur diese ewig frischen Blüten der
Phantasie sind würdig, die alten Götterbilder zu umkränzen.
Und gewiß ist es, daß alles Vorzüglichste der modernen
Poesie dem Geist und selbst der Art nach dahin neigt; es
müßte denn eine Rückkehr zum Antiken sein sollen. Wie
unsre Dichtkunst mit dem Roman, so fing die der Griechen
mit dem Epos an und löste sich wieder darin auf.
Nur mit dem Unterschiede, daß das Romantische nicht so-

wohl eine Gattung ist als ein Element der Poesie, das mehr oder minder herrschen und zurücktreten, aber nie ganz fehlen darf. Es muß Ihnen nach meiner Ansicht einleuchtend sein, daß und warum ich fordre, alle Poesie solle romantisch sein, den Roman aber, insofern er eine besondre Gattung sein will, verabscheue.

Sie verlangten gestern, da der Streit eben am lebhaftesten wurde, eine Definition, was ein Roman sei; mit einer Art, als wüßten Sie schon, Sie würden keine befriedigende Antwort bekommen. Ich halte dieses Problem eben nicht für unauflöslich. Ein Roman ist ein romantisches Buch. – Sie werden das für eine nichtssagende Tautologie ausgeben. Aber ich will Sie zuerst nur darauf aufmerksam machen, daß man sich bei einem Buche schon ein Werk, ein für sich bestehendes Ganze denkt. Alsdann liegt ein sehr wichtiger Gegensatz gegen das Schauspiel darin, welches bestimmt ist, angeschaut zu werden: der Roman hingegen war es von den ältesten Zeiten für die Lektüre, und daraus lassen sich fast alle Verschiedenheiten in der Manier der Darstellung beider Formen herleiten. Das Schauspiel soll auch romantisch sein, wie alle Dichtkunst; aber ein Roman ists nur unter gewissen Einschränkungen, ein angewandter Roman. Der dramatische Zusammenhang der Geschichte macht den Roman im Gegenteil noch keineswegs zum Ganzen, zum Werk, wenn er es nicht durch die Beziehung der ganzen Komposition auf eine höhere Einheit, als jene Einheit des Buchstabens, über die er sich oft wegsetzt und wegsetzen darf, durch das Band der Ideen, durch einen geistigen Zentralpunkt wird.

Dies abgerechnet, findet sonst so wenig ein Gegensatz zwischen dem Drama und dem Roman statt, daß vielmehr das Drama, so gründlich und historisch wie es Shakespeare z. B. nimmt und behandelt, die wahre Grundlage des Romans ist. Sie behaupteten zwar, der Roman habe am meisten Verwandtschaft mit der erzählenden, ja, mit der epischen Gattung. Dagegen erinnre ich nun erstlich, daß ein Lied ebensogut romantisch sein kann als eine Geschichte. Ja, ich kann

mir einen Roman kaum anders denken, als gemischt aus Er-
zählung, Gesang und andern Formen. Anders hat Cervantes
nie gedichtet, und selbst der sonst so prosaische Boccaccio
schmückt seine Sammlung mit einer Einfassung von Liedern.
Gibt es einen Roman, in dem dies nicht stattfindet und nicht
stattfinden kann, so liegt es nur in der Individualität des
Werks, nicht im Charakter der Gattung; sondern es ist schon
eine Ausnahme von diesem. Doch das ist nur vorläufig. Mein
eigentlicher Einwurf ist folgender. Es ist dem epischen Stil
nichts entgegengesetzter, als wenn die Einflüsse der eignen
Stimmung im geringsten sichtbar werden; geschweige denn,
daß er sich seinem Humor so überlassen, so mit ihm spielen
dürfte, wie es in den vortrefflichsten Romanen geschieht.
Nachher vergaßen Sie Ihren Satz wieder oder gaben ihn auf
und wollten behaupten: alle diese Einteilungen führten zu
nichts; es gäbe nur Eine Poesie, und es komme nur darauf
an, ob etwas schön sei; nach der Rubrik könne nur ein Pe-
dant fragen. – Sie wissen, was ich von den Klassifikationen,
die so im Umlauf sind, halte. Aber doch sehe ich ein, daß es
für jeden Virtuosen durchaus notwendig ist, sich selbst auf
einen durchaus bestimmten Zweck zu beschränken; und in
der historischen Nachforschung komme ich auf mehrere ur-
sprüngliche Formen, die sich nicht mehr ineinander auflösen
lassen. So scheinen mir im Umkreise der romantischen Poesie
selbst Novellen und Märchen z. B., wenn ich so sagen darf,
unendlich entgegengesetzt. Und ich wünsche nichts mehr, als
daß ein Künstler jede dieser Arten verjüngen möge, indem
er sie auf ihren ursprünglichen Charakter zurückführt.
Wenn solche Beispiele ans Licht träten, dann würde ich Mut
bekommen zu einer Theorie des Romans, die im ursprüng-
lichen Sinne des Wortes eine Theorie wäre: eine geistige An-
schauung des Gegenstandes mit ruhigem, heitern ganzen Ge-
müt, wie es sich ziemt, das bedeutende Spiel göttlicher Bilder
in festlicher Freude zu schauen. Eine solche Theorie des Ro-
mans würde selbst ein Roman sein müssen, der jeden ewigen
Ton der Phantasie phantastisch wiedergäbe, und das Chaos

der Ritterwelt noch einmal verwirrte. Da würden die alten Wesen in neuen Gestalten leben; da würde der heilige Schatten des Dante sich aus seiner Unterwelt erheben, Laura himmlisch vor uns wandeln, und Shakespeare mit Cervantes trauliche Gespräche wechseln; – und da würde Sancho von neuem mit dem Don Quixote scherzen.

Das wären wahre Arabesken, und diese nebst Bekenntnissen seien, behauptete ich im Eingang meines Briefs, die einzigen romantischen Naturprodukte unsers Zeitalters.

Daß ich auch die Bekenntnisse dazu rechnete, wird Ihnen nicht mehr befremdend sein, wenn Sie zugegeben haben, daß wahre Geschichte das Fundament aller romantischen Dichtung sei; und Sie werden sich, wenn Sie darüber reflektieren wollen, leicht erinnern und überzeugen, daß das beste in den besten Romanen nichts anders ist als ein mehr oder minder verhülltes Selbstbekenntnis des Verfassers, der Ertrag seiner Erfahrung, die Quintessenz seiner Eigentümlichkeit.

Alle sogenannten Romane, auf die meine Idee von romantischer Form freilich gar nicht anwendbar ist, schätze ich dennoch ganz genau nach der Masse von eigner Anschauung und dargestelltem Leben, die sie enthalten; und in dieser Hinsicht mögen denn selbst die Nachfolger des Richardson, so sehr sie auf der falschen Bahn wandeln, willkommen sein. Wir lernen aus einer *Cecilia Beverley*[3] wenigstens, wie man zu der Zeit, da das eben Mode war, sich in London ennuyierte, auch wie eine britische Dame vor Delikatesse endlich zu Boden stürzt und sich blutrünstig fällt; das Fluchen, die Squires und dergleichen sind im Fielding wie aus dem Leben gestohlen, und der *Wakefield*[4] gibt uns einen tiefen Blick in die Weltansicht eines Landpredigers; ja dieser Roman wäre vielleicht, wenn Olivia ihre verlorne Unschuld am Ende wiederfände, der beste unter allen engländischen Romanen.

Aber wie sparsam und tropfenweise wird einem in allen diesen Büchern das wenige Reelle zugezählt! Und welche

3. »*Cecilia or Memoirs of an Heiress*« (1782), Roman von Fanny Burney.
4. »*The Vicar of Wakefield*« von Oliver Goldsmith.

Reisebeschreibung, welche Briefsammlung, welche Selbstge-
schichte wäre nicht für den, der sie in einem romantischen
Sinne liest, ein besserer Roman als der beste von jenen? –
Besonders die Confessions geraten meistens auf dem Wege
des Naiven von selbst in die Arabeske, wozu sich jene Ro-
mane höchstens am Schluß erheben, wenn die bankerotten
Kaufleute wieder Geld und Kredit, alle armen Schlucker zu
essen bekommen, die liebenswürdigen Spitzbuben ehrlich
und die gefallnen Mädchen wieder tugendhaft werden.
Die *Confessions* von Rousseau sind in meinen Augen ein
höchst vortrefflicher Roman; die *Heloise* nur ein sehr mittel-
mäßiger.
Ich schicke Ihnen hier die Selbstgeschichte eines berühmten
Mannes, die Sie, soviel ich weiß, noch nicht kennen: die
Memoirs von Gibbon[5]. Es ist ein unendlich gebildetes und
ein unendlich drolliges Buch. Es wird Ihnen auf halbem
Wege entgegenkommen, und wirklich ist der komische Ro-
man, der darin liegt, fast ganz fertig. Sie werden den Eng-
länder, den Gentleman, den Virtuosen, den Gelehrten, den
Hagestolzen, den Elegant vom guten Ton in seiner ganzen
zierlichen Lächerlichkeit durch die Würde dieser historischen
Perioden so klar vor Augen sehn, wie Sie nur immer wün-
schen können. Gewiß, man kann viel schlechte Bücher und
viele unbedeutende Menschen durchsehn, ehe man so viel
Lachstoff auf einem Haufen beisammen findet.

NOVALIS

Fragmente zur Poetik

*Die erstaunlichsten, weil konkretesten Äußerungen zur Poe-
tik finden sich in den frühromantischen Fragmenten des*

5. *Edward Gibbon (1737–94), engl. Historiker.*

*Novalis. Anders als Friedrich Schlegel, dessen philosophische
und ästhetisch-poetische Überlegungen primär dem theore-
tisch geschulten Kopf entstammen, formuliert Novalis auch
zugleich von der Position des Dichters her über Formen der
Dichtkunst. Er geht davon aus, daß »die Poesie fremdes
Dasein in eigenem [auflöst]« (Nr. 17, Werke, hrsg. von
Gerhard Schulz, S. 381), bestimmend ist demnach das Sub-
jekt des Dichters für den Dichtungsakt. Novalis schreibt
dem Zufall beim Dichten eine besondere Rolle zu: »Spielen
ist Experimentieren mit dem Zufall« (Nr. 99, Schulz, S. 535).
Dazu gehört offenbar auch, daß der Poet Dinge und Worte
»wie Tasten« gebrauche, die Poesie überhaupt auf »tätiger
Ideenassoziation« beruhe, auf »idealischer Zufallsproduk-
tion« (Nr. 128, Schulz, S. 493). Diese Auffassung geht aller-
dings bereits über die romantische Dichtung hinaus. Charak-
teristischer für die romantische Poesie selbst scheint folgen-
der Satz: »Poesie ist Darstellung des Gemüts, der inneren
Welt in ihrer Gesamtheit« (Nr. 141, Schulz, S. 547). Auch
der Roman als Kunstprodukt wird ausdrücklich prokla-
miert: das Leben als »gemachter Roman«. Der Roman ent-
steht aus »Mangel der Geschichte«, weil diese »immer un-
vollständig bleiben muß«. Erst durch Dichtung wird die
Geschichte zur wahren Geschichte (vgl. Arnims Auffassung
in »Dichtung und Geschichte«). Dagegen können Chroniken
nur unvollständig sein; erst eine »freie« Geschichte, die in
der »Mythologie der Geschichte« gefunden wird, bildet den
Roman.*

Zum Roman:

Der Roman handelt von Leben – stellt *Leben* dar. Ein Minus
wär er nur in Beziehung auf den Dichter. Oft enthält er
Begebenheiten einer Maskerade – eine maskierte Begebenheit
unter maskierten Personen. Man hebe die Masken – es sind
bekannte Begebenheiten – bekannte Personen. Der Roman,
als solcher, enthält kein bestimmtes Resultat – er ist nicht

Bild und Faktum eines *Satzes.* Er ist anschauliche Ausführung – Realisierung einer Idee. Aber eine Idee läßt sich nicht, in einen Satz fassen. Eine Idee ist *eine unendliche Reihe* von Sätzen – eine *irrationale Größe* – *unsetzbar* (musik[alisch]) – inkommensurabel. (Sollte nicht alle Irrationalität relativ sein?)
Das Gesetz ihrer Fortschreitung läßt sich aber aufstellen – und nach diesem ist ein Roman zu kritisieren.

Der Roman ist aus Mangel der Geschichte entstanden. Er setzt für den Dichter und Leser divinatorischen und historischen Sinn und Lust voraus. Er bezieht sich auf keinen Zweck und ist absolut eigentümlich.
Die Geschichte muß immer unvollständig bleiben.
Der Roman ist gleichsam die *freie Geschichte* – gleichsam die Mythologie der Geschichte. (Mythol[ogie] hier in meinem Sinn, als freie poetische Erfindung, die die Wirklichkeit sehr mannigfach symbolisiert usw.) Sollte nicht eine Naturmythologie möglich sein?

Von einem absolut wunderbaren Charakter ist das Märchen. Das echte Märchen leistet einen Entwurf auf die Zukunft hin. »Der echte Märchendichter ist ein Seher der Zukunft.« Der ursprüngliche Zustand der Geschichte war für Novalis einmal Märchenzustand.

Zum Märchen:

In einem echten Märchen muß alles wunderbar – geheimnisvoll und unzusammenhängend sein – alles belebt. Jedes auf eine andre Art. Die ganze Natur muß auf eine wunderliche Art mit der ganzen Geisterwelt vermischt sein – die Zeit der allgemeinen Anarchie – der Gesetzlosigkeit – Freiheit – der Naturstand der Natur – die Zeit vor der Welt (Staat). Diese Zeit vor der Welt liefert gleichsam die zerstreuten Züge der Zeit nach der Welt – wie der Naturstand ein sonderbares

Bild des ewigen Reichs ist. Die Welt des Märchens ist die durchaus entgegengesetzte Welt der Welt der Wahrheit (Geschichte) – und eben darum ihr so *durchaus* ähnlich, wie das Chaos der vollendeten *Schöpfung*. (Über die *Idylle*.)
In der künftigen Welt ist alles wie in der ehmaligen Welt – und doch alles ganz anders. Die künftige Welt ist das vernünftige Chaos – das Chaos, das sich selbst durchdrang – in sich und außer sich ist – Chaos in der zweiten Potenz oder ∞.
Das *echte Märchen* muß zugleich *prophetische Darstellung* – idealische Darstellung – absolut notwendige Darstellung sein. Der echte Märchendichter ist ein Seher der Zukunft.
Bekenntnisse eines wahrhaften, synthetischen Kindes – eines idealischen Kindes. (Ein Kind ist weit klüger und weiser als ein Erwachsener – das Kind muß durchaus ironisches Kind sein.) – Die Spiele des Kindes – Nachahmung der Erwachsenen. (Mit der Zeit muß die Geschichte Märchen werden – sie wird wieder, wie sie anfing.)

Erzählungen, ohne Zusammenhang, jedoch mit Assoziation, wie *Träume*. Gedichte – bloß *wohlklingend* und voll schöner Worte – aber auch ohne allen Sinn und Zusammenhang – höchstens einzelne Strophen verständlich – sie müssen lauter Bruchstücke aus den verschiedenartigsten Dingen [sein]. Höchstens kann wahre Poesie einen *allegorischen* Sinn im großen haben und eine indirekte Wirkung wie Musik usw. tun – Die Natur ist daher rein *poetisch* – und so die Stube eines Zauberers – eines Physikers – eine Kinderstube – eine Polter- und Vorratskammer.

Sonderbar, daß eine ab[solute], wunderbare Synthesis oft die Achse des Märchens – oder das Ziel desselben ist.

Das Märchen ist gleichsam der Kanon der Poesie – alles Poetische muß märchenhaft sein. Der Dichter betet den Zufall an.

Poesie ist *Darstellung des Gemüts* – der *innern Welt in ihrer Gesamtheit*. Schon ihr Medium, die Worte, deuten es an, denn sie sind ja die äußre Offenbarung jenes innern Kraftreichs. Ganz, was die Plastik zur äußern, gestalteten Welt ist und die Musik zu den Tönen. Effekt ist ihr gerade entgegengesetzt – insofern sie plastisch ist – doch gibt es eine musikalische Poesie, die das Gemüt selbst in ein mannigfaches Spiel von Bewegungen setzt.

ACHIM VON ARNIM

Dichtung und Geschichte

»Dichtung und Geschichte« betitelte Arnim die Einleitung zum Roman »Die Kronenwächter« (1817). Die Herausarbeitung des vergänglichen Geistes in der Geschichte durch Dichtung verschafft dem Geist erst Ewigkeit. Es geht Arnim nicht um historische Wahrheit (auf der Grimm besteht), sondern um das Verstehen und Erkennen »ahndungsreicher Bilder« durch Dichtung; damit werden erst die Lücken in der Geschichte geschlossen, wird sie erst zur höheren Wahrheit geführt. Aufgrund dieser Konzeption kann historische Realität verwandelt und sublimiert werden. Dichtung geht aus Geschichte hervor. Doch gilt es, die entfremdete Welt durch Dichtung in ihren wahren Zustand zu führen. Der zusammenhanglose Zustand der Geschichte wird durch Dichtung, in der Form des Romans, zur wahren Geschichte (vgl. hier die Nähe zu Novalis' Auffassung).

Wieder ein Tag vorüber in der Einsamkeit der Dichtung! Die Glocke läutet Feierabend, und die Pflüger ziehen heim mit dem Gespann, führen und tragen behaglich die Kinder, die ihnen entgegengegangen, und freuen sich ihrer Mühe in

der Ruhe. Der Pflug ruht nicht verlassen auf der letzten
Erdscholle, die er überstürzte, denn notwendig wie die Son-
nenbahn scheint der Bedürftigkeit sein Furchenzug und ein
heilig strenges Gesetz bewacht ihn in der Nacht gegen Fre-
vel. Am Morgen setzt der Pflüger seinen Weg ohne Störung
fort, mißt nach der Länge seiner Furchen den trüben Mor-
gen, wie er die helle Mitte des Tages an seinem eignen Schat-
ten zu ermessen versteht, und teilt nach seinen Morgenwer-
ken die Erdfläche in festbegrenzte Morgen, wie er nach dem
Tagewerke der Sonne die unendliche Zeit in Stunden teilt.
Die Sonne und der Pflüger kennen einander und tun beide
vereint das Ihre zum Gedeihen der Erde. Fest fortschreitend,
von allen geschätzt und geschützt, sehen wir die Tätigkeit,
die sich zur Erde wendet; sie ist auch dauernd bezeichnet
und gründet, solange sie sich selbst treu bleibt, mit unbe-
wußter Weisheit das Rechte, das Angemessene, im Bau des
Ackers wie des Hauses, in der Beugung des Weges wie in der
Benutzung des Flusses. Die Zerstörung kommt von der
Tätigkeit, die sich von der Erde ablenkt und sie noch zu
verstehen meint. Aber nach Jahrhunderten der Zerstörung
erkennen die einwandernden Anbauer des Walds mit Teil-
nahme die Unvergänglichkeit der Ackerfurchen und Grund-
mauern untergegangener Dörfer und achten sie als ein wie-
dergefundenes Eigentum ihres Geschlechts, das der Gaben
dieser Erde nie genug zu haben meint. Gleichgültig werden
daneben die aufgefundenen Werke des Geistes früherer
Jahrhunderte als unverständlich und unbrauchbar aufge-
geben oder mit sinnloser Verehrung angestaunt. Das Rechte
will da errungen sein, und wie die eine Zeit ihre geistigen
Gaben über alles schätzt und zusammenhält, so meint eine
andere, alles schon selbst im Überflusse zu besitzen, und läßt
es zu, daß die Sibylle ihre heiligen Bücher verbrennt, um ihr
nicht Dank und Lohn geben zu müssen. Wer mißt die Arbeit
des Geistes auf seinem unsichtbaren Felde? Wer bewacht die
Ruhe seiner Arbeit? Wer ehrt die Grenzen, die er gezogen?
Wer erkennt das Ursprüngliche seiner Anschauung? Wer

kann den Tau des Paradieses von dem ausgespritzten Gifte
der Schlange unterscheiden? Kein Gesetz bewacht Geistes-
werke gegen Frevel, sie tragen kein dauerndes, äußeres Zei-
chen, müssen in sich den Zweifel dulden, ob böse oder gute
Geister den Samen ins offene Herz streueten; ja die an-
maßende Frömmigkeit nennt oft böse, was aus der Fülle der
Liebe und Einsicht hervorgegangen ist. Der Arbeiter auf
geistigem Felde fühlt am Ende seiner Tagewerke nur die
eigene Vergänglichkeit in der Mühe und eine Sorge, der Ge-
danke, der ihn so innig beschäftigte, den sein Mund nur halb
auszusprechen vermochte, sei wohl auch in der geistigen Welt
wie für die Zeitgenossen untergegangen. Diese härteste aller
Prüfungen öffnet ihm das Tor einer neuen Welt. Indem er
diese geistige Welt gleich der umgebenden als nichtig und
vergänglich aufgibt, da fühlt er erst, daß er nicht hinauszu-
treten vermag, daß sein ganzes Wesen nicht nur von ihr um-
geschlossen, sondern daß sogar außer ihr nichts vorhanden
sei, daß kein Wille vernichten könne, was der Geist geschaf-
fen. Darum sei uns lieb diese träumende Freude und Sorge
aller schaffenden Kräfte als ein Zeichen der höheren Ewig-
keit, in die sich der Geist arbeitend versenkt und der Zeit
vergißt, die immer nur weniges zu lieben versteht, alles aber
fürchten lernt und mit Ängstlichkeit dingt, was mitteilbar
sei oder was verschwiegen bleiben müsse. Das Verschwiegene
ist darum nicht untergegangen, töricht ist die Sorge um das
Unvergängliche. Aber der Geist liebt seine vergänglichen
Werke als ein Zeichen der Ewigkeit, nach der wir vergebens
in irdischer Tätigkeit, vergebens in Schlüssen des Verstandes
trachten, auf die uns der Glaube vergebens eine Anwart-
schaft gäbe, wenn sie nicht die irdische Tätigkeit lenkte, das
Spiel des Verstandes übte und dem Glauben aus der tätigen
Erhöhung in Anschauung und Einsicht beglaubigt entgegen-
träte. Nur das Geistige können wir ganz verstehen, und wo
es sich verkörpert, da verdunkelt es sich auch. Wäre dem
Geist die Schule der Erde überflüssig, warum wäre er ihr
verkörpert, wäre aber das Geistige je ganz irdisch geworden,

wer könnte ohne Verzweiflung von der Erde scheiden. Dies sei unserer Zeit ernstlich gesagt, die ihr Zeitliches überheiligen möchte mit vollendeter, ewiger Bestimmung, mit heiligen Kriegen, ewigen Frieden und Weltuntergang. Die Geschicke der Erde, Gott wird sie lenken zu einem ewigen Ziele, wir verstehen nur unsere Treue und Liebe in ihnen, und nie können sie mit ihrer Äußerlichkeit den Geist ganz erfüllen. Die Erfahrung müßte es wohl endlich jedem gezeigt haben, daß bei dem traurigsten wie beim freudigsten Weltgeschicke ein mächtigeres Gegengewicht von Trauer und Freude uns selbst verliehen ist, daß sich alles in der Kraft des Geistes überleben läßt und in seiner Schwäche uns nichts zu halten vermag. Es gab zu allen Zeiten eine Heimlichkeit der Welt, die mehr wert in Höhe und Tiefe der Weisheit und Lust, als alles, was in der Geschichte laut geworden. Sie liegt der Eigenheit des Menschen zu nahe, als sie den Zeitgenossen deutlich würde, aber die Geschichte in ihrer höchsten Wahrheit gibt den Nachkommen ahndungsreiche Bilder und wie die Eindrücke der Finger an harten Felsen im Volke die Ahndung einer seltsamen Urzeit erwecken, so tritt uns aus jenen Zeichen in der Geschichte das vergessene Wirken der Geister, die der Erde einst menschlich angehörten, in einzelnen, erleuchteten Betrachtungen, nie in der vollständigen Übersicht eines ganzen Horizonts vor unsre innere Anschauung. Wir nennen diese Einsicht, wenn sie sich mitteilen läßt, Dichtung, sie ist aus Vergangenheit in Gegenwart, aus Geist und Wahrheit geboren. Ob mehr Stoff empfangen, als Geist ihn belebt hat, läßt sich nicht unterscheiden, der Dichter erscheint ärmer oder reicher, als er ist, wenn er nur von einer dieser Seiten betrachtet wird; ein irrender Verstand mag ihn der Lüge zeihen in seiner höchsten Wahrheit, wir wissen, was wir an ihm haben und daß die Lüge eine schöne Pflicht des Dichters ist. Auch das Wesen der heiligen Dichtungen ist wie die Liederwonne des Frühlings nie eine Geschichte der Erde gewesen, sondern eine Erinnerung derer, die im Geist erwachten von den Träumen, die sie hinüber-

geleiteten, ein Leitfaden für die unruhig schlafenden Erdbewohner, von heilig treuer Liebe dargereicht. Dichtungen sind nicht Wahrheit, wie wir sie von der Geschichte und dem Verkehr mit Zeitgenossen fordern, sie wären nicht das, was wir suchen, was uns sucht, wenn sie der Erde in Wirklichkeit ganz gehören könnten, denn sie alle führen die irdisch entfremdete Welt zu ewiger Gemeinschaft zurück. Nennen wir die heiligen Dichter auch Seher und ist das Dichten ein Sehen höherer Art zu nennen, so läßt sich die Geschichte mit der Kristallkugel im Auge zusammenstellen, die nicht selbst sieht, aber dem Auge notwendig ist, um die Lichtwirkung zu sammeln und zu vereinen; ihr Wesen ist Klarheit, Reinheit und Farbenlosigkeit. Wer diese in der Geschichte verletzt, der verdirbt auch Dichtung, die aus ihr hervorgehen soll, wer die Geschichte zur Wahrheit läutert, schafft auch der Dichtung einen sichern Verkehr mit der Welt. Nur darum werden die eignen unbedeutenden Lebensereignisse gern ein Anlaß der Dichtung, weil wir sie mit mehr Wahrheit angeschaut haben, als uns an den größern Weltbegebenheiten gemeinhin vergönnt ist. Das Mittätige und Selbstergriffene daran ist gewiß mehr hemmend als aufmunternd, denn Heftigkeit des Gefühls unterdrückt sogar die Stimme, weil diese sie zum Maß der Zeit zwingt, wieviel weniger mag sie mit der trägen Pflugschar des Dichters, mit der Schreibfeder, zurecht kommen. Die Leidenschaft gewährt nur, das ursprünglich wahre, menschliche Herz, gleichsam den wilden Gesang des Menschen, zu vernehmen, und darum mag es wohl keinen Dichter ohne Leidenschaft gegeben haben, aber die Leidenschaft macht nicht den Dichter, vielmehr hat wohl noch keiner während ihrer lebendigsten Einwirkung etwas Dauerndes geschaffen und erst nach ihrer Vollendung mag gern jeder in eignem oder fremden Namen und Begebenheit sein Gefühl spiegeln.

AUGUST WILHELM SCHLEGEL

Poesie

Die 23. Vorlesung aus der Kunstlehre (1801/02). Poesie, die sich ihre Gegenstände mittels der Sprache schafft, Poesie als Medium der Reflexion des menschlichen Geistes, das ist eine Auffassung von moderner Prägung und hat Gültigkeit auch für die Sprache der Poesie des 20. Jahrhunderts bis zu Benn, Enzensberger, H. C. Artmann oder Heißenbüttel. Bereits Gebildetes wird wiedergebildet. Die vorhandene Sprache, das literarische Zitat, kann den Grundstoff für Poesie abgeben. Poesie so verstanden als »immer werdendes Gedicht«. Auch A. W. Schlegel sieht in der Mythologie die Quelle für die Poesie.

Der Dichter Simonides soll, als ihn der Herrscher von Syrakus befragte, was die Gottheit sei, sich einen Tag Bedenkzeit ausgebeten haben; nach Verlauf dieser Frist zwei Tage, drei Tage und so fort, und endlich, da jener auf einen wirklichen Bescheid drang, gab er zur Antwort: die Sache scheine ihm um so dunkler, je länger er sie erwäge. Die Frage: was die Poesie sei?, würde ich geneigt sein, auf ähnliche Weise zu beantworten und damit sowohl als Simonides in der Tat etwas gesagt zu haben glauben. Er deutete nämlich dadurch an, die Gottheit sei ein schrankenloser Gedanke, eine Idee. Dies gilt nun zwar von der Kunst überhaupt: ihr Zweck, d. h. die Richtung ihres Strebens kann wohl im allgemeinen angedeutet werden; aber was sie im Laufe der Zeiten realisieren soll und kann, vermag kein Standesbegriff zu umfassen, denn es ist unendlich. Bei der Poesie findet es aber in noch höherem Grade statt; denn die übrigen Künste haben doch nach ihren beschränkten Medien oder Mitteln der Darstellung eine bestimmte Sphäre, die sich einigermaßen ausmessen läßt. Das Medium der Poesie aber ist eben dasselbe, wodurch der menschliche Geist überhaupt zur Besinnung ge-

langt, und seine Vorstellungen zu willkürlicher Verknüpfung und Äußerung in die Gewalt bekommt: die Sprache. Daher ist sie auch nicht an Gegenstände gebunden, sondern sie schafft sich die ihrigen selbst; sie ist die umfassendste aller Künste, und gleichsam der in ihnen überall gegenwärtige Universalgeist. Dasjenige in den Darstellungen der übrigen Künste, was uns über die gewöhnliche Wirklichkeit in eine Welt der Phantasie erhebt, nennt man das Poetische in ihnen; Poesie bezeichnet also in diesem Sinne überhaupt die künstlerische Erfindung, den wunderbaren Akt, wodurch dieselbe die Natur bereichert; wie der Name aussagt, eine wahre Schöpfung und Hervorbringung. Jeder äußeren materiellen Darstellung geht eine innere in dem Geiste des Künstlers voran, bei welcher die Sprache immer als Vermittlerin des Bewußtseins eintritt, und folglich kann man sagen, daß jene jederzeit aus dem Schoße der Poesie hervorgeht. Die Sprache ist kein Produkt der Natur, sondern ein Abdruck des menschlichen Geistes, der darin die Entstehung und Verwandtschaft seiner Vorstellungen und den ganzen Mechanismus seiner Operationen niederlegt. Es wird also in der Poesie schon Gebildetes wieder gebildet; und die Bildsamkeit ihres Organs ist ebenso grenzenlos als die Fähigkeit des Geistes zur Rückkehr auf sich selbst durch immer höhere potenziertere Reflexionen. Es ist daher nicht zu verwundern, daß die Erscheinung der menschlichen Natur in der Poesie sich mehr vergeistigen und verklären kann als in den übrigen Künsten, und daß sie bis in mystische geheimnisvolle Regionen eine Bahn zu finden weiß. Sie hat nicht bloß das körperlich wahrnehmbare Universum vor sich, sondern alle Kunstbildungen, ganz besonders alles, was Dichtung ist, zieht sie wieder in ihre Natur, die dadurch zu einem schönen Chaos wird, aus welchem Liebe und Haß oder, mit anderen Worten, Begeisterung, das mächtige beherrschende Gefühl der Sympathien und Antipathien, neue harmonische Schöpfungen ausscheidet und hervorruft. Man hat es höchst befremdlich und unverständlich gefunden, daß von Poesie der

Poesie gesprochen worden ist; und doch ist es für den, welcher überhaupt von dem inneren Organismus des geistigen Daseins einen Begriff hat, sehr einfach, daß dieselbe Tätigkeit, durch welche zuerst etwas Poetisches zustande gebracht wird, sich auf ihr Resultat zurückwendet. Ja man kann ohne Übertreibung sagen, daß eigentlich alle Poesie, Poesie der Poesie sei; denn sie setzt schon die Sprache voraus, deren Erfindung doch der poetischen Anlage angehört, die selbst ein immer werdendes, sich verwandelndes, nie vollendetes Gedicht des gesamten Menschengeschlechtes ist. Noch mehr: in den früheren Epochen der Bildung gebiert sich in und aus der Sprache, aber ebenso notwendig und unabsichtlich als sie, eine dichterische Weltansicht, d. h. eine solche, worin die Phantasie herrscht. Das ist die Mythologie. Diese ist gleichsam die höhere Potenz der ersten durch die Sprache bewerkstelligten Naturdarstellung; und die freie selbstbewußte Poesie, welche darauf fortbaut, für welche der Mythus wieder Stoff wird, den sie dichterisch behandelt, poetisiert, steht folglich noch um eine Stufe höher. So kann es nun weiter fortgehen, denn die Poesie verläßt den Menschen in keiner Epoche seiner Ausbildung (welche wirklich diesen Namen verdient, und nicht bloß Einseitigkeit und Ertötung gewisser Anlagen ist) ganz; und wie sie das Ursprünglichste ist, die Ur- und Mutterkunst aller übrigen, so ist sie auch die letzte Vollendung der Menschheit, der Ozean, in den alles wieder zurückfließt, wie sehr es sich auch in mancherlei Gestalten von ihm entfernt haben mag. Sie beseelt schon das erste Lallen des Kindes, und läßt noch jenseits der höchsten Spekulation des Philosophen Seherblicke tun, welche den Geist ebenda, wo er, um sich selbst anzuschauen, allem Leben entsagt hatte, wieder in die Mitte des Lebens zurückzaubern. So ist sie der Gipfel der Wissenschaft, die Deuterin, Dolmetscherin jener himmlischen Offenbarung, wie die Alten sie mit Recht genannt haben, eine Sprache der Götter.

Eben weil die Poesie das Allgegenwärtigste, das Alldurchdringendste ist, begreifen wir sie schwerer, so wie wir die

Luft, in welcher wir atmen und leben, nicht insbesondere
wahrnehmen. Eine Nation, ein Zeitalter, bei welcher sie
vom ersten Ursprunge an sich ohne Störung entwickelt hat,
wird im vollkommenen Besitze derselben am wenigsten über
ihr Wesen im klaren sein: dies war wirklich der Fall der
Griechen, die zu glücklich, zu begünstigt waren, um ihre
eigene Poesie ganz zu verstehen. Wir, deren Bildung sich
nicht aus einfacher Natur stetig entfaltet, sondern aus ver-
worrener Barbarei ruckweise losgerissen hat, und daher in
aller ihrer Ausdehnung noch isoliert und disharmonisch ist,
können mit der Spekulation über diesen Gegenstand weit
tiefer gehen, so wie die poetischen Intentionen selbst weit
spekulativer geworden sind, wie sichs bei der Untersuchung
über romantische Poesie zeigen wird: welche wir jetzt, da
sie von neuem auflebt, wiederum tiefer durchschauen kön-
nen, als es in ihrer großen Epoche den Meistern und Ur-
hebern derselben möglich war.

Man sieht aus dem Bisherigen, welch ein unfruchtbares und
armseliges Verfahren es ist, gleich von vornherein mit einer
Worterklärung der Poesie anzufangen und aus dieser alles
herausspinnen zu wollen. Manche Analytiker haben sogar an
einer herausgerissenen Stelle, an irgendeiner Phrase eines
Dichters, das Wesen der Poesie im Gegensatz mit der Prosa
entwickeln zu können geglaubt. Das ist gerade so, als ob
man einen Stein aus einem Tempel, und einen anderen aus
einem gemeinen Wohnhause herumwiese, und dadurch den
Unterschied dieser beiden Gebäude anschaulich machen
wollte. (Der Scholastiker des Hierokles.) Man ist denn auch
auf diesem Wege auf so unvergleichliche allgemeine Merk-
male gestoßen, die eine wahre wächserne Nase der Theorie
sind; z. B. poetisch sei alles, was die Lebhaftigkeit der Vor-
stellungen befördert. Begreift man denn nicht, daß, da die
Poesie ursprünglich in der Sprache daheim ist, diese nie so
gänzlich depoetisiert werden kann, daß sich nicht überall in
ihr eine Menge zerstreute poetische Elemente finden sollten,
auch bei dem willkürlichsten und kältesten Verstandesge-

brauch der Sprachzeichen, wieviel mehr im gemeinen Leben, in der raschen, unmittelbaren oft leidenschaftlichen Sprache des Umgangs. Viele Wendungen, Redensarten, Bilder und Gleichnisse, die, sogar im plebejisten Tone, vorkommen, sind unverändert auch für die würdige und ernste Poesie brauchbar; und unstreitig ließe sich bei einem Gezänk von Hökerweibern die Lebhaftigkeit der Vorstellungen ebensogut als Prinzip demonstrieren wie bei jenen ausgehobenen Dichterstellen. Der bürgerliche Edelmann des Molière ist sehr befremdet, da er erfährt, daß er sein ganzes Leben Prosa gesprochen habe, weil er diese Kunst doch niemals gelernt; er würde noch weit erstaunter gewesen sein, zu hören, daß er auch Poesie zu reden verstehe, welches sich ihm doch ohne Zweifel ebenso leicht hätte zeigen lassen. – Ebenso wie das Geschmückte, Bildliche im einzelnen Ausdruck keineswegs hinreicht, die wirkliche Gegenwart der Poesie in der ganzen Zusammensetzung zu beweisen: (auch der Redner darf sich ja dessen bedienen, und wie wird man dem wesentlichen Unterschiede der schönen Prosa und Poesie auf den Grund kommen, wenn man an solchen Äußerlichkeiten kleben bleibt?) beweist auf der anderen Seite der Mangel daran in einzelnen Stellen, ebensowenig die Abwesenheit des poetischen Prinzips. Man hat ehedem häufig gefordert, wenn man in einer poetischen Stelle den Vers durch Umstellung der Worte auflöse, müsse sich dann noch das über die gewöhnliche Rede erhöhte, die Glieder des auseinander geworfenen Dichters, wie Horaz sagt, erkennen lassen; und diese alberne Probe wird immer noch dann und wann von irgendeinem Einfaltspinsel wiederholt und daraus argumentiert. Als ob nicht gerade die Folge und Anordnung der Wörter nebst dem Rhythmus, welches beides auf solche Art zerstört wird, dasjenige sein könnte, worin der poetische Charakter liegt? Man versteht also gar nichts von der Organisation der Rede, wenn man alles auf die einzelnen Bestandteile legt, die doch durch die jedesmalige Zusammenfügung durchaus verschieden bestimmt werden. Dieses Merkmal trifft bei eini-

gen Gattungen zu, allein man erfährt hieraus nichts, sondern
muß vielmehr die Notwendigkeit einer solchen Diktion erst
aus dem Wesen derselben ableiten.

Eine uralte, schlichte und bürgerliche Meinung ist die, alles
in Versen Geschriebene für Poesie zu halten. Ein solch empi-
risches Merkmal ist in der Kindheit der Kunst verzeihlich,
wo es auch nichts weiter prätendiert als sinnliche Zusammen-
fassung der Masse. Uns hat aber leider eine millionenfache
Erfahrung belehrt, daß sich ganz prosaische Verse machen
lassen, und man darf das unselige, so außerordentlich kulti-
vierte Handwerk der Versemacherei nicht noch durch schöne
Titel begünstigen. Schon bei den Griechen war selbst in der
schönsten, blühendsten Periode ihrer Poesie, als nicht leicht
jemand ohne natürliche Eingebung dichtete, ehe noch ge-
lehrte Eitelkeit ihre Unschuld zerstört und sie mit willkür-
licher Künstelei behandelt hatte, diese populäre Meinung
nicht ganz richtig, und Aristoteles bestreitet sie deswegen
auch. Denn es gab lokale, nur für ein gewisses Zeitalter gül-
tige Anlässe, manches in Versen abzufassen, was zwar eben
durch diese Entstehungsart einen von der Prosa verschiede-
nen Charakter im ganzen Vortrage beibehielt, aber doch sei-
nem Inhalte nach nicht eigentlich dem dichtenden Vermögen
angehörte. Allein für uns wäre der Satz nicht einmal mehr
richtig, wenn er auch folgendergestalt abgeändert würde:
nur das ist Poesie, was in Versen abgefaßt werden *soll*; wie-
wohl man alsdann nichts daraus erführe, denn nun würde
sich erst fragen: was soll denn in Versen abgefaßt werden?
Es hat sich nämlich in der romantischen Poesie eine Gattung
aufgetan, welche nicht nur ohne Verse bestehen kann, son-
dern in vielen Fällen die Versifikation gänzlich verwirft:
dies ist der Roman. Wir werden uns wohl hüten, Theorien
ohne historisches Fundament in die Luft zu bauen, denen
zulieb nachher das unübersehliche Gebiet der echten Poesie
willkürlich verengt werden muß.

Mit Worterklärungen und zufällig aufgehaschten Merk-
malen ist demnach nichts ausgerichtet. Um dem Wesen der

Poesie analytisch näherzukommen, müßte man wenigstens ein poetisches Ganzes als Beispiel vornehmen, und es zu konstruieren, seinem inneren Baue nach zu erforschen und als notwendig darzutun suchen. Aber ein solches wird unfehlbar einer gewissen Gattung angehören, und man wird also immer im Blinden darüber tappen, was dieser Gattung und was der Poesie überhaupt wesentlich ist. Der synthetische Gang ist folglich der einzig wahre: man muß die Dichtarten aus der allgemeinen Poesie, und die einzelnen Gedichte und ihre Teile aus ihrer Dichtart begreiflich machen. Dazu ist es aber erforderlich, die Sache an einem höheren Punkte zu fassen.

Wir wollen versuchen, die Poesie genetisch zu erklären, und sie auf den verschiedenen Stufen, welche sie von der ersten Regung des Instinktes an bis zur vollendeten Künstlerabsicht, bis zum Werk, durchzugehen hat, begleiten. Wir handeln also zuvörderst von der *Naturpoesie,* dann der *Kunstpoesie.* Erst bei der letzten tritt die Scheidung in Gattungen ein, oder vielmehr diese Scheidung bezeichnet eben den Anfangspunkt derselben. Wir werden ihre Entwicklung alsdann historisch verfolgen, indem in ihrer Zeitfolge wirklich ihre Rangordnung vom Einfachsten und Reinsten bis zum Zusammengesetzten und Gemischtesten liegt. Auch was ich über Naturpoesie zu sagen habe, wird historischer Art sein, jedoch nicht in dem Sinne, daß es ausdrücklich bezeugte Fakta, zu bestimmten Zeiten, an bestimmten Örtern vorgefallen, beträfe. Historische Nachrichten reichen nicht bis da hinauf; wir haben nur ewige und notwendige Tatsachen anzugeben, die aus der menschlichen Natur herfließen und sich eigentlich immer bei der Entwicklung des Individuums wie bei der des ganzen Menschengeschlechts wiederholen. Es ist im Vorhergehenden einmal beiläufig die Möglichkeit einer *Naturgeschichte der Kunst* erwähnt worden. Naturgeschichte der Kunst ist eine Darlegung ihres notwendigen Ursprunges und ihrer ersten Fortschritte aus den allgemeinen menschlichen Anlagen und den Umständen, welche beim

Erwachen des frühesten Menschengeschlechtes zu einiger geistigen Bildung eintreten mußten. Sie kann folglich nur bei solchen Künsten stattfinden, deren Medium oder Werkzeug der Darstellung ein dem Menschen natürliches ist; alle Künste, deren Werkzeug ein künstliches ist, setzen Beobachtung der Natur und Akte der Willkür zur Benutzung derselben voraus, welche nur historisch gegeben, nicht philosophisch abgeleitet werden können. Die natürlichen Medien der Kunst sind Handlungen, wodurch der Mensch sein Inneres äußerlich offenbart, und dergleichen gibt es keine andere als Worte, Töne und Gebärden. Diese sind denn auch die Wurzel und Grundlage der Poesie, Musik und Tanzkunst. Wie die Tanzkunst gewissermaßen wieder als der erste Keim der bildenden Kunst betrachtet werden könne, haben wir bei der Übersicht der Künste gezeigt. Es sind im Verlauf dieser Vorträge schon verschiedene zur Naturgeschichte der Kunst gehörige Sätze vorgekommen. Z. B. daß die drei oben genannten Künste zugleich und in unzertrennlicher Einheit entstanden seien; ferner die Entstehung des Rhythmus als der allen dreien gemeinschaftlichen Form. Was wir darüber behaupteten, war nicht aus der Erfahrung geschöpft, aber wir konnten es einigermaßen mit Beobachtung roher Völker, bei denen die Künste in einer ihrem Ursprunge näheren Gestalt verharrt sind, belegen, und so wird es sich auch mit dem verhalten, was wir von der Naturgeschichte der Poesie noch hinzufügen werden.

Bei dem jetzigen Zustande unserer Kultur, wo die Poesie als eine sehr schwierige Kunst betrachtet wird, zu welcher nur wenige ausgezeichnete Individuen die Fähigkeit besitzen, die sie doch dazu nur mit vielem Nachdenken und geflissener Vorbereitung ausüben, sind wir geneigt, ehe wir besser belehrt werden, sie für eine späte Frucht der Verfeinerung, für eine dem müßigen Ergötzen dienende Erfindung, mit einem Wort für einen bloßen Luxus des Geistes zu halten. Dies widerlegt zwar schon die Erfahrung, die uns sowohl in den ältesten schriftlichen Urkunden als unter den ungebil-

detsten Völkern selbst in den ungünstigsten Klimaten Anfänge der Poesie aufweist. Wo diese gänzlich fehlen, wie etwa bei den Feuerländern und vielleicht den Eskimos, ist sicher ein unnatürlicher Zustand vorhanden, ein Rückfall in unvollkommene Stupidität, den vermutlich plötzliche Verdrängung aus milderen Gegenden durch andere Nationen verursacht hat. Davon indessen kann uns die bloße Erfahrung nicht belehren, was sich doch evident dartun läßt, daß Poesie das Unentbehrlichste, Erste, Ursprünglichste in allem menschlichen Tun und Treiben ist. Ich möchte sagen, wenn dieser Ausdruck nicht dem Mißverstande ausgesetzt wäre: die Poesie sei zugleich mit der Welt erschaffen worden. Der Mensch schafft sich aber seine Welt immer selbst, und da der Anfang der Poesie mit der ersten Regung des menschlichen Daseins zusammenfällt, so ist auch jenes, philosophisch verstanden, buchstäblich wahr.

Wir müssen also bis auf die älteste Geschichte der Menschheit zurückgehen, um die Wurzel der Poesie aufzufinden. Beim Heranwachsen der *Naturpoesie* können wir folgende drei Stufen oder Bildungsepochen unterscheiden: 1. *Elementarpoesie* in der Gestalt der *Ursprache*; 2. Absonderung der poetischen Sukzessionen in unserem Innern von anderweitigen Zuständen durch ein äußeres Gesetz der Form, nämlich den *Rhythmus*; 3. Bindung und Zusammenfassung der poetischen Elemente zu einer Ansicht des Weltganzen, *Mythologie*. Diese setze ich nach dem Rhythmus, nicht als ob sich über die Zeitfolge ihrer Entstehung etwas ausmachen ließe, wiewohl man die Beobachtung des Zeitmaßes bei Nationen antrifft, bei denen nur erst dürftige Anfänge von Mythen aufzufinden sein möchten; sondern deswegen, weil der Rhythmus nur überhaupt die Bedingung aller selbständigen Existenz für die Poesie ist; Mythologie scheint hingegen eine höhere Potenz der poetischen Anlage in der Ursprache, eine zweite Symbolik des Universums über jener ersten in der Sprachbezeichnung enthaltenen zu sein, welche, mit Freiheit behandelt, sogleich in wahrhafte poetische Werke übergehen kann.

Wir werden also nun von Sprache, Silbenmaß und Mythologie handeln, und uns dabei nicht bloß auf das beschränken, was der eigentlichen Kunstpoesie vorangeht, sondern gleich alles zusammenfassen, was über diese Gegenstände zu sagen ist, und sie also auch in ihrer mannigfaltigsten und schönsten Ausbildung betrachten. Die Sprache ist von ihrer Entstehung an der Urstoff der Poesie; das Silbenmaß (im weitesten Sinne) die Form ihrer Realität, das äußerliche Gesetz, unter welchem sie in die Welt der Erscheinungen eintritt; die Mythologie endlich ist gleichsam eine Organisation, welche sich der poetische Geist aus der elementarischen Welt anbildet und durch dessen Medium, mit dessen Organen er nun alle übrigen Gegenstände anschaut und ergreift. – Mit diesen drei Stücken wäre also die allgemeine Poetik beendigt, welche dasjenige in sich faßt, was ohne Beziehung auf Gattungen ausgemacht werden kann.

Die in den gewöhnlichen Poetiken hergebrachte Methode ist eine ganz andere. Da wird von der Diktion und dem Versbau, als dem letzten der Ausführung, erst am Schlusse gehandelt. Man nimmt an, sowohl die geforderte Bildlichkeit des Ausdrucks, als der Wohlklang der Verse sei ein bloßer Zierat, ein Raffinement der müßigen und nach Genuß lüsternen Phantasie oder Sinnlichkeit; beides wird der schon fertigen Poesie wie eine fremde Äußerlichkeit umgehängt, wodurch sie denn unausbleiblich zu einem bloß grammatischen und rhetorischen Exerzitium herabgewürdigt wird, wie man sie auch in der Wirklichkeit leider so oft ausübt. Durch unsere genetische Erklärung hingegen werden wir zu der Einsicht gelangen, wie der Gebrauch dieser Mittel aus dem Wesen der Poesie von innen hervorgeht, und dadurch mit Notwendigkeit bestimmt wird. – Die Mythologie kommt meistens unter der Rubrik des Wunderbaren beim epischen Gedicht nur sehr unvollständig und ohne rechte Bedeutung vor, da sie doch so äußerst wichtige Aufschlüsse zu geben vermag.

GOTTHILF HEINRICH SCHUBERT

Die Sprache des Traumes

Schubert ist der erste, der 1814 in seinem Buch »Die Symbolik des Traumes« — beeinflußt von Schelling — auf den Unterschied von angelernter Wortsprache und unbewußter Seelensprache, die sich im Traum offenbart, hinweist. Während die Aufklärung den Traum als eine fast pathologische Erscheinungsform des Bewußtseins interpretierte, wird der Traum bei den Romantikern Bestandteil des Lebens (im übrigen schon durch Lichtenberg und K. Ph. Moritz vorbereitet). Das Traumthema ist bei Schubert explizit nur im 1. Kapitel angesprochen; angeführt werden die überraschenden Assoziationen, Poesie, Offenbarung, Natur, Gewissen und physiologische Argumentationen. Schuberts Ausführungen sind nicht poetologisch (wie bei Novalis) bestimmt, sondern mystischer Natur.

Im Traume, und schon in jenem Zustande des Deliriums, der meist vor dem Einschlafen vorhergeht, scheint die Seele eine ganz andre Sprache zu sprechen als gewöhnlich. Gewiße Naturgegenstände oder Eigenschaften der Dinge bedeuten jetzt auf einmal Personen, und umgekehrt stellen sich uns gewisse Eigenschaften oder Handlungen unter dem Bilde von Personen dar. Solange die Seele diese Sprache redet, folgen ihre Ideen einem andern Gesetz der Assoziation als gewöhnlich, und es ist nicht zu leugnen, daß jene neue Ideenverbindung einen viel rapideren, geisterhafteren und kürzeren Gang oder Flug nimmt als die des wachen Zustandes, wo wir mehr mit unsern Worten denken. Wir drücken in jener Sprache durch einige wenige hieroglyphische, seltsam aneinandergefügte Bilder, die wir uns entweder schnell nacheinander oder auch nebeneinander und auf einmal vorstellen, in wenig Momenten mehr aus, als wir mit Worten in

ganzen Stunden auseinanderzusetzen vermöchten; erfahren in dem Traume eines kurzen Schlummers öfters mehr, als im Gange der gewöhnlichen Sprache in ganzen Tagen geschehen könnte, und das ohne eigentliche Lücken, in einem in sich selber regelmäßigen Zusammenhange, der nur freilich ein ganz eigentümlicher, ungewöhnlicher ist.

Ohne daß wir deshalb gerade dem Traume vor dem Wachen, dem Närrischsein vor der Besonnenheit einen Vorzug geben wollen, dürfen wir uns doch nicht leugnen: daß jene Abbreviaturen- und Hieroglyphensprache der Natur des Geistes in vieler Hinsicht angemessener erscheine als unsre gewöhnliche Wortsprache. Jene ist unendlich viel ausdrucksvoller, umfassender, der Ausgedehntheit in die Zeit viel minder unterworfen als diese. Die letztere müssen wir erst erlernen, dagegen ist uns jene angeboren, und die Seele versucht diese ihr eigentümliche Sprache zu reden, sobald sie im Schlafe oder Delirio aus der gewöhnlichen Verkettung etwas los und frei geworden, obgleich es ihr damit ohngefähr nur eben so gelingt, als es einem guten Fußgänger gelungen, wenn er als Fötus im Mutterleibe die künftigen Bewegungen versuchte. Denn, beiläufig: wir würden es, falls wir es auch vermöchten, jene disjecta membra[1] eines ursprünglichen und künftigen Lebens schon jetzt an Licht und Luft hervorzuziehen, doch vorderhand in der Geistersprache kaum zum Lallen bringen oder höchstens zu einem Grade von Bauchrednerei.

Jene Sprache hat übrigens, außerdem daß sie über die Kräfte unserer inneren Natur ebensoviel vermag als die orpheische Liedersprache über die der äußeren, noch eine andre, sehr bedeutende Eigenschaft vor der gewöhnlichen Sprache voraus. Die Reihe unsrer Lebensbegegnisse scheint sich nämlich ohngefähr nach einer ähnlichen Ideenassoziation des Schicksals zusammenzufügen als die Bilder im Traume; mit andern Worten: das Schicksal in und außer uns, oder wie wir das bedeutende Ding sonst nennen wollen, redet dieselbe Sprache

1. zerstreute Glieder.

wie unsre Seele im Traume. Dieser gelingt es deshalb, sobald
sie ihre Traumbildersprache redet, Kombinationen in der-
selben zu machen, auf die wir im Wachen freilich nicht kä-
men; sie knüpft das Morgen geschickt ans Gestern, das
Schicksal ganzer künftiger Jahre an die Vergangenheit an,
und die Rechnung trifft ein; der Erfolg zeigt, daß sie uns
das, was künftig, oft ganz richtig vorhersagt. Eine Art zu
rechnen und zu kombinieren, die ich und du nicht verstehen;
eine höhere Art von Algebra, noch kürzer und bequemer als
die unsrige, die aber nur der versteckte Poet in unserm In-
nern zu handhaben weiß.

E. T. A. HOFFMANN

Zusammenhang von Poesie und Alltag

*Hoffmann wählt sich in ironisch-satirischer Absicht als Ge-
sprächspartner den durch Cervantes literarisch schon vorbe-
lasteten Hund Berganza: »Nachricht von den neuesten
Schicksalen des Hundes Berganza« im Band »Fantasiestücke
in Callots Manier«, Bamberg 1814. Berganza taucht hier
gleichsam als alter ego Hoffmanns auf und berichtet zu-
nächst sein Schicksal seit jener Cervantes-Erzählung, wobei
das Gespräch schließlich von allgemein menschlichen Fragen
zum Thema Kunst übergeht. Im hier ausgewählten Ab-
schnitt wird die Funktion der Kunst als Erhebung und Ent-
rückung von irdischen Qualen (Polemik gegen Schillers
Theater einer moralischen Anstalt) und als Darstellung der
»innersten Tiefe« des Menschen deutlich. Der Dialog um-
schreibt dann Hoffmanns eigene Position: Dichtung ist vom
Leben nicht zu trennen, der Akt des Dichtens ist keine höhere
Weihe am Schreibtisch, sondern die unmittelbare Realität
muß »von außen hineingegangen sein«, und nun muß der*

*»lebhafte Geist, das regbare Gemüt« die Erfahrungen zur
Poesie reifen lassen.*

B e r g a n z a. [...] Überhaupt rechne ich den Verfall eures
Theaters von *der* Zeit, als man die moralische Verbesserung
der Menschen als den höchsten, ja einzigen Zweck der Bühne
angab, und so dieselbe zur Zuchtschule machen wollte. Das
Lustigste konnte nicht mehr erfreuen, denn hinter jedem
Scherz ragte die Rute des moralischen Schulmeisters[1] hervor,
der gerade dann am geneigtesten ist, die Kinder zu strafen,
wenn sie sich dem Vergnügen ganz überlassen.
I c h. Ich fühle die kräftigen Hiebe der Rute, schnell wan-
delt sich das unschickliche Gelächter um in schickliches Wei-
nen.
B e r g a n z a. Ihr Deutsche kommt mir vor wie jener Ma-
thematiker, der, nachdem er Glucks Iphigenia in Tauris ge-
hört hatte, den entzückten Nachbar sanft auf die Achsel
klopfte und lächelnd fragte: »Aber was ist dadurch nun be-
wiesen?« – Alles soll noch außer dem, was es ist, was anderes
bedeuten, alles soll zu einem außerhalb liegenden Zweck
führen, den man gleich vor Augen hat, ja selbst jede Lust
soll zu etwas anderm werden, als zur Lust, und so noch
irgend einem andern leiblichen oder moralischen Nutzen die-
nen, damit nach der alten Küchenregel immer das Ange-
nehme mit dem Nützlichen verbunden bleibe.
I c h. Aber der Zweck der bloßen vorübergehenden Belusti-
gung ist so kleinlich, daß du doch der Bühne gewiß einen
höheren einräumen wirst?
B e r g a n z a. Es gibt keinen höheren Zweck der Kunst, als,
in dem Menschen diejenige Lust zu entzünden, welche sein
ganzes Wesen von aller irdischen Qual, von allem nieder-
beugenden Druck des Alltagslebens, wie von unsaubern
Schlacken befreit, und ihn *so* erhebt, daß er, sein Haupt
stolz und froh emporrichtend, das Göttliche schaut, ja mit

1. *Gemeint ist Schiller.*

ihm in Berührung kommt. – Die Erregung dieser Lust, diese
Erhebung zu dem poetischen Standpunkte, auf dem man an
die herrlichen Wunder des Rein-Idealen willig glaubt, ja
mit ihnen vertraut wird, und auch das gemeine Leben mit
seinen mannigfaltigen bunten Erscheinungen durch den
Glanz der Poesie in allen•seinen Tendenzen verklärt und
verherrlicht erblickt – das nur allein ist nach meiner Über-
zeugung der wahre Zweck des Theaters. Ohne die Gabe,
diese Erscheinungen des Lebens nicht als unabhängige Ein-
zelnheiten, von der Natur wie im zwecklosen Spiel eines
launenhaften Kindes hingeworfen, sondern als aus dem
Ganzen entspringend und in seinen Mechanism wieder tief
eingreifend zu betrachten, im Innern aufzufassen und mit
den lebendigsten Farben wiederzugeben, gibt es keinen
Schauspieldichter; vergebens ist sonst das Ringen: »der Na-
tur den Spiegel vorzuhalten, der Tugend ihre eignen Züge,
der Schmach ihr eignes Bild, dem Jahrhundert und Körper
der Zeit den Abdruck seiner Gestalt zu zeigen.«
I c h. Und hiernach möchte sich auch die Fähigkeit zu beob-
achten modifizieren, die man hauptsächlich vom Lustspiel-
dichter verlangt.
B e r g a n z a. Allerdings. Aus dem getreuen Beobachten
und Auffassen der individuellen Züge einzelner Personen,
kann höchstens ein ergötzliches Porträt entstehen, das eigent-
lich nur dann zu interessieren vermag, wenn man das Origi-
nal kennt, und durch den Vergleich damit in den Stand ge-
setzt wird, die praktische Fertigkeit des Malers zu beurtei-
len. Als Charakter auf der Bühne wird aber dem zu getreuen
Porträt, oder der gar aus einzelnen Zügen mehrerer Porträts
zusammengepinselten Personage, immer die innere poetische
Wahrheit fehlen, die nur durch die Betrachtung des Men-
schen von jenem höheren Standpunkte aus, erzeugt wird. –
Kurz, der Schauspieldichter muß nicht sowohl *die* Menschen,
als *den* Menschen kennen. – Der Blick des wahren Dichters
durchschaut die menschliche Natur in ihrer innersten Tiefe,
und herrscht über ihre Erscheinungen, indem er ihre mannig-

faltigste Strahlenbrechung in seinem Geiste wie in einem
Prisma auffaßt und reflektiert.

I c h. Deine Ansichten von der Kunst und von dem Theater,
lieber Berganza! möchten manchen Widerspruch finden, wie-
wohl vorzüglich das, was du von der Kenntnis *des* Men-
schen und *der* Menschen sagst, mir recht gut eingeht, und ich
darin den Grund finde, warum die Schau- und Lustspiele
eines gewissen Dichters[2], der zugleich praktischer Schauspie-
ler war, momentan so hoch geachtet und so bald vergessen
wurden; das gänzliche Vorübergehen seiner Periode noch
während seines Lebens hatte seine Fittige dermaßen gelähmt,
daß er sie nicht mehr zum neuen Fluge zu schwingen ver-
mochte.

B e r g a n z a. Der Dichter, von dem du sprichst, trägt auch
größtenteils die Schuld der Sünde, welche als unabwendbare
Folge den Fall unseres Theaters nach sich zog. – Er war
einer der Koryphäen jener langweiligen, weinerlichen, mora-
lisierenden Sekte, die mit ihrem Tränenwasser jeden empor-
blitzenden Funken der wahren Poesie auszulöschen strebten.
– Er bot uns in reichlicher Fülle die verbotenen Äpfel dar,
deren Genuß uns das Paradies kostete.

I c h. Aber man kann ihm eine gewisse lebensvolle Darstel-
lung nicht absprechen.

B e r g a n z a. Die aber mehrenteils in dem geschraubten
Dialog sich selbst wieder vernichtet. Mir ist es, als wenn er
lebhaft aufgefaßte individuelle Züge einzelner Personen so
wie ein fremdes Kleid sich selbst angepaßt, alsdann so lange
daran geschnörkelt und geschnitten, bis sie ihm gerecht
waren, und in der Art seine Charaktere geschaffen hätte.
Wie es da um die innere poetische Wahrheit stehen muß,
kannst du leicht selbst ermessen.

I c h. Indessen waren doch seine Intentionen meistenteils gut.

B e r g a n z a. Ich hoffe, daß du das Wort *Intention* nicht
in dem höhern Sinn der Kunstsprache nimmst, sondern nur

2. *August Wilhelm Iffland (1759–1814).*

den wenigstens scheinbar moralischen Zweck der Schauspiele jenes Dichters darunter verstehst, und da muß ich dir gestehen, daß vielleicht, abgesehen von aller Kunst, von allem Poetischen, jene Schauspiele in der Absicht und dem Erfolg wirklich den erbaulichen Fastenpredigten an die Seite zu stellen sind, die den Gottlosen mit der Hölle drohen, und den Frommen den Himmel versprechen; nur hat der Dichter den Vorteil als Handhaber und Vollstrecker der poetischen Gerechtigkeit, nach Befund gleich mit dem Schwerte selbst dreinschlagen zu können. Belohnung und Strafe, Geldbörsen und Geheimderatstitel, bürgerliche Schande und Festung, alles ist in Bereitschaft, sobald sich der Vorhang vor dem fünften Akte hebt.

I c h. Mich wundert, daß in diesen Dingen noch eine gewisse Varietät stattfinden kann.

B e r g a n z a. Warum das nicht! – Wäre es nicht für unsere Dichter eine herrliche fruchtbare Idee gewesen, die zehn Gebote zyklisch in Schauspielen zu behandeln? – Die beiden Gebote: Du sollst nicht stehlen, und du sollst nicht ehebrechen, sind schon ganz artig theatralisch ausgeführt worden, und es käme nur darauf an, solche Gebote, als z. B. du sollst nicht begehren etc. schicklich einzukleiden.

I c h. Vor einiger Zeit klang der Einfall weniger ironisch, als jetzt. Doch wie war es möglich, daß jene weinerliche, moralisierende Periode bis zur höchsten Stufe der unerträglichsten Langeweile, sich nicht mit einem allgemeinen Auflehnen dagegen, mit einer plötzlichen Revolution endigen konnte, sondern nach und nach verbleichen und verlöschen mußte?

B e r g a n z a. Ich glaube nicht, daß ihr Deutsche, selbst bei dem schwersten Druck, zum Aufstande dagegen durch einen plötzlichen Blitz aufzuregen seid. Indessen würde die Sache doch anders, und zwar eindringender, schneller gegangen sein, wenn ein herrlicher Dichter[3], der euch noch manchmal

3. *Tieck, Hoffmanns Lieblingswerk war »Der gestiefelte Kater«.*

bis in das Innerste hinein erfreuen wird, damals seinen ge-
rechten Abscheu gegen die armseligen Bretter überwunden,
und uns ein Märchen, wie Gozzi das Märchen von den drei
Pomeranzen, *von der Bühne herab* erzählt hätte. – Wie es
nur an ihm lag, mit der ihm zu Gebote stehenden unend-
lichen poetischen Kraft das jämmerliche Kartenhaus einzu-
schießen, zeigt die Wirkung, ja die gänzliche Revolution in
allen dem Theater befreundeten poetischen Gemütern, die
sein polemisches, in Form des Lustspiels abgefaßtes Märchen
hervorbrachte, das, wenn alle Beziehungen längst fremd
geworden sind, als ein für sich bestehendes ergötzliches
Produkt nicht ohne das innigste Behagen gelesen werden
wird.

I c h. Ich merke, daß du den *Gestiefelten Kater* meinst, ein
Buch, was mich schon damals, als ich noch von den unglück-
seligen Erscheinungen jener Periode befangen, mit dem rein-
sten Vergnügen erfüllte. – Warum springst du so, Ber-
ganza?

B e r g a n z a. Ach! – es ist der Aufheiterung wegen! – Ich
will mir all die verfluchten Erinnerungen an das Theater aus
dem Sinne schlagen, und ein Gelübde tun, mich nie mehr dar-
auf einzulassen. – Am liebsten ginge ich zu meinem Kapell-
meister.

I c h. So nimmst du also das Anerbieten, bei mir zu bleiben,
nicht an?

B e r g a n z a. Schon deshalb nicht, weil ich mit dir gespro-
chen. Es ist überhaupt nicht ratsam, jemandem *alle* Talente,
die man besitzt, zu enthüllen, weil dieser dann das wohl-
erworbene Recht zu haben glaubt, sie in Anspruch zu neh-
men, wie er nur mag. So könntest du nun oft von mir ver-
langen, daß ich mit dir sprechen sollte.

I c h. Weiß ich denn aber nicht, daß es nicht von dir ab-
hängt, zu sprechen wann du willst?

B e r g a n z a. Wenn auch! – Du könntest es oft für Eigen-
sinn halten, wenn ich hartnäckig schwiege, unerachtet es mir
in dem Augenblick unmöglich sein dürfte, menschlich zu

schwatzen. Verlangt man nicht oft von dem Musiker: er solle spielen, – von dem Dichter: er solle Verse machen, sind auch Zeit und Umstände so ungünstig, daß es unmöglich ist, dem Zudringlichen zu genügen, und doch schilt man dann jede Weigerung Eigensinn. – Kurz! – ich bin dir mit meinen besondern Gaben und Eigenheiten zu bekannt geworden, als daß auf ein näheres Verhältnis zwischen uns zu rechnen wäre. Überdem habe ich mein Unterkommen schon gefunden, laß uns also davon abbrechen.

I c h. Es ist mir unlieb, daß du so wenig Zutrauen zu mir hast.

B e r g a n z a. Du bist also auch neben deinem Musiktreiben, Schriftsteller – Dichter?

I c h. Ich schmeichle mir bisweilen –

B e r g a n z a. Schon genug – ihr taugt alle nicht viel, denn der reine, einfarbige Charakter ist selten.

I c h. Was willst du damit sagen?

B e r g a n z a. Nächst denen, die nur im äußern Prunkstaat der Poesie erscheinen, nächst euern geleckten Männlein, euern gebildeten gemüt- und herzlosen Weibern, gibt es noch welche, die von innen und außen gesprenkelt sind, und in mehreren Farben schillern, ja bisweilen wie das Chamäleon die Farben wechseln können.

I c h. Noch immer verstehe ich dich nicht –

B e r g a n z a. Sie haben Kopf – Gemut – aber nur dem Geheiligten entfaltet die blaue Blume willig ihren Kelch!

I c h. Was willst du mit der blauen Blume?

B e r g a n z a. Eine Erinnerung an einen verstorbenen Dichter, der zu den reinsten gehörte, die jemals gelebt. Wie Johannes sagte: leuchteten in seinem kindlichen Gemüte die reinsten Strahlen der Poesie, und sein frommes Leben war ein Hymnus, den er dem höchsten Wesen und den heiligen Wundern der Natur in herrlichen Tönen sang. Sein Dichtername war: Novalis!

I c h. Viele hielten ihn jederzeit für einen Schwärmer und Fantasten –

B e r g a n z a. Weil er in der Poesie, sowie im Leben, nur
das Höchste, das Heiligste wollte, und vorzüglich manchen
gesprenkelten Kollegen herzlich verachtete, wiewohl eigent-
licher Haß seiner Seele fremd war, so hatte er manchen ihn
verfolgenden Feind. – Ebenso weiß ich recht gut, daß man
ihm Unverständlichkeit und Schwulst vorwarf, unerachtet es
zu seinem Verständnis nur darauf ankam, mit ihm in die
tiefsten Tiefen hinabzusteigen, und wie aus einem in Ewig-
keit ergiebigen Schacht die wundervollen Kombinationen,
womit die Natur alle Erscheinungen in ein Ganzes ver-
knüpft, heraufzubergen, wozu denn freilich den mehrsten es
an innerer Kraft und an Mut mangelte.
I c h. Ich glaube, daß wenigstens in Ansehung des kindlichen
Gemüts und des wahren poetischen Sinnes, ihm ein Dichter
der neuesten Zeit ganz an die Seite zu setzen ist.
B e r g a n z a. Meinst du *den,* der mit seltner Kraft die nor-
dische Riesenharfe ertönen ließ[4], der mit wahrhafter Weihe
und Begeisterung den hohen Helden *Sigurd* in das Leben
rief, daß sein Glanz all die matten Dämmerlichter der Zeit
überstrahlte, und vor seinem mächtigen Tritt all die Har-
nische, die man sonst für die Helden selbst gehalten, hohl
und körperlos umfielen – meinst du den, so gebe ich dir
recht. – Er herrscht als unumschränkter Herr im Reich des
Wunderbaren, dessen seltsame Gestalten und Erscheinungen
willig seinem mächtigen Zauberrufe folgen und – doch in
diesem Augenblicke fällt mir durch eine besondere Ideen-
kombination ein Bild, oder vielmehr ein Kupferstich ein, der
anders, als was er vorstellt, gedeutet, mir das eigentliche
innere Wesen solcher Dichter, als von denen wir eben spre-
chen, auszudrücken scheint.
I c h. Sprich, lieber Berganza, was ist das für ein Bild?
B e r g a n z a. Meine Dame (du weißt, daß ich die Dichterin
und mimische Künstlerin meine) hatte ein sehr schönes Zim-

4. *Friedrich de la Motte Fouqué (1777–1843); »Sigurd der Schlangen-
töter« erschien 1808 in Berlin, 1810 in die Trilogie »Held des Nordens«
aufgenommen.*

mer mit guten Abdrücken der sogenannten Shakespeares-
Galerie ausgeziert. Das erste Blatt, gleichsam als Prologus,
stellte Shakespeares Geburt vor. Mit ernster hoher Stirn, mit
hellen klaren Augen um sich schauend, liegt der Knabe in
der Mitte, um ihn die Leidenschaften, ihm dienend; – die
Furcht, die Verzweiflung, die Angst, das Entsetzen schmie-
gen gräßlich gestaltet sich willig dem Kinde, und scheinen
auf seinen ersten Laut zu horchen.
I c h. Aber die Deutung auf unsere Dichter?
B e r g a n z a. Kann man nicht ohne allen Zwang jenes Bild
so deuten: »Sehet, wie dem kindlichen Gemüte die Natur in
allen ihren Erscheinungen unterworfen, wie selbst das
Furchtbare, das Entsetzliche sich seinem Willen und seinem
Worte schmiegt, und erkennet, daß nur ihm diese zaube-
rische Macht verstattet.«
I c h. In diesem Sinne habe ich wirklich noch nie das mir
wohlbekannte Bild betrachtet; aber ich muß gestehen, daß
deine Deutung nicht allein paßt, sondern auch überdem sehr
pittoresk ist. Überhaupt scheint deine Fantasie sehr regsam.
– Doch! – Du bist mir noch die Erklärung deiner sogenann-
ten gesprenkelten Charaktere schuldig.
B e r g a n z a. Der Ausdruck taugt nicht viel, um das zu be-
zeichnen, was ich eigentlich meine, indessen hat ihn der Haß
geboren, den ich gegen alle buntfarbig gesprenkelte Kreatu-
ren von meinem Stande trage. Oft bin ich einem bloß des-
halb in die Ohren gefahren, weil er in Weiß und Braun ge-
färbt, mir wie ein verächtlicher buntscheckichter Narr vor-
kam. – Sieh, lieber Freund! es gibt so viele unter euch, die
man Dichter nennt, und denen man Geist, Tiefe, ja selbst
Gemüt nicht absprechen kann, die aber, als sei die Dicht-
kunst etwas anderes als das Leben des Dichters selbst, von
jeder Gemeinheit des Alltagslebens angeregt, sich willig den
Gemeinheiten selbst hingeben, und die Stunden der Weihe
am Schreibtische von allem übrigen Treiben und Tun sorg-
fältig trennen. – Sie sind selbstsüchtig, eigennützig, schlechte
Gatten, schlechte Väter, untreue Freunde, indem sie, sobald

der neue Bogen zur Presse soll, das Heiligste in heiligen Tönen verkünden.

I c h. Was tut aber das Privatleben, wenn der Dichter nur Dichter ist und bleibt! – Aufrichtig gesprochen, ich halte es mit Rameaus Neffen[5], der den Dichter der Athalia dem guten Hausvater vorzieht.

B e r g a n z a. Mir ist es schon fatal, daß man bei dem Dichter, als sei er eine diplomatische Person oder nur überhaupt ein Geschäftsmann, immer das Privatleben – und nun von welchem Leben denn? – absondert. – Niemals werde ich mich davon überzeugen, daß der, dessen ganzes Leben die Poesie nicht über das Gemeine, über die kleinlichen Erbärmlichkeiten der konventionellen Welt erhebt, der nicht zu gleicher Zeit gutmütig und grandios ist, ein wahrhafter aus innerem Beruf, aus der tiefsten Anregung des Gemüts hervorgegangener Dichter sei. Ich möchte immer etwas aufsuchen, wodurch erklärt würde, wie das, was er verkündet, von außen hineingegangen sei und den Samen gestreut habe, den nun der lebhafte Geist, das regbare Gemüt zur Blüte und Frucht reifen läßt. Mehrenteils verrät auch irgendeine Sünde, sei es auch nur eine Geschmacklosigkeit, von dem Zwange des fremdartigen Schmuckes erzeugt, den Mangel an innerer Wahrheit.

I c h. Das ist also dein gesprenkelter Charakter?

B e r g a n z a. Allerdings! – Ihr habt einen Dichter – gehabt, möcht ich beinahe sagen, dessen Werke oft eine in Seele und Herz dringende Frömmigkeit atmen, und der übrigens ganz für das Original jenes schwarzen Bildes gelten kann, das ich von dem gesprenkelten Charakter entworfen. Er ist selbstsüchtig, eigennützig, perfid gegen Freunde, die es gut

5. Gemeint ist Diderots »Rameaus Neffe«, von Goethe übersetzt. Hier richtet der Erzähler an Rameaus Neffen die Frage: »Was würdet Ihr nun vorziehen, daß Racine ein guter Mann gewesen wäre, [. . .] guter Gatte, guter Vater, guter Onkel, guter Nachbar, ehrlicher Handelsmann und nichts weiter; oder daß er schelmisch, verräterisch, ehrgeizig, neidisch gewesen wäre, aber Verfasser von Andromache, Britannicus, Iphigenia, Phädra und Athalia?« (Reclams UB Nr. 1229/29a, S. 10 f.)

und redlich mit ihm meinten, und keck will ich es behaupten,
daß nur das Auffassen und Verfolgen einer fixen Idee ohne
einen eigentlichen innern Beruf ihn den Weg betreten ließ,
den er nun für immer eingeschlagen. – Vielleicht dichtet er
sich herauf bis zum Heiligen!

I c h. Das ist mir rätselhaft!

B e r g a n z a. Und möge dir das Rätsel auch ungedeutet
bleiben! – Du siehst kein weißes Haar an mir – ich bin
durchaus schwarz – schiebe allenfalls darauf meinen tiefen
Haß gegen alles Bunte. – Närrisch war es doch, sich gerade
für die Jungfrau Maria zu halten.

I c h. Du springst auf etwas Neues?

B e r g a n z a. Im Gegenteil! – ich bleibe bei dem Alten.
Johannes Kreisler erzählte einmal in meiner Gegenwart
einem Freunde, wie einst der Wahnsinn der Mutter den
Sohn zum Dichter in der frömmsten Manier gebildet habe. –
Die Frau bildete sich ein, sie sei die Jungfrau Maria und ihr
Sohn der verkannte Christus, der auf Erden wandle, Kaffee
trinke und Billard spiele, aber bald werde die Zeit kommen,
wo er seine Gemeine sammeln und sie geradesweges in den
Himmel führen würde. Des Sohnes rege Fantasie fand in
der Mutter Wahnsinn die Andeutung seines höheren Berufs.
– Er hielt sich für einen Auserwählten Gottes, der die Ge-
heimnisse einer neuen geläuterten Religion verkünden solle;
mit innerer Kraft, die ihn das Leben an den erkannten Beruf
setzen ließ, hätte er ein neuer Prophet, oder was weiß ich,
werden können; aber bei der angebornen Schwächlichkeit,
bei dem Kleben an den Alltäglichkeiten des gemeinen Le-
bens, fand er es bequemer, jenen Beruf nur in Versen anzu-
deuten, ihn auch nachgerade zu verleugnen, wenn er seine
bürgerliche Existenz gefährdet glaubte. – Ach, mein Freund!
Ach!

I c h. Was ist dir? lieber Berganza!

B e r g a n z a. Bedenke das Schicksal eines armen Hundes,
der verdammt ist, recht was man sagt, aus der Schule zu
schwatzen, wenn ihm einmal der Himmel zu sprechen er-

laubt. – Doch freut es mich, daß du meinen Zorn, meine
Verachtung gegen eure falschen Propheten – so will ich die
nennen, die der wahren Poesie zum Hohn sich nur im Fal-
schen, Angeeigneten bewegen – so gut aufgenommen oder
vielmehr für gerecht erkannt hast. – Ich sage dir, Freund,
traue nicht den Gesprenkelten!

2. Kritik

*Unter Kritik ist zunächst in der frühromantischen Phase eine
produktiv dichterische Tätigkeit zu verstehen, die mit Dich-
ten gleichgesetzt wird. So kann beispielsweise Poesie nur
durch Poesie kritisiert werden (F. Schlegel). Das Programm
der Universalpoesie läßt ja Abgrenzungen nicht zu. Für
F. Schlegel, der primär kritischer Geist, nicht Dichter war,
lag zudem eine solche aufwertende Interpretation der Kritik
nahe. Andererseits ist Literaturkritik in der Romantik im-
mer auch Zeit- bzw. Kulturkritik, in der Spätzeit bei Eichen-
dorff sogar schon wieder Kritik an der romantischen Be-
wegung selbst.*

AUGUST WILHELM SCHLEGEL

Der gegenwärtige Zustand der deutschen Literatur

*»Zum Ende des Jahres 1802«, hatte A. W. Schlegel die Ber-
liner Vorlesungen »Die allgemeine Übersicht des gegenwär-
tigen Zustandes der deutschen Literatur« gehalten, die dann
bald in der Zeitschrift »Europa« 1803 unter dem Titel »Über
Literatur, Kunst und Geist des Zeitalters« abgedruckt er-*

schienen. *Schlegel geißelt an den literarischen Zuständen die Zeitumstände. (Ähnliches taten Tieck in seinem »Poetischen Journal« und Novalis in »Europa«, indem sie die kulturellen Mißstände in ihrem Sinn als die einer aus dem Lot geratenen Gesellschaft kritisierten.) Wenn A. W. Schlegel die bunte Ansammlung von Literaturerzeugnissen als Anzeichen dafür nimmt, daß es an gemeinsamem Geist fehle, ist damit auch der Verlust der nationalen Einheit (das Wesen einer Literatur) überhaupt gemeint. Was er zu Mode und Schriftstellertum, zum herrschenden Geschmack und Trivialroman sagt, zur »Buchhändlermeßflut« und Massenproduktion sind die großen allzeit aktuellen Themen eines Literaturverständnisses, das immer von einer Bewertung der »Literatur im engeren Sinne« (Schlegel) ausgeht, also von einer Maßstäbe setzenden Literatur.*

Es wird viel Rühmens gemacht (wiewohl nicht ohne untermischte Klagen über die unerlaubten Neuerungen, über das einreißende Verderbnis der zügellosen Jugend) von der schönen Blüte, dem gesegneten Wachstum und der fruchtbaren Fülle unserer Literatur. Die Ausländer, gegen die wir uns noch unlängst in einem ganz passiven Verhältnisse des Bewunderns, Übersetzens. Nachahmens und Nachbetens befanden, fangen an, mit Achtung von ihr zu sprechen, unsere Sprache zu erlernen, aus ihr zu übersetzen, oder wenn sie auch beides nicht tun, so nehmen sie doch auf Glauben an, daß da sehr reichhaltige Schätze zu finden seien. Um so auffallender wird es vielleicht scheinen, wenn ich gestehen muß, daß mir vorkommt, als hätten wir noch gar keine Literatur, sondern wären höchstens auf dem Punkt, eine zu bekommen, es hätten sich eben nur die ersten Fäden dazu angeknüpft. Es versteht sich, daß hier nicht von gelehrten und wissenschaftlichen Werken die Rede ist, sondern von *Literatur im engeren Sinne.* Wenn man unter diesem Worte einen unverdauten Wust, ein rohes Aggregat von Büchern versteht, die kein gemeinschaftlicher Geist beseelt, unter denen nicht ein-

mal der Zusammenhang einer einseitigen Nationalrichtung
bemerkbar ist; wo die einzelnen Spuren und Andeutungen
des besseren, sich unter dem unübersehbaren Gewühl von
leeren und mißverstandenen Strebungen von Verkehrtheit
und Verworrenheit, von übelverkleideter Geistesarmut und
fratzenhafter anmaßender Originalitätssucht, fast unmerk-
bar verlieren, weit entfernt daß der Gipfel der Vollkom-
menheit für eine durch Nationalität und Zeitalter bestimmte
Gestaltung der Poesie in einer bedeutenden Anzahl von
Werken der verschiedenen Gattungen wirklich erreicht wäre:
dann haben wir allerdings eine Literatur, denn man hat mit
Recht bemerkt, daß die Deutschen eine von den hauptschrei-
benden Mächten Europas seien. Heißt aber Literatur ein
Vorrat von Werken, die sich zu einer Art von System unter-
einander vervollständigen, worin eine Nation die hervor-
stechendsten Anschauungen ihrer Welt, ihres Lebens nieder-
gelegt findet, die sich ihr für jede Neigung ihrer Fantasie,
für jedes geistige Bedürfnis so befriedigend bewährt haben,
daß sie nach Menschenaltern, nach Jahrhunderten mit immer
neuer Liebe zu ihnen zurückkehrt: so leuchtet es ein, daß wir
keine Literatur haben. Man bemerke zuvörderst, wie völlig
getrennt die berühmten und verehrten Schriftsteller bei uns
von den beliebten sind. Die Verdienste der jenen läßt man
dahingestellt sein, man stellt sie in Bibliotheken auf, aber
liest sie wenig, geschweige, daß man sie sich zu beständigen
Begleitern und vertrauten Freunden erwählen sollte. Unsere
neuere Poesie ist etwa sechzig Jahre alt (wir haben zwar,
von den noch älteren nicht zu reden, im 17. Jahrhundert ein
paar echte Dichter gehabt, allein sie sind durch eine beträcht-
liche Zwischenperiode des Ungeschmacks und der Nullität
von den letzteren geschieden, und zwar nicht durch die
Natur der Sprache selbst, aber durch die bisherige Gewöh-
nung ziemlich fremd und unverständlich geworden) denn
die ersten, welche genannt werden, sind Haller und Hage-
dorn, deren Epoche etwa gegen 1740 fällt; und wer kennt
noch Haller und Hagedorn? Ja, um gleich zu den berühm-

Beginn von August Wilhelm Schlegels »Allgemeiner Übersicht ...« in der Handschrift

testen fortzugehen, so findet man schon nicht häufig Dilet-
tanten, welche Wielands sämtliche Werke ganz durchgelesen
haben, und jemand zu finden, der in Klopstocks *Messias* bis
ans Ende gekommen wäre, ist eine wahre Seltenheit. Die
meisten als klassisch gesetzten Schriftsteller, die unser golde-
nes Zeitalter ausmachen sollen, verdienen auch dieses Schick-
sal, außer Umlauf gesetzt zu werden, vollkommen: sie sind
zum Teil ausgemachte Nachahmer, zum Teil von einer
Kleinlichkeit und Schwäche, daß sie nur durch die vorher-
gehende äußerste Asthenie und Ohnmacht des Geistes zu
ihrem Ruhm gelangen konnten; oder wenn sie auch mit
mehr gediegener Kraft begannen, so zersplitterte sich diese,
indem sie auf ihrer Laufbahn durch falsche Muster und
Maximen mißleitet wurden. – Die beliebten Schriftsteller
hingegen sind Geschöpfe der Mode: zum Beweise, daß selbst
diejenigen, welche ihre Zeit mit ihnen verderben, nichts
Haltbares daran zu finden wissen, werden sie immerfort
von anderen verdrängt, und dann rein vergessen. Sie ver-
dorren wie das Gras auf dem Felde, und ihre Stätte kennet
sie nicht mehr.

Ich will ein noch kühneres, aber durch das Bisherige genug-
sam vorbereitetes Wort sagen: die höheren gebildeten Stände
unserer Nation haben keine Literatur, das Volk aber, der
gemeine Mann hat eine. Diese besteht aus den unscheinbaren
Büchelchen, die schon in der Aufschrift: »gedruckt in diesem
Jahr«, das naive Zutrauen kundgeben, daß sie nie veralten
werden, und sie veralten auch wirklich nicht. Manchmal
wird auch das Volk wohl durch den Reiz der Neuheit ver-
sucht, im ganzen aber bleibt es seinen Neigungen beharrlich
treu, es kauft immer noch diese schon vor Jahrhunderten
gelesenen Bücher, welche Mühe sich auch die Aufklärer geben
mögen, sie ihm aus den Händen zu spielen, und ihre Kläg-
lichkeiten unterzuschieben; und beweist dadurch, daß es eine
Fantasie und ein Gemüt hat. Denn diese uralten Dichtungen
und Geschichten, zum Teil französischen, aber auch deut-
schen Ursprungs, in deren einigen sich der Riesengeist eines

fernen Heldenalters regt, in anderen ein klarer Verstand die Lebensverhältnisse auf muntere Weise darlegt, haben alle unleugbar eine unvergängliche poetische Grundlage; bei einigen ist sogar die Ausführung vortrefflich, und wenn sie bei anderen formlos erscheint, so ist dies vielleicht bloß die Schuld einer zufälligen Verwitterung vor Alter. Sie dürfen nur von einem wahren Dichter berührt und aufgefrischt werden, um sogleich in ihrer ganzen Herrlichkeit hervorzutreten.

Wenn man das weitschichtige äußere Gerüst unserer sogenannten Literatur betrachtet, die großen Anstalten, und die geringe und unerquickliche Ausbeute für den Geist, so muß einen wahrlich Ekel und Unmut anwandeln. Alljährlich zweimal wirft die große Buchhändlermeßflut (die kleineren monatlichen Fluten ungerechnet, womit die Journale angespült werden) aus dem großen Ozean schriftstellerischer Seichtigkeit und Plattheit die neuen Geburten in großen Ballen ans Land. Diese werden dann von dem großen Haufen der Lesewelt mit krankhaftem Heißhunger verschlungen, aber ohne ihnen die mindeste Nahrung zu gewähren; sogleich wieder vergessen, gehen sie in den Schmutz der Lesebibliotheken über, und mit der nächsten Messe fängt derselbe Kreislauf wieder an. Man lobt den jetzt allgemeiner verbreiteten Geschmack am Lesen, aber hilf Himmel! welch eine Leserei ist das! Sie verdammt sich selbst schon dadurch, daß sie so rastlos nach dem Neuen greift, was doch kein wirklich Neues ist. Denn wem es nicht bloß um den Taumel wirblicher Zerstreuung zu tun ist, wer ein besonnenes wahrhaft lebendiges Leben in sich fühlt, der wird, wenn er zur freien Aufheiterung des Geistes liest, solche Bücher suchen und wählen, die lebenslänglich vorhalten, die man bei vertrauterer Bekanntschaft immer lieber gewinnt und sie nie zu Ende liest. Und was sind die Gegenstände der vorzüglichsten Liebhaberei? Romane, dann Schauspiele, Taschenbücher, Journale und für etwas gelehrtere Leser literarische Zeitun-

gen. Die beiden ersten Namen bezeichnen freilich die wich-
tigsten Gattungen der romantischen Poesie, aber diese ist
hier gänzlich abwesend. Nur die leidigste Passivität kann zu
dieser Liebhaberei führen, die weder denken noch handeln
mag; ja nicht einmal ordentlich zu träumen müssen solche
Menschen verstehen, denn sonst würden sie sich weit etwas
Besseres imaginieren können als in ihren *Romanen* steht. Ihr
eigenes Leben ist unbedeutend und leer: das wollen sie ent-
weder, genauso wie es ist, vorgestellt sehen, weil es ihnen
denn doch schwarz auf weiß besser gefällt. Oder es soll ein
bißchen besser und bequemer darin zugehen wie in der
Wirklichkeit, um ihrem Hange zum Müßiggang zu schmei-
cheln; mit der Neugier, womit man einer Stadtgeschichte
nachspürt, verfolgen sie eine durch Bände ausgesponnene ge-
haltlose Liebelei und wollen nur in der Schaukel endlos
wiederholter Begebenheiten ohne Mühe auf und ab gewiegt
sein. Einen einzigen vortrefflichen Roman zu schreiben, dazu
gehört nicht weniger als ein umfassender Dichtergeist von
einem interessanten Leben befruchtet; ein großer Verstand,
der jedoch den kühnsten Kombinationen der Fantasie keinen
Eintrag tut; eine unendlich gebildete Kunst, um die Ge-
heimnisse *seiner* Welt, *seines* Gemüts in anmutigen immer
klaren und immer rätselhaften Sinnbildern auszusprechen.
Unseren Lieblingsschriftstellern schießen die Romane unter
den Händen wie Pilze empor. Der eine hat ein gewisses
Talent, die Heftigkeit charakterloser Affekte zu schildern,
was bei seinem ersten Auftreten mehr erwarten ließ; er ist
nachher ganz in die Breite gegangen, eine gutmütige Teil-
nahme an den Schicksalen seiner erdichteten Personen, ist das
Eins und Alles seiner Begeisterung; ohne Verstand, eigent-
lich auch ohne Fantasie, weiß er zu nichts seine Zuflucht zu
nehmen als zu dem hergebrachten wohltätigen Edelmut, zu
Liebschaften, die aus früher Gewöhnung in der Kindheit
entstanden sein sollen, dann Trennung und allerlei Leiden
erfahren, und endlich, damit es nicht zu traurig endige, dem
Ziele der Vereinigung entgegengeführt werden. Ein anderer

hat eine krankhafte Empfindsamkeit, eine fast gichterische
Reizbarkeit der Einbildungskraft, einen kapriziösen Humor
zur Mitgabe empfangen; unbekannt mit der Welt, auf den
Horizont eines kleinen Städtchens eingeschränkt, schreibt er
Romane, die eher Selbstgespräche zu nennen wären, und er-
teilt ihnen als unbewußter Sonderling einen gewissen einsied-
lerischen Reiz. Man liest ihn und glaubt tiefere Beziehungen
zwischen Ernst und Scherz in seinen Kompositionen zu fin-
den als an die er selbst gedacht hat. Er wird gelobt, hervor-
gezogen, kommt in größere Städte, in bessere wenigstens
weitläufigere Gesellschaften, wird von den Frauen geschmei-
chelt, lernt Männer kennen, die mit künstlerischen Absichten
bei ihren Schriften zu Werke gehen, und will es ihnen gleich
tun, da er bei aller Belesenheit in Scharteken die großen
Meisterwerke nicht kennt, und nicht fähig ist, sie in ihrer
Reinheit zu fassen. Alles dies zerstört ohne Ersatz seine
ursprüngliche Naivität: er schreibt nun pretentiöse Werke,
die doch bloß ein matter Nachklang seiner ersten sind. Noch
ein anderer will moralische Erzählungen liefern, verleidet
sie einem aber durch unselige Peinlichkeit, indem er die Sitt-
lichkeit nur durch das Medium der Reue darzustellen weiß,
und anzunehmen scheint, daß durch einen einmal begangenen
Fehltritt die Seelen, gerade wie die Körper, gebrandmarkt
werden. Noch einer mag einmal die Schalkhaftigkeit eines
Dienstmädchens erprobt haben, er glaubt darin große Auf-
schlüsse zu finden, und fühlt sich berufen, die Schalkhaftig-
keit des ganzen weiblichen Geschlechts zu schildern, welches
er jedoch als ein sparsames Gewürz anbringt und sich übri-
gens der fadesten Leerheit befleißigt. Wann, möchte man
fragen, werden die Leser denn endlich merken, daß ihnen
immer wieder dasselbe aufgetischt wird? Aber es kann nicht
anders sein, sie müssen eine Liebe zum baren Nichts haben.

Literaturkritik als Kunstwerk

Die Vorstellung, daß die Literaturkritik selbst ein Kunstwerk sein müsse und man eine Kritik nur schreiben könne, wenn man selbst Dichter sei, war eine der Forderungen der Frühromantik.

FRIEDRICH SCHLEGEL

Poesie kann nur durch Poesie kritisiert werden. Ein Kunsturteil, welches nicht selbst ein Kunstwerk ist, entweder im Stoff, als Darstellung des notwendigen Eindrucks in seinem Werden, oder durch eine schöne Form, und einen im Geist der alten römischen Satire liberalen Ton, hat gar kein Bürgerrecht im Reiche der Kunst.

NOVALIS

Wer keine Gedichte machen kann, wird sie auch nur negativ beurteilen. Zur echten Kritik gehört die Fähigkeit, das zu kritisierende Produkt selbst hervorzubringen. Der Geschmack allein beurteilt nur negativ.

NOVALIS

Über Wilhelm Meister

Die »Wilhelm Meister«-Kritik der Romantiker ist höchst widersprüchlich und willkürlich. Die von Novalis hier aufgeführten Fragmente zeigen in ihrer negativen Kritik, was unterm Begriff des Romantischen gefordert wird. Im »Wilhelm Meister« steht die Fabel statt des Märchens, *er spielt in*

der Gegenwart statt im Mittelalter, *die Ökonomie herrscht über die* Poesie, *das Materielle über den* Geist.

Gegen »Wilhelm Meisters Lehrjahre«. Es ist im Grunde ein fatales und albernes Buch – so prätentiös und preziös – undichterisch im höchsten Grade, was den Geist betrifft – so poetisch auch die Darstellung ist. Es ist eine Satire auf die Poesie, Religion etc. Aus Stroh und Hobelspänen ein wohlschmeckendes Gericht, ein Götterbild zusammengesetzt. Hinten wird alles Farce. Die ökonomische Natur ist die wahre – *übrig bleibende.*

Goethe hat auf alle Fälle einen widerstrebenden Stoff behandelt. *Poetische Maschinerie.*

Friedrich verdrängt M[eister] v[on] d[er] Philine und drängt ihn zur Natalie hin.

Die Bekenntnisse sind eine Beruhigung des Lesers – nach dem Feuer, Wahnsinn und wilden Erscheinungen der ersten Hälfte des dritten Teils.

Das viele Intrigieren und Schwatzen und Repräsentieren am Schluß des vierten Buchs verrät das vornehme Schloß und das Weiberregiment – und erregt eine ärgerliche Peinlichkeit.

Der Abbé ist ein fataler Kerl, dessen geheime Oberaufsicht lästig und lächerlich wird. Der Turm in Lotharios *Schlosse* ist ein großer Widerspruch mit *demselben.*

Die Freude, daß es nun aus ist, empfindet man am Schlusse im vollen Maße.

Das Ganze ist ein nobilitierter Roman.

»Wilhelm Meisters Lehrjahre«, oder die Wallfahrt nach dem Adelsdiplom.

W[ilhelm] M[eister] ist eigentlich ein Candide, gegen die Poesie gerichtet.

Die Poesie ist der Arlequin in der ganzen Farce. Im Grunde kommt der Adel dadurch schlecht weg, daß er ihn zur Poesie rechnet, und die Poesie, daß er sie vom Adel repräsentieren läßt.

Er macht die Musen zu Komödiantinnen, anstatt die Komödiantinnen zu Musen zu machen. Es ist ordentlich tragisch, daß er den Shakespeare in diese Gesellschaft bringt.
Aventuriers, Komödianten, Mätressen, Krämer und Philister sind die Bestandteile des Romans. Wer ihn recht zu Herzen nimmt, liest keinen Roman mehr.
Der Held retardiert das Eindringen des Evangeliums der Ökonomie. Marionettentheater im Anfang. Der Schluß ist, wie die letzten Stunden im Park der schönen Lili.

»Wilhelm Meisters Lehrjahre« sind gewissermaßen durchaus *prosaisch* – und modern. Das Romantische geht darin zu Grunde – auch die Naturpoesie, das Wunderbare – er handelt bloß von gewöhnlichen *menschlichen* Dingen – die Natur und der Mystizism sind ganz vergessen. Er ist eine poetisierte bürgerliche und häusliche Geschichte. Das Wunderbare darin wird ausdrücklich, als Poesie und Schwärmerei, behandelt. Künstlerischer Atheismus ist der Geist des Buchs.
Sehr viel Ökonomie – mit prosaischem, wohlfeilem Stoff ein poetischer Effekt erreicht.

JOSEPH VON EICHENDORFF

Brentano und seine Märchen

Ein Beispiel für Zeitkritik, Literaturauffassung und Porträtierungskunst Eichendorffs. Aufschlußreich ist ferner der Titel. Eichendorff bestimmt die Form des Märchens bei Brentano als höchste und vollendetste Form seiner Poesie (vgl. Novalis). Er sieht die Doppelnatur Brentanos im Zwiespalt von Einsiedler- und Weltleben. Die Hinweise auf Brentanos Dichtungen (vgl. »Romantik II«) sind bereits treffende Charakterisierungen.

Clemens Brentano ist bekanntlich schon vor mehreren Jahren gestorben; die Leute haben im Leben wenig von ihm gewußt und nach dem Tode ihn kaum vermißt. Das wird niemanden sonderlich befremden, der das Verhältnis der Dichter zu den Leuten kennt. Goethe war lange Zeit unbekannt, ja verhöhnt, während Kotzebue und La Fontaine florierten, Arnim stand verlegen auf dem Bücherbrett (und steht unsers Wissens noch ruhig dort), während sie sich in Leihbibliotheken um Fouqué rissen. Man kann von den Leuten billigerweise ebensowenig prätendieren, daß sie poetisch seien, als daß sie gesund sein sollen, sie haben anderes zu tun und mit ihrer eigenen Geistreichkeit zu viel zu schaffen, und der durch die beständige Kultur ausgeweitete Lesemagen verlangt stärkeres Futter. Schon Görres bemerkte irgendwo, das große Publikum gebärde sich wie das Mammut in den Urwäldern der Poesie, es bricht und spaltet sich unersättlich Rinde und ganze Stämme zum Fraß und schnuppert im Vorüberstapfen kaum an dem Blumenstrauß, den ihm die Muse schüchtern und von fern zu reichen versucht. – Mit Brentano hatte es indes noch ein anderes Bewandtnis. Jeder Dichter nämlich hat zwar oder soll doch sein bescheiden Teil Genie haben; aber Brentano hatte dessen unbescheiden viel, darüber erschraken die einen, den andern dagegen war das gerade recht, und sie wollten eben anfangen, jubelnd in die Hande zu klatschen; da fiel es ihm ein, despektierlich von der Genialität überhaupt zu reden und ihnen den ganzen verhofften Spaß wieder zu vereiteln. So verdarb er's mit beiden.

Das ist ungefähr Brentanos Dichterlaufbahn; wir wollen versuchen, sie mit wenigen Worten deutlicher zu bezeichnen.

Seine Schwester Bettina schreibt ihm einmal: »Meine Seele ist eine leidenschaftliche Tänzerin, sie springt herum nach einer innern Tanzmusik, die ich nur höre und die andern nicht. Alle schreien, ich soll ruhig werden, und Du auch, aber vor Tanzlust hört meine Seele nicht auf Euch, und wenn der

Tanz aus wär', dann wär's aus mit mir. Und was hab ich
denn von allen, die sich witzig genug meinen, mich zu lenken
und zu zügeln? Sie reden von Dingen, die meine Seele nicht
achtet, sie reden in den Wind. Das gelob ich vor Dir, daß ich
nicht will mich zügeln lassen, ich will auf das Etwas ver-
trauen, das so jubelt in mir, denn am Ende ist's nichts anders
als das Gefühl der Eigenmacht, man nennt das eine schlechte
Seite, die Eigenmacht. Es ist ja aber auch Eigenmacht, daß
man lebt!« – Wir jedoch in unserer Sprache möchten diese
verlockende Naturmusik, diesen Veitstanz des freiheits-
trunkenen Subjekts kurzweg das Dämonische nennen, wo-
mit eine unerhört verschwenderische Fee beide Geschwister,
Bettina wie Clemens, an der Wiege fast völlig gleich bedacht
hat.
Bettina jubelt noch bis heute eigensinnig fort in ihrer Eigen-
macht, während Clemens, jene Eigenmacht vielmehr als eine
falsche Fremdherrschaft erkennend, mit dem Phantom ge-
rungen bis an sein Ende. Und eben darin liegt die eigen-
tümliche Bedeutung Brentanos, daß er das Dämonische in
ihm nicht etwa, wie so viele andere, beschönigend als geniale
Tugend nahm oder künstlerisch zu vergeistigen suchte, son-
dern beständig wie ein heidnisches Fatum gehaßt hat, das
ihn wahrhaft unglücklich machte; daß er ferner diesen
Kampf nicht systematisch und planmäßig – wie z. B. Werner
getan, der, in seinen höhern Richtungen reflektierend, in der
Religion theologisch war –, sondern als ein geborner Dichter
sprunghaft, nach Gelegenheit und augenblicklicher Ein-
gebung und mit wechselndem Glück wie einen unordent-
lichen, phantastischen Partisankrieg geführt hat mit allen
spiegelblanken Zauberwaffen der Poesie, mit Klang und
Witz und einer zweischneidigen Ironie, die sich selbst am
wenigsten verschonte.
Daher auch bei ihm, je nachdem die eine oder die andere
der im Kampfe begriffenen Gewalten die Oberhand gewann,
das Aphoristische, Improvisierte in seinem Leben, eine, in
den seltsamsten Kontrasten wechselnde scheinbare Doppel-

gängerei, jenes chamäleontische, aber immer prächtige Farbenspiel, womit uns seine Erscheinung oft in Erstaunen setzt. So behauptet er aus einem natürlichen Hange zur Einsamkeit, Gott habe den Dichter einsiedlerisch gestellt, und ist doch jederzeit bereit, sich in das bunteste Weltleben zu stürzen. So rät er voll Eifer der Schwester Bettina, recht fleißig in der Küche zu helfen, gute Kuchen zu kneten usw., und sagt doch bald darauf wieder: »Alles Gegenwärtige ist mir nur der Stiel, an dem ich Vorzeit und Zukunft anfasse – ich bin ein geborner Idealist – glücklich bin ich nicht, das ist Menschenwerk, unglücklich bin ich nicht, das ist auch Menschenwerk; ich bin alles, das ist Gotteswerk, und mag es niemand beweisen, das ist arme Bescheidenheit, die Kunst aber ist die Kanaille, die mich mit diesem sorgenvollen Ehrgeize behängt hat, und die Trägheit ist es, der ich es verdanke, daß ich so edel bin.« – Und während er dennoch der Kunst, und nur der Kunst, sein ganzes Leben weiht, spricht er wieder wegwerfend, ja entrüstet davon: »Es ist auch wirklich ein verdächtiges Ding um einen Dichter von Profession, der es nicht nur nebenher ist. Man kann sehr leicht zu ihm sagen: mein Herr, ein jeder Mensch hat, wie Hirn, Herz, Magen, Milz, Leber und dergleichen, auch eine Poesie im Leibe, wer aber eins dieser Glieder überfüttert, verfüttert oder mästet und es über alle andere hinübertreibt, ja es gar zum Erwerbszweige macht, der muß sich schämen vor seinem ganzen übrigen Menschen. Einer, der von der Poesie lebt, hat das Gleichgewicht verloren; und eine übergroße Gänseleber, sie mag noch so gut schmecken, setzt doch immer eine kranke Gans voraus.« – Fast erschrocken sagt daher seine Freundin Günderode von ihm: »Es kömmt mir oft vor, als hätte er viele Seelen; wenn ich nun anfange, einer dieser Seelen gut zu sein, da geht sie fort, und eine andere tritt an ihre Stelle, die ich nicht kenne und die ich überrascht anstarre und die, statt jener befreundeten, mich nicht zum besten behandelt.«

Es ist begreiflich, ein so außerordentlich komponiertes Ta-

lent, wo Licht und Schatten, weil sie miteinander rangen,
dicht nebeneinanderlagen, ja oft stoßend und drängend in-
einander überzugehen schienen, wo neben hingebender An-
dacht und aller wunderbaren Süßigkeit der Romantik ein
übermächtiger Witz mit den Dingen koboldartig spielte,
alles verletzend, was er liebte – eine solche ungewöhnliche
Natur, sagen wir, mußte häufig verkannt und mißverstan-
den werden, indem die Welt zu bequem ist, genauer hinzu-
sehen und im Scherz den Ernst, »das tiefste Leid im Liede«
zu erkennen. Und so geschah es denn auch in der Tat, daß
Brentano den meisten als ein schlechthin unerklärlicher Pro-
teus, als ein innerer Widerspruch, ja manchen sogar als ein
scheinheiliger, unredlicher Faselant galt; und während die
einen ihn vornehm in seinen Sünden stecken ließen, fabelten
ihn andere, zu gerechter Buße, als Kapuziner in ein polni-
sches Kloster hinein. Er selbst hat diese bornierte Ungerech-
tigkeit seiner Zeitgenossen in manchen Stunden bitter gefühlt
und äußert einmal darüber: »Es ist entsetzlicher, von gemei-
nen Menschen für genialisch, als für einen Narren gehalten
zu werden.« Nur Goethes Mutter, die bekannte Frau Rat,
die sich selten irremachen ließ, hatte prophetisch schon zu
dem Knaben Clemens gesagt: »Dein Reich ist in den Wolken
und nicht von dieser Erde, und sooft es sich mit derselben
berührt, wird's Tränen regnen.«
Und der heiteren Sibylle ist's auch diesmal zugetroffen. Kein
Unbefangener wird in jenem ergötzlichen Tumulte der ver-
schiedenen Seelen, die rechte, wahre Seele, den Kristallquell,
der insgeheim alle die wildspielenden Springbrunnen treibt,
wir möchten sagen, das eigentlich Wunderbare seiner Wun-
derlichkeiten verkennen; es ist das unverwüstlich tiefe reli-
giöse Gefühl, das er mit Werner gemein hatte; und eben der
von der Frau Rat prophezeite schmerzliche Zusammenstoß
jener beiden Reiche in ihm bildeten das wunderbare Regen-
bogenspiel seiner Poesie. Sein Briefwechsel mit Bettina (von
dieser unter dem Titel: »Clemens Brentanos Frühlings-
kranz« herausgegeben) ist ein merkwürdiges Denkmal dieser

unablässig in ihm arbeitenden Gegensätze. Er spielt hier den altklugen Hofmeister gegen seine jüngere Schwester, was ihm gar wunderlich zu Gesicht steht und offenbar herzlich sauer wird, weshalb er denn auch oft genug aus der Rolle fällt und von Bettina derb ausgelacht wurde. Überall aber in dieser Hofmeisterei ist die heimliche Angst vor sich selber sichtbar, vor dem eigenen Dämon, den er in der gleichgenaturten Schwester wie sein erschreckendes Spiegelbild wiedererkennt und daher aus allen Kräften niederzukämpfen strebt, fast wie der Monolog eines Besessenen, dessen feindliche Geister wechselweis in verschiedenen Stimmen miteinander streiten. Oder ist es nicht, als spräche er recht eigentlich von sich selbst, wenn er in Beziehung auf Bettina sagt: »Wehe! mir ist, als stehe ich auf einem vulkanischen Boden, wo die verwitterte Lava, von der schaffenden Natur üppig begrünt, hervorbricht in Flammen und verzehrt es wieder. Und hier und da liegen Brandstätten unter dem blauen Himmel. Was nützt mein guter Wille, meine Stimme, mein Wort? Wie könnte das diesen Boden erschüttern, in dem ein innerliches Wirken verborgene Wege schleicht, und dann, jeder Gewalt unerreichbar, plötzlich das begonnene Gepflegte zerstörend aufflammt.« Oder wenn er an einer andern Stelle von den sogenannten großen Menschen redet, die Gott mit berauschendem Stolze für ihre Mühe mit den Wissenschaften belohnt und sie die schöne Mitte verachten lehrt, und dann der Schwester zuruft: »Ich bitte Dich, bleibe in dieser Mitte, und steige nur in die Höhe, um zu beten!« – In seiner frühesten Dichtung schon: »Godwi, oder das steinerne Bild der Mutter«, kündigt sich jener Kampf, freilich noch roh und düster an, und er nennt es selber einen verwilderten Roman. Dieser Roman enthielt schon damals (1801 und 1802) ungefähr alle Elemente, womit die jetzige Literatur als mit neuen Erfindungen prahlt: Weltschmerz, Emanzipation des Fleisches und des Weibes und revolutionäres Übereinanderwerfen der Dinge. Und dennoch ist er wieder gänzlich verschieden von jener neuesten Literatur. Denn ein-

mal tönt auch im Godwi in den eingestreuten Volksliedern
überall schon der tiefere, ja religiöse Ernst wie sehnsüchtige
Klagen hindurch; und sodann überkommt den Dichter selbst
mitten in dieser Verwirrung die tödlichste Langeweile, Ekel
und Abscheu davor, und er vernichtet sofort, was er im er-
sten Bande geschaffen, im zweiten Bande schonungslos wie-
der durch die bitterste Ironie. Er selbst sagt: »Ich werde die
Kunst an diesem Buche rächen, oder untergehen.« Auch in
dem wundervollen Lustspiele »Ponce de Leon«, wo ein
wahrhaft dämonischer Witz mit der Wirklichkeit wie eine
Fontäne mit goldenen Kugeln spielt, ist doch im Grunde
dieser poetisch zerfahrene, träumerische Ponce eigentlich der
Dichter selbst, gegen den er alle Ironie gewendet; und in sei-
ner »Geschichte vom braven Kasperl und dem schönen
Annerl« entfaltet er mitten durch den fatalistischen Spuk
eines dunkel hereinragenden Verhängnisses das tragische
Spiel eines edlen Gemüts mit der falschen Ehre, in einfachen,
ergreifenden Zügen, das schöne Grundthema variierend: tue
deine Pflicht, und gib Gott allein die Ehre. Und immer lich-
ter und schlanker nun ringt sich der unsichtbare Schutzengel,
der den Dichter durchs Leben begleitet, aus den Trümmern
einer zerworfenen Jugend empor. Es ist, als vernähmen wir
seinen leisen Flügelschlag in dem »Tagebuch der Ahnfrau«,
wo die schönsten Lieder wie ferne Glockenklänge eines Ein-
siedlers durch die Waldeinsamkeit herübertönen. So auch in
der »Chronika von dem fahrenden Schüler«, dem sich, ob-
gleich er arm und verlassen, die Natur und das Leben in aller
Freudigkeit aufschließen, weil er alles unschuldig und mit
herzlicher Frömmigkeit und Demut betrachtet; denn »du
sollst nicht traurig sein um des Leides willen, das dich auf
Erden treffen wird, nein, nur um deiner und aller Schuld,
deren Strafe das Leid ist. Auf Erden sind wir alle arm und
müssen mannigfach mit unserem Leben herumwandeln und
lernen, und bleiben doch arme Schüler, bis der Herr sich
unser erbarmt und uns einführt durch seinen bittern Tod in
das ewige Leben.«

Am siegreichsten aber vielleicht zeigt sich die höhere Versöhnung jener dichterischen Doppelnatur Brentanos in seinen hinterlassenen Märchen (Die Märchen des Clemens Brentano. Zum Besten der Armen nach dem letzten Willen des Verfassers herausgegeben von Guido Görres. 1846 und 1847). Hier ist es nun allerdings zunächst wieder das ursprünglich Dämonische, das uns übermächtig entgegentritt, in dem fast magischen Naturgefühl, in dem beständigen Wetterleuchten des Witzes, der wie eine unabwendbare Naturgewalt über Freund und Feind ergeht, in einer ganz entfesselten Phantasie, die den verborgenen Zusammenhang des Entlegensten blitzartig aufdeckt, als ob sich das Unerhörte eben von selbst verstünde. Da blicken wir gleich in dem ersten, herrlichen Märchen vom Rhein und dem Müller Radlauf, wie bei Erschaffung der Welt, in dem wundersamen Haushalt der Elementargeister, und was die Natur geheimnisvoll schafft, sprosset und ahnt, sehen wir in Sehnsucht, Zorn und Liebe da unten geschäftig: Wald- und Haus-Kobolde, Flußgötter, Nymphen, Echo und die Lurelei mit ihren sieben Jungfrauen; vor allem aber den alten Vater Rhein in seinem gläsernen Hause, und über dessen Glasgewölbe das Gewässer mit Millionen bunter Fische, die sich mit ihren glänzenden Schuppen an das Glas anlegen und mit ihren Goldaugen hereinsehen, so daß die ganze Decke wie tausend Regenbogen durcheinander flimmert, und wo sich die Fische wegbewegen, sieht man wieder zwischen wunderbaren Felsen die Sterne und den Mond leuchten, während aus der Tiefe der dort versenkte Nibelungenhort heraufschimmert und unten die ertrunkenen Kinder schlafen, daß es wie in einem Himmel von tausend schlummernden Kindergesichtern zu schauen ist. – Aber alle diese, an sich heidnischen und untereinander feindliche Kräfte sind zu heiterer, harmloser Schönheit, bewältigt durch eine gewaltige Kraft, durch eben jenes religiöse Grundgefühl, das, nirgend sich wortreich aufdringend, wie der unsichtbare Hauch eines Sonntagmorgens das Ganze durchweht, und von einem Unterschiede zwischen dem Dies-

seits und Jenseits nichts mehr weiß. Er selbst spricht es in
dem Märchen »Gockel, Hinkel, Gackeleja« aus:

>»Salomo, du weiser König,
Dem die Geister untertänig,
Setz uns von dem stolzen Pferde,
Ohne Fallen, sanft zur Erde,
Führ uns von dem hohen Stuhle
Bei der Nachtigall zur Schule,
Die mit ihrem süßen Lallen
Gott und Menschen kann gefallen. –
Führ uns nicht in die Versuchung
Unfruchtbarer Untersuchung;
Nicht der Kelter ew'ge Schraube,
Nein, die Rebe bringt die Traube.
Mach einfältig uns gleich Tauben,
Segne uns mit Kinderglauben.
Laß die Engel bei uns wachen,
Daß wir wie die Kinder lachen,
Daß wir wie die Kinder weinen,
Laß uns alles sein, nicht scheinen.«

Die Literatur überhaupt hat hauptsächlich dreierlei Märchen
aufzuweisen. Das galante Märchen, dessen sich insbesondere
die Franzosen bemächtigt haben; eigentlich nur eine Maske-
rade leichtfertiger Salon-Fräuleins, die sich aus Langeweile
als Feen mit Reifrock und Toupet verkleiden, um ihre ver-
liebten Kavaliere zu necken, und bei deren Elfentänzen man
beständig das Philinen[1]-Pantöffelchen klappen hört. Dann
das philosophische Märchen, wo die Allegorie und eine ge-
wisse phantastische Symmetrik der Gedanken die Poesie
vertritt; und endlich das Volksmärchen, das, wie die alten
Bilder auf Goldgrund, auf dem religiösen Volksglauben
ruht. Zu den letzteren gehören Brentanos Märchen. Aber
wie die Poesie überhaupt, wenn sie einen größeren Grad

1. *Figur aus Goethes Roman »Wilhelm Meister«.*

künstlerischer Vollendung errungen, nicht dem Volke allein anheimfallen kann und soll, so hat auch Brentano häufig seine Märchen über den kindlichen Gesichtskreis des Volkes hinaus erweitert und in den Zauberspiegel auch die sogenannte gebildete Welt mit aufgefangen, die allerdings auf dem Hintergrunde jenes grundverschiedenen Volksglaubens ganz von selber märchenhaft erscheint. So bildet dieser Gegensatz von Naturpoesie und Kunstpoesie selbst das Hauptthema des Märchens »vom Murmeltier«. So auch handelt z. B. das »Märchen vom Fanferliesschen Schönefüßchen« von den modernen Kinderverziehungssystemen und nebstbei unter vielem andern auch noch vom Schürzen- und Pantoffelregiment des Aberglaubens, gegen das sich der arglistige König Jerum auflehnt, der immer von Freiheit spricht, nachdem er den in den Wirtshäusern bisher stets angeketteten Stiefelknecht von der Kette los und zu einem Fußbefreier gemacht hat, aber aus der Apotheke zum großen Orient für Zivilisation, Aufklärung und Menschenliebe und Preßfreiheit sich insgeheim das sogenannte Sukzessions- oder Erbschaftspulver holen läßt, womit er den Hirsenbrei der vornehmen Waisenkinder in Fanferlieschens Erziehungsanstalt vergiften will, um deren Güter an sich zu ziehen.

Man spricht von Brettern, die die Welt bedeuten; man könnt' es vielmehr von Märchen sagen. Da probiert die Sage die Geschichte, die arme, gebundene Natur träumt von Erlösung und spricht im Traume in abgebrochenen, wundersamen Lauten rührend, kindisch, erschütternd, es ist das uralte wunderbare Lied, das in allen Dingen schläft. Aber nur ein reiner, Gott ergebener, keuscher Sinn kennt die Zauberformel, die es weckt, und wir erhalten eine große Meinung von Brentanos ethischer Gewalt, wie wir ihn so durch den Sommernachtstraum der Welt, ihn deutend und lösend, auf dem Märchen-Rhein dahinfahren sehen:

> »Himmel oben, Himmel unten,
> Stern und Mond in Wellen lacht,

Und in Traum und Lust gewunden,
Spiegelt sich die fromme Nacht.«

Nach allem diesem könnte in der Tat nur eine sehr be-
schränkte Beurteilung, die für die unsichtbaren Geistes-
kämpfe überhaupt kein Verständnis hat, Brentano zu den
Zerrissenen zählen wollen. Denn was bei ihm wohl zuweilen
so erscheint, beruht keineswegs, wie bei den Zerrissenen, auf
Unglauben, auf einer bloßen Negation und Blasiertheit, mit
einem Worte: nicht auf einem inneren Bankerott, sondern
auf einem geistigen Überschusse, der in den hergebrachten
Formeln der Poesie nicht aufgehen will. Und wenn jene ihre
Blöße mit den Lappen der Genialität, die Brentano ver-
schwenderisch als Lumpen weggeworfen, mühselig zu flicken
und zu behängen trachten und mit ihrer Armut obendrein
noch kokettieren; so hat dieser dagegen den Zwiespalt in
sich stets als eine Krankheit erkannt, die man nicht frevent-
lich hegen, sondern bezwingen soll. Auch er zwar handhabt
die Ironie scharf und gewandter als irgendeiner seiner Zeit-
genossen; aber seine Ironie ist keine sich selbst genügende,
ästhetisch aufgebaute Kunst, sondern eine aus innigster Ent-
rüstung hervorbrechende moralische Kraft, um das Schlechte
und Gemeine im Leben zu vernichten. – Möchten daher jene
Märchen dazu beitragen, das Andenken an einen der reichst-
begabten deutschen Dichter bei seinen Landsleuten wieder
aufzufrischen.

Weiterführende Leseliste

Achim von Arnim

Achim von Arnim und die ihm nahestanden. Hrsg. von Reinhold Steig. Stuttgart 1894–1913. (1. Arnim und Clemens Brentano; 2. Arnim und Bettina Brentano; 3. Arnim und Jakob und Wilhelm Grimm.)

Bettina von Arnim

Bettina von Arnims Armenbuch. Hrsg. und kommentiert von Werner Vordtriede. Frankfurt a. M. 1969. (sammlung insel 44.)

Joseph von Eichendorff

Zur Geschichte der neueren romantischen Poesie; Geschichte der poetischen Literatur Deutschlands; Der Adel und die Revolution; Halle und Heidelberg. In: J. v. E., Neue Gesamtausgabe der Werke und Schriften. Hrsg. von Gerhard Baumann u. Siegfried Grosse. Bd. 4. Stuttgart 1958.

Johann Gottlieb Fichte

Die Bestimmung des Menschen. Hrsg. und mit einem Nachwort versehen von Theodor Ballauff u. Ignaz Klein. Stuttgart 1966. (Reclams UB Nr. 1201 [3].)

Joseph Görres

Ausgewählte Werke und Briefe. Hrsg. von Wilhelm Schellberg. Kempten u. München 1911.

Brüder Grimm

Kinder- und Hausmärchen. Ausgabe letzter Hand mit den Originalanmerkungen der Brüder Grimm. Mit einem Anhang sämtlicher, nicht in allen Auflagen veröffentlichter Märchen und Herkunftsnachweisen hrsg. von Heinz Rölleke. 3 Bde. Stuttgart 1980. (Reclams UB Nr. 3191 [5], 3192 [6], 3193 [7].)

Jakob Grimm

Vorreden zum Deutschen Wörterbuch. Unveränderter photomechanischer Nachdruck. Darmstadt 1961.

Friedrich Hegel

Die romantische Kunstform (Einleitung: Vom Romantischen über-
haupt). In: F. H., Ästhetik I. Hrsg. von Friedrich Bassenge,
mit einer Einführung von Georg Lukács. Frankfurt a. M. o. J.
(Auch in Reclams UB Nr. 7976 [9].)
Die romantischen Künste. In: Ästhetik II, ebenda.

Heinrich Heine

Die romantische Schule. Zur Geschichte der neueren schönen Lite-
ratur in Deutschland (1836). In: H. H., Sämtliche Werke.
Bd. 9. Hrsg. von Hans Kaufmann, Textrevision und Erläute-
rungen von Gotthard Erler. München 1964. (Kindler Taschen-
buch 1017/18.)

E. T. A. Hoffmann

Der Einsiedler Serapion; Vampirismus; aus: Die Serapionsbrüder.
In: E. T. A. H., Sämtliche Werke. Bd. 1. Nach den Texten der
Erstausgabe unter Hinzuziehung der Ausgaben von Carl Georg
von Maassen und Georg Ellinger, Nachwort von Walter Müller-
Seidel, Anmerkungen von Wulf Segebrecht. München 1963.

Wilhelm von Humboldt

Die Bedeutung der romantischen Bewegung für die deutsche Lite-
ratur. In: W. v. H., Studienausgabe. Bd. 1. Hrsg. von Kurt
Müller-Vollmer. Frankfurt a. M. 1970. (Fischerei Bücherei 6040.)

Jean Paul

Über die romantische Poesie; aus: Vorschule der Ästhetik, V. Pro-
gramm. In: J. P., Werke. Bd. 5. Hrsg. von Norbert Miller.
München 1963.

Heinrich von Kleist

Was gilt es in diesem Kriege?; Aufsatz, den sichern Weg des Glücks
zu finden und ungestört – auch unter den größten Drangsalen
des Lebens – ihn zu genießen!; Über das Marionettentheater;
Brief eines jungen Dichters an einen jungen Maler. In: H. v. K.,
Sämtliche Werke und Briefe. Bd. 2. Hrsg. von Helmut Sembd-
ner. München ⁵1970.

Novalis

Philosophische Studien der Jahre 1795/96, Abt. II; Philosophische

Studien des Jahres 1797, Abt. III. In: Novalis, Schriften. Bd. 2. Hrsg. von Richard Samuel in Zusammenarbeit mit Hans-Joachim Mähl u. Gerhard Schulz. Stuttgart 1965.

Fragmente und Studien 1799/1800. Ebenda, Bd. 3. Stuttgart 1968.

Friedrich Wilhelm Schelling

Ideen zu einer Philosophie der Natur (1797). In: Schellings Werke. Unveränderter Nachdruck des 1927 erschienenen Jubiläumsdruckes. 1. Ergänzungsband. München 1965. (Besonders auch die Einleitung im 1. Hauptband.)

August Wilhelm Schlegel

Etwas über William Shakespeare bei Gelegenheit Wilhelm Meisters. In: A. W. Sch., Kritische Schriften und Briefe. Bd. 1 Sprache und Poetik. Hrsg. von Edgar Lohner. Stuttgart 1962.

Übersicht und Einteilung der schönen Künste. Ebenda, Bd. 2 Die Kunstlehre. Stuttgart 1963.

Friedrich Schlegel

Über Shakespeares Hamlet; Über das Studium der griechischen Poesie; Über die Sprache und Weisheit der Inder. In: F. Sch., Kritische Schriften. Hrsg. von Wolfdietrich Rasch. München ²1964. (Die Auswahl von Rasch ist als Einführung vor allem in den frühen F. Schlegel zu empfehlen.)

Versuch über den Begriff des Republikanismus. Veranlaßt durch die Kantische Schrift zum ewigen Frieden; Georg Forster. Fragment einer Charakteristik der deutschen Klassiker; Über Lessing; »Athenäums«-Fragmente; Über Goethes Meister; Gespräch über die Poesie. In: F. Sch., Kritische und theoretische Schriften. Hrsg. von Andreas Huyssen. Stuttgart 1978. (Reclams UB Nr. 9880 [3].)

Gotthilf Heinrich Schubert

Ansichten von der Nachtseite der Naturwissenschaft (1808). Unveränderter photomechanischer Nachdruck. Darmstadt 1967.

Die Symbolik des Traumes. 3. verb. u. verm. Ausgabe. Leipzig 1840.

Rahel Varnhagen von Ense

Rahel. Ein Buch des Andenkens für ihre Freunde. Hrsg. von Karl August Varnhagen von Ense. Berlin 1834.

310 Weiterführende Leseliste

Wilhelm Heinrich Wackenroder und Ludwig Tieck

Herzensergießungen eines kunstliebenden Klosterbruders. Mit einem Nachwort von Richard Benz. Stuttgart o. J. (Reclams UB Nr. 7860 [2].)

Phantasien über die Kunst. Hrsg. von Wolfgang Nehring. Stuttgart 1973. (Reclams UB Nr. 9494 [2].)

Ausgewählte Forschungsliteratur

Zur Einführung

Baumgart, Wolfgang: Die Zeit des alten Goethe. In: Annalen der deutschen Literatur. Hrsg. von Heinz Otto Burger. Stuttgart 1952, ²1971, S. 551–620.

Berglar, Peter: Der romantische Aufstand. Zur Psycho-Historie des Zeitgeistes. In: Saeculum 27 (1976) S. 197–210.

Emrich, Wilhelm: Begriff und Symbolik der ›Urgeschichte‹ in der romantischen Dichtung. In: W. E., Protest und Verheißung. Frankfurt a. M. 1960. S. 25–47.

Emrich, Wilhelm: Romantik und modernes Bewußtsein. In: W. E., Geist und Widergeist. Wahrheit und Lüge der Literatur. Frankfurt a. M. 1965. S. 236–257.

Korff, Hermann August: Geist der Goethezeit. T. 3 Frühromantik, Leipzig ³1956. T. 4 Hochromantik, Leipzig ²1958.

Lange, Victor: Romantik und Realismus. In: Literatur 2/2. Frankfurt a. M. 1965. (Fischer Lexikon 35/2.) S. 482–507.

Mayer, Hans: Fragen der Romantik-Forschung. In: H. M., Zur deutschen Klassik und Romantik. Pfullingen 1963. S. 263 bis 305.

Mehring, Franz: Romantische Reaktion. In: F. M., Aufsätze zur deutschen Literaturgeschichte. Frankfurt a. M. 1972. S. 174 f.

Rasch, Wolfdietrich: Die Zeit der Klassik und frühen Romantik (Klassisch-romantische Mannigfaltigkeit und Einheit). In: Annalen der deutschen Literatur. Hrsg. von Heinz Otto Burger. Stuttgart 1952, ²1971. S. 465–550.

Schultz, Franz: Klassik und Romantik der Deutschen. T. 2 Wesen und Form der klassischen und romantischen Literatur. Stuttgart ³1959.

Steffen, Hans (Hrsg.): Die deutsche Romantik. Göttingen 1967. (Sammelband mit Einzelbeiträgen.)

Strich, Fritz: Deutsche Klassik und Romantik. Bern ⁴1949.

Träger, Claus: Ursprünge und Stellung der Romantik. In: Weimarer Beiträge 21 (1975) H. 2, S. 37–73.

Wiese, Benno von (Hrsg.): Deutsche Dichter der Romantik. Ihr Leben und Werk. Berlin 1971.

312 *Ausgewählte Forschungsliteratur*

Zur Begriffsgeschichte

Böckmann, Paul: Zum Poesiebegriff der Romantik. In: Wissen aus Erfahrung (1976) S. 371–383.

Henkel, Arthur: Was ist eigentlich romantisch? In: Festschrift für Richard Alewyn. Hrsg. von Herbert Singer u. Benno von Wiese. Köln u. Graz 1967. S. 292–308.

Jauß, Hans Robert: Literarische Tradition und gegenwärtiges Bewußtsein der Modernität. In: Aspekte der Modernität. Hrsg. von Hans Steffen. Göttingen 1965. S. 150–185. Wiederabgedruckt in: H. R. J., Literaturgeschichte als Provokation. Frankfurt a. M. 1970. (edition suhrkamp 418.) S. 11–66.

Pohlheim, Karl Konrad (Hrsg.): Der Poesiebegriff der deutschen Romantik. Paderborn 1972.

Vergleichende Studien

Curtius, Ernst Robert: Friedrich Schlegel und Frankreich. In: E. R. C., Kritische Essays zur europäischen Literatur. Bern 1950. S. 78–94.

Jauß, Hans Robert: Schlegels und Schillers Replik auf die ›Querelles des Anciens et des Modernes‹. In: H. R. J., Literaturgeschichte als Provokation. Frankfurt a. M. 1970. (edition suhrkamp 418.) S. 67–106.

Wellek, René: Konfrontationen. Vergleichende Studien zur Romantik. Frankfurt a. M. 1964. (edition suhrkamp 82.)

Zu Zeit und Gesellschaft

Baxa, Jakob: Die romantische Soziallehre im Weltbild der Gegenwart. In: Die Ganzheit in Philosophie und Wissenschaft. Othmar Spann zum 70. Geburtstag. Wien 1950. S. 87–104.

Boehlich, Walter: Aus dem Zeughaus der Germanistik. Die Brüder Grimm und der Nationalismus. In: Der Monat 18 (1965/66) Nr. 217, S. 56–68.

Drewitz, Ingeborg: Bettina von Arnim. Romantik. Revolution. Utopie. Düsseldorf 1969.

Hahn, Karl-Heinz: Bettina von Arnim in ihrem Verhältnis zu Staat und Politik. Mit einem Anhang ungedruckter Briefe. Weimar 1959.

Kochs, Theodor: Nationale Idee und nationalistisches Denken im Grimmschen Wörterbuch. In: Nationalismus in Germanistik und Dichtung. Dokumentation des Germanistentages in München 1966. Hrsg. von Benno von Wiese u. Rudolf Henß. Berlin 1967. S. 273–284.

Langewiesche, Marianne: Bettina Brentano, die erste Sozialistin. In: Jahrbuch hrsg. von der Evangelischen Akademie Tutzing 15 (1965/66) S. 236–249.

Mähl, Hans-Joachim: Die Idee des goldenen Zeitalters im Werk des Novalis. Heidelberg 1965.

Malsch, Wilfried: ›Europa‹. Poetische Rede des Novalis. Deutung der Französischen Revolution und Reflexion auf die Poesie in der Geschichte. Stuttgart 1965.

Meyer, Heinrich: Zur historischen Dimension des Romantischen. In: Colloquia Germanica 2 (1968) S. 70–108.

Schanze, Helmut: Romantik und Aufklärung. Untersuchungen zu Friedrich Schlegel und Novalis. Nürnberg 1966.

Stark, Walter: Ernst Moritz Arndt im Jahre 1813. In: Wissenschaftliche Zeitschrift der Ernst-Moritz-Arndt-Universität Greifswald. Gesellschafts- und sprachwissenschaftliche Reihe 14 (1965) S. 265–273.

Steig, Reinhold (Hrsg.): Achim von Arnim und die ihm nahestanden. Stuttgart 1894–1913. (Unentbehrlich für Zeitstudien zu Arnim, Bettina und Clemens Brentano, den Brüdern Grimm und vielen anderen Zeitgenossen.)

Vordtriede, Werner (Hrsg.): Bettina von Arnims Armenbuch. Frankfurt a. M. 1969. (sammlung insel 44.) (Mit kenntnisreicher Kommentierung.)

Weber, Heinz-Dieter: Über eine Theorie der Literaturkritik. Die falsche und die berechtigte Aktualität der Frühromantik. München 1971.

Weiland, Werner: Der junge Friedrich Schlegel und die Revolution in der Frühromantik. Stuttgart 1968.

Weitere Einzelstudien

Allemann, Beda: Ironie und Dichtung. Pfullingen [2]1969. (Vgl. zum Ironie-Begriff bei F. Schlegel, Novalis, Solger.)

Béguin, Albert: Traumwelt und Romantik. Versuch über die romantische Seele in Deutschland und in der Dichtung Frank-

reichs. Hrsg. von Peter Grotzer, aus dem Franz. von Jürg Peter Walser. Bern/München 1972.

Benjamin, Walter: Der Begriff der Kunstkritik in der deutschen Romantik. In: W. B., Schriften II. Hrsg. von Theodor W. Adorno unter Mitwirkung von Friedrich Podszus. Frankfurt a. M. 1955. S. 420–528.

Dahnke, Hans-Dietrich: A. W. Schlegels Berliner und Wiener Vorlesungen und die romantische Literatur. In: Weimarer Beiträge 14 (1968) S. 782–796.

Hahl, Werner: Reflexion und Erzählung. Romantheorie von der Spätaufklärung zum Realismus. Stuttgart 1971.

Heselhaus, Clemens: Die Wilhelm-Meister-Kritik der Romantiker und die romantische Romantheorie. In: Nachahmung und Illusion. Hrsg. von Hans Robert Jauß. München 1964, ²1969. (Poetik und Hermeneutik 1.) S. 113–127.

Huge, Eberhard: Poesie und Reflexion in der Ästhetik des frühen Friedrich Schlegel. Stuttgart 1971.

Kohlschmidt, Werner: Der junge Tieck und Wackenroder. In: Die deutsche Romantik. Hrsg. von Hans Steffen. Göttingen 1967. S. 30–44.

Kohlschmidt, Werner: Wackenroder und die Klassik. Versuch einer Präzisierung. In: W. K., Dichter, Tradition und Zeitgeist. Gesammelte Studien zur Literaturgeschichte. Bern 1965. S. 83–92.

Maurer, Karl: Ästhetische Entgrenzung und Auflösung des Gattungsgefüges in der europäischen Romantik und Vorromantik. In: Die nicht mehr schönen Künste. Grenzphänomene des Ästhetischen. Hrsg. von Hans Robert Jauß. München 1968. (Poetik und Hermeneutik 3.) S. 319–341.

Mehring, Franz: Heinrich von Kleist. In: F. M., Aufsätze zur deutschen Literaturgeschichte. Frankfurt a. M. 1972. S. 161–173.

Meixner, Horst: Romantischer Figuralismus. Kritische Studien zu Romanen von Arnim, Eichendorff und Hoffmann. Frankfurt a. M. 1971.

Mennemeier, Franz Norbert: Friedrich Schlegels Poesiebegriff, dargestellt anhand der literaturkritischen Schriften. München 1971.

Mittner, Ladislao: Galatea. Die Romantisierung der italienischen

Renaissancekunst und -dichtung in der deutschen Frühromantik. In: Deutsche Vierteljahrsschrift für Literaturwissenschaft und Geistesgeschichte 27 (1953) S. 555–581.

Polheim, Karl Konrad: Die Arabeske. Ansichten und Ideen aus Friedrich Schlegels Poetik. München 1966.

Preisendanz, Wolfgang: Zur Poetik der deutschen Romantik I. Die Abkehr vom Grundsatz der Naturnachahmung. In: Die deutsche Romantik. Hrsg. von Hans Steffen. Göttingen 1967. S. 54–74.

Schuller, Marianne: Romanschlüsse in der Romantik. Zum frühromantischen Problem von Universalität und Fragment. München 1974.

Thalmann, Marianne: Provokation und Demonstration in der Komödie der Romantik. Berlin 1974.

Quellenverzeichnis

Überschriften, die mit einem Sternchen versehen sind, stammen vom Herausgeber, sind aber mitunter dem Text des Autors entnommen.

Ernst Moritz Arndt
Was mußt du jetzt tun, deutsches Volk? Aus: Geist der Zeit III,3. In: E. M. A., Werke. Auswahl. Hrsg. von August Leffson u. Wilhelm Steffens. Berlin: Bong 1913. T. 8. S. 158–161. (Orthographie und Interpunktion modernisiert.)

Achim von Arnim
Dichtung und Geschichte. Aus: Die Kronenwächter. Bertholds erstes und zweites Leben. In: A. v. A., Sämtliche Romane und Erzählungen. Bd. 1. Hrsg. von Walther Migge. München: Hanser 1962. S. 517–520. (Orthographie und Interpunktion modernisiert.)

Bettina von Arnim
Dokumente über die Armut*. Aus: Dies Buch gehört dem König. Berlin: Arnim ²1852. S. 594–597. (Orthographie und Interpunktion modernisiert.)
Das Armenbuch. Hrsg. von Werner Vortriede. Frankfurt a. M.: Insel-Verlag 1969. (sammlung insel 44.) S. 95–103. (Mit freundlicher Genehmigung des Insel-Verlages.)
Brief an Kronprinz Karl von Württemberg 1841. In: Karl-Heinz Hahn, Bettina von Arnim in ihrem Verhältnis zu Staat und Politik. Mit einem Anhang ungedruckter Briefe. Weimar: Böhlau 1959. S. 59–65. (Orthographie und Interpunktion modernisiert.)

Clemens Brentano
Gespräch über das Romantische*. Aus: Godwi oder Das steinerne Bild der Mutter. Ein verwilderter Roman von Maria. In: C. B., Werke. Bd. 2. Hrsg. von Friedhelm Kemp. München: Hanser 1963. S. 258–262. (Mit freundlicher Genehmigung des Carl Hanser Verlages.)

Joseph von Eichendorff
Der Adel und die Revolution. In: J. v. E., Neue Gesamtausgabe der Werke und Schriften in 4 Bänden. Hrsg. von Gerhard Baumann u. Siegfried Grosse. Stuttgart: Cotta 1957. Bd. 4. S. 1035–38.
Moderne Vaterländerei*. Ebenda, S. 1044–46.
Brentano und seine Märchen. Ebenda, S. 885–893.
(Orthographie und Interpunktion modernisiert.)

Johann Gottlieb Fichte
Vaterlandsliebe*. Aus: Was ein Volk sei, in der höheren Bedeutung des
Worts, und was Vaterlandsliebe. In: J. G. F., Reden an die deutsche
Nation. Hrsg. von Fritz Medicus. 8. Rede. Hamburg: Meiner 1955.
S. 130–134. (Orthographie und Interpunktion modernisiert.)

Joseph Görres
Die teutschen Volksbücher. In: J. G., Gesammelte Schriften. Hrsg. im
Auftrage der Görres-Gesellschaft von Wilhelm Schellberg. Köln: Gilde-
Verlag 1926. Bd. 3. S. 173–183. (Orthographie und Interpunktion moder-
nisiert.)

Brüder Grimm
Vorrede zu den Kinder- und Hausmärchen. In: Die Kinder- und Haus-
märchen der Brüder Grimm. Vollständige Ausgabe der Urfassung. Hrsg.
von Friedrich Panzer. Wiesbaden: Vollmer o. J. [um 1955]. S. 55–62.
(Orthographie und Interpunktion modernisiert.)

Jakob Grimm
Gedanken, wie sich die Sagen zur Poesie und Geschichte verhalten. In:
J. G., Kleinere Schriften. Berlin: Dümmler ²1879. Bd. 1. S. 400–404.
Zur Deutschen Grammatik*. Aus: Vorreden zur Deutschen Grammatik
von 1819 und 1822. Photomechanischer Nachdruck. Darmstadt: Wissen-
schaftliche Buchgesellschaft 1968. S. 7–9.
Zum Deutschen Wörterbuch*. Aus: Vorreden zum Deutschen Wörter-
buch. Unveränderter photomechanischer Nachdruck. Darmstadt: Wissen-
schaftliche Buchgesellschaft 1961. S. 13 f.
(Orthographie und Interpunktion modernisiert.)

E. T. A. Hoffmann
Zusammenhang von Poesie und Alltag*. Aus: Nachricht von den neuesten
Schicksalen des Hundes Berganza. In: E. T. A. H., Sämtliche Werke in
5 Einzelbänden. Fantasie- und Nachtstücke. Hrsg. und mit einem Nach-
wort versehen von Walter Müller-Seidel. München: Winkler 1960. S. 132
bis 139.

Heinrich von Kleist
Aus dem Katechismus der Deutschen. In: H. v. K., Sämtliche Werke und
Briefe. Hrsg. von Helmut Sembdner. München: Hanser ²1961. Bd. 2.
S. 350–354 u. 360.

Novalis
Werke. Hrsg. und kommentiert von Gerhard Schulz. München: Beck
1969. (Mit freundlicher Genehmigung des C. H. Beck Verlages.)
Briefe und Werke. Bd. 3 Die Fragmente. Hrsg. von Paul Kluckhohn.
Berlin: Lambert Schneider 1943.

Die Welt muß romantisiert werden*. Schulz, S. 384, Nr. 37.
Ferne Philosophie klingt wie Poesie*. Kluckhohn, Nr. 1140.
Lichtpunkt des Schwebens*. Schulz, S. 309, Nr. 58.
Die Christenheit oder Europa. Schulz, S. 499–518.
Der Roman handelt von Leben . . . Schulz, S. 391, Nr. 54.
Der Roman ist aus Mangel . . . Schulz, S. 558, Nr. 171.
In einem echten Märchen . . . Schulz, S. 455 f., Nr. 31.
Erzählungen, ohne Zusammenhang . . . Schulz, S. 535, Nr. 96.
Sonderbar, daß . . . Schulz, S. 494, Nr. 132.
Das Märchen ist . . . Schulz, S. 493, Nr. 127.
Poesie ist Darstellung des Gemüts . . . Schulz, S. 547, Nr. 141.
Wer keine Gedichte machen kann . . . Kluckhohn, Nr. 267.
Über Wilhelm Meister*. Schulz, S. 545 f., Nr. 135 u. S. 544, Nr. 126.

Friedrich Wilhelm Schelling
Abkehr von der Naturnachahmung*. Aus: Über das Verhältnis der bildenden Künste zu der Natur (1807). In: F. W. S., Sämtliche Werke. Bd. 7. Stuttgart: Cotta 1860. S. 300–305. (Orthographie und Interpunktion modernisiert.)

August Wilhelm Schlegel
Kritik an der Aufklärung*. Aus: Allgemeine Übersicht des gegenwärtigen Zustandes der deutschen Literatur. In: A. W. Sch., Kritische Schriften und Briefe. Hrsg. von Edgar Lohner. Bd. 3. Stuttgart: Kohlhammer 1964. S. 62–85.
Poesie. Ebenda, Bd. 2. 1963. S. 225–232.
Der gegenwärtige Zustand der deutschen Literatur*. Aus: Allgemeine Übersicht des gegenwärtigen Zustandes der deutschen Literatur. Ebenda, Bd. 3. 1964. S. 22–26.
(Mit freundlicher Genehmigung des W. Kohlhammer Verlages.)

Friedrich Schlegel
Kritische Schriften. Hrsg. von Wolfdietrich Rasch. München: Hanser ²1964. (Mit freundlicher Genehmigung des Carl Hanser Verlages.)
Kritische Friedrich-Schlegel-Ausgabe. Hrsg. von Ernst Behler. 1. Abt. Bd. 7. Paderborn: Schöningh 1966. (Mit freundlicher Genehmigung des Ferdinand Schöningh Verlages.)
Progressive Universalpoesie*. Rasch, S. 38 f.
Alle Philosophie ist Idealismus*. Rasch, S. 100.
Die Heimat der Ironie*. Rasch, S. 10 f.
Ironie der Ironie*. Rasch, S. 537 f.
Über die Französische Revolution*. Rasch, S. 82 f.
Über eine merkwürdige Verteidigungsschrift der französischen Grundsätze. Behler, S. 93–96.
Rede über die Mythologie. Rasch, S. 496–503.

Brief über den Roman. Rasch, S. 508–518.
Literaturkritik als Kunstwerk*. Rasch, S. 22.

Friedrich Schleiermacher
Religion: Sinn und Geschmack fürs Unendliche*. Aus: Über die Religion.
Reden an die Gebildeten unter ihren Verächtern. Mit einem Nachwort
von Carl Heinz Ratschow. Stuttgart: Reclam 1969. (Universal-Biblio-
thek Nr. 8313 [3].) S. 34–40.

Gotthilf Heinrich Schubert
Nachtseite der Naturwissenschaft*. Aus: Ansichten von der Nachtseite
der Naturwissenschaft (1808). Unveränderter photomechanischer Nach-
druck. Darmstadt: Wissenschaftliche Buchgesellschaft 1967. S. 3–8.
Die Sprache des Traumes. In: G. H. Sch., Die Symbolik des Traumes.
Faksimiledruck nach der Ausgabe von 1814. Mit einem Nachwort von
Gerhard Sauder. Heidelberg: Lambert Schneider 1968. S. 1–3.
(Orthographie und Interpunktion modernisiert.)

Karl Wilhelm Ferdinand Solger
Ironie – der alles vernichtende Blick*. Aus: Erwin. Vier Gespräche über
das Schöne und die Kunst. Hrsg. und eingeleitet von Rudolf Kurtz.
Berlin: Wiegandt & Grieben 1907. S. 387–395. (Orthographie und Inter-
punktion modernisiert.)

Henrich Steffens
National-Enthusiasmus*. Aus: Was ich erlebte. Breslau: Max 1840–44.
Bd. 5. S. 172–179. (Orthographie und Interpunktion modernisiert.)

Ludwig Tieck
Die Ewigkeit der Kunst. Aus: Herzensergießungen eines kunstliebenden
Klosterbruders. In: Wilhelm Heinrich Wackenroder, Werke und Briefe.
Bd. 1. Hrsg. von Friedrich von der Leyen. Jena: Diederichs 1910. S. 270
bis 273. (Orthographie und Interpunktion modernisiert.)

Wilhelm Heinrich Wackenroder
Raffaels Erscheinung. In: W. H. W. u. Ludwig Tieck, Herzensergie-
ßungen eines kunstliebenden Klosterbruders. Mit einem Nachwort von
Richard Benz. Stuttgart: Reclam o. J. (Universal-Bibliothek Nr. 7860 [2].)
S. 5–10.
Von zwei wunderbaren Sprachen und deren geheimnisvoller Kraft.
Ebenda, S. 60–64.

Die deutsche Literatur

Ein Abriß in Text und Darstellung in 16 Bänden
Herausgegeben von Otto F. Best und Hans-Jürgen Schmitt

IN RECLAMS UNIVERSAL-BIBLIOTHEK

Auch in Kassette erhältlich

Philipp Reclam jun. Stuttgart